決定版

YouTube

でビジネスを伸ばす
動画の
成功法則

株式会社 動画屋
木村健人
Kento Kimura

JN087829

本書に関するお問い合わせ

この度は小社書籍をご購入いただき誠にありがとうございます。小社では本書の内容に関するご質問を受け付けております。なお、お問い合わせに関しましては下記のガイドラインを設けております。恐れ入りますが、ご質問の際は最初に下記ガイドラインをご確認ください。

ご質問の前の注意点

・小社Webサイトで「正誤表」をご確認ください。最新の正誤情報を下記のWebページに記載しております。

本書サポートページ　https://isbn2.sbcr.jp/07371/

・ご質問はメール、または郵便など、必ず文書にてお願いいたします。お電話では承っておりません。

Web　上記ページ内にある「この商品に関するお問合わせはこちら」

　　　　→「書籍の内容について」からお願いいたします。

郵送　〒106-0032 東京都港区六本木2-4-5 SBクリエイティブ読者サポート係　まで

・ご質問は本書の記述に関することのみとさせていただいております。従いまして、〇〇ページの〇〇行目というように記述箇所をはっきりお書き添えください。記述箇所が明記されていない場合、ご質問を承れないことがございます。

・小社出版物の著作権は著者に帰属いたします。従いまして、ご質問に関する回答も基本的に著者に確認の上回答しております。これに伴い、ご返信は数日ないしそれ以上かかる場合がございます。あらかじめご了承ください。

はじめに

▶ 本書を手にとっていただいた方々へ

近年、YouTubeをビジネスに活用する個人・企業が急増しています。

　恐らく本書を手にとっていただいた方も、会社あるいはご自身のビジネスの集客にYouTubeを活用したいとお考えでしょう。本書は以下のような方々を想定しています。

- 会社で広報・宣伝・マーケティングを担当している
- セミナー・イベントに人を集めたい
- 動画PRを活用して、店舗に来店してくれるお客さんを増やしたい
- 人気チャンネルを立ち上げて、宣伝広告費を浮かせたい
- 商品のプロモーションを、広告だけではなく動画で行いたい
- 最近流行りのYouTubeを新規事業として行うことになった
- 自社サービスを紹介して、問い合わせにつなげたい

　しかしながら、「YouTube×ビジネス活用」というジャンルはまだまだこれからの領域です。大手企業が続々とチャンネルの立ち上げに乗り出しているとはいえ、企業全体から見れば、まだ一握りでしょう。そして、ブログやHPなどこれまで主流であったテキストメディア集客に比べ、YouTubeによる集客はまだ一般的な方法論が確立しておらず、今YouTubeを活用する個人・企業は、手探りでノウハウを探しているような状態です。

　本書はまだあまりノウハウの出揃っていない、「YouTube×ビジネス活用」という領域の体系化を目指したものです。新チャンネルの立ち上げや動画の企画立案、プロモーション戦略、撮影、シナリオ作成、編集、分析まで、1冊にまとめた内容になっています。

そして、本書が目指すゴールは、単にYouTubeの使い方を解説することではありません。YouTubeを活用することで、商品・サービスの注文や問い合わせにつなげたり、来客数を増やしたり、YouTubeチャンネルを新規事業として成功させることです。

▶ なぜYouTubeなのか？

近年、企業の宣伝活動は、デジタル化が加速しています。従来はチラシや展示会、各種媒体の広告が主流で、インターネットでの集客はこれまでやってきたことの補完的役割であるという認識が主流でした。

しかし現在では、デジタルが主戦場であると位置づける人・企業が増加しています。多くの消費者がいつでもどこからでも、スマートフォンを使ってインターネットアクセスが可能になり、ますます多くの時間をWebに使うようになりました。この動きに伴って企業のプロモーションも、オフラインからオンラインへと移動せざるを得なくなっています。

その流れに乗って、ブログやHPなどオウンドメディアとも呼ばれる媒体を活用し、消費者へと商品やサービスを紹介する動きが活性化しました。ブロガーと呼ばれるデジタル上で影響力を持つ人物を起用したり、Facebook/Twitter/Instagramといったソーシャルを利用して、消費者にプロモーションを行うようになりました。

しかし、昨今こういった施策も飽和状態になってきています。誰もが発信者となり、情報が爆発的に増えている現代では、Webページや広告で消費者にメッセージを届けることに、かつてない難しさを感じている方々は少なくありません。自分たちのコンテンツを届ける競争が激化する中、新たなプロモーション手法を模索している状態でしょう。

そのような中、多くの企業が次のプロモーションとして検討しているメディアがあります。それが「動画」です。ここ10年でインターネットの通信速度は劇的に速くなり、さらに5Gなどの導入があって、消費者は通信の制限を気にせず、いつでもどこでも動画を楽しめるようになりました。これまでのテキスト・画像をベースとした宣伝手法に加えて、動きや音声などより広い感覚に訴えることができるメディアとしても注目を集めています。そして、動画を投稿するにあたって

「1強」といっても過言ではないプラットフォームがYouTubeなのです。

▶ YouTubeの新しい活用方法

　YouTubeは決して新しい媒体ではなく、ビジネスにおいても以前から活用されてきました。代表的な事例に「動画広告」や「YouTuberの起用」があります。

　「動画広告」は、YouTubeで動画を見ている消費者に対して、動画の再生前や再生中に表示される15秒〜1分ほどの映像広告です。また、「YouTuber」と呼ばれるYouTube上で影響力を持つ人物を起用し、商品・サービスをプロモーションしてもらう動きも活発でした。たくさんのファンから共感や支持を得るYouTuberの協力のもと、商品の使用感や評価などを動画として制作してもらい、消費者への商品認知を得てきました。この動きは、テキストメディアにおいて、ブロガーやアフィリエイトを活用したプロモーションが流行ったのと似ています。

　そして次のプロモーションの一手として、企業が検討しているものが、企業によるYouTubeを通じたコンテンツ配信です。言い換えれば、「誰かに紹介してもらうのではなく、自分たちでメディアを立ち上げよう」という試みなのです。この動きはWeb上で、企業がオウンドメディアを所有するようになった流れと似ているでしょう。

▶ ビジネスにおけるYouTube活用のメリット

　YouTubeチャンネルのビジネス運用を検討するにあたって、まず気になるのは「本当にメリットがあるのか？」という実利面での懸念でしょう。「文字ではなく映像が大事」だというのであれば、動画広告やテレビCMなどでも十分のはずです。

　YouTube動画を活用するメリットを端的に言えば、「YouTubeの動画表示の仕組みが、今まで出会ったことがないピッタリのお客さんを、勝手に連れてきてくれる」ということに尽きます。これはかつてのメディアにはなかった新しい特徴でしょう。これからYouTubeを始める方にはピンとこないかもしれませんが、このことを理解するにはYouTubeというメディアの特性を押さえる必要があります。

　動画広告やテレビCMは、幅広い消費者に15秒ほどの短い時間で訴えかけるプッシュ型の広告です。視聴者は別の何かを楽しんでいる最中に広告が表示され

るため、おのずと受け身状態であり、積極的に動画を見ようとはしません。一方、YouTubeのコンテンツ動画はそれらとは違い、能動的な姿勢で視聴されるものです。消費者は、画面に表示されたいくつかの動画の中から、彼らが意図的に選択した動画を視聴します。あえて動画を選ぶということは、「その動画を視聴したい」という積極的なシチュエーションが前提なのです。

YouTubeは利用者に動画が表示され、それらが選択されることで視聴が開始されるプラットフォームである。利用者は表示されたさまざまな動画の中から視聴したいと思うものを選択する。

　YouTubeには常に膨大な量の動画が日々アップロードされ続けており、YouTubeはそれらの動画を、それぞれの利用者に最適化し、表示することが求められます。利用者にとって興味のない動画ばかりが表示され続ければ、彼らはYouTubeを利用しなくなるでしょう。そのためYouTubeにとっても、それぞれの利用者に適した動画を表示することは死活問題なのです。

　この仕組みの中で、YouTubeは利用者の「視聴傾向」を重視します。その利用者が過去にYouTube上で検索したキーワード、視聴された動画・視聴されなかった動画、視聴されたが途中で離脱されてしまった動画など、利用者のさまざまな行動を集計し、新たに表示される動画を決めているのです。つまり、ファッションの動画を多く視聴する利用者にはファッションに関連する動画が表示され、野球の動画をたくさん視聴する利用者には野球に関する動画が表示される、ということです。

この仕組みをうまく使えば、自分（自社）の動画を視聴したい動機があるのに、まだ出会えていない利用者を、YouTubeのアルゴリズムが勝手に探してきてくれます。利用者の視聴傾向と動画の関連性を照らし合わせ、自分の動画の存在を知らないピッタリの利用者に、自分の動画が表示されるようになります。

YouTubeで野球の動画を再生している画面。右側に表示されているものは、「関連動画」と呼ばれ、現在視聴している動画と関連性が高いとYouTubeが判断した動画が表示される。上図では、野球の動画に対してその他色々なチャンネルの野球の動画が表示されていることがわかる。利用者は「あえて検索しようと思わなかったが、表示されたことをキッカケに視聴する」となり、ここから動画を視聴する可能性のある潜在層へのプロモーションが可能であることがわかる。

そのために必要なのは、ただ動画を作ることです。広告などの費用投下も必要ありません。YouTubeのアルゴリズムは常に稼働し続けるため、動画が削除されない限りは、その動画に興味を持ちそうなユーザーをYouTubeが休むことなく連れてきてくれます。つまり、YouTubeのビジネス活用の最大のメリットは、「潜在顧客と効率よく出会える」という点なのです。

▶ なぜ今はじめるべきか？

「なぜ今YouTubeなの？」とお思いの方もいるかもしれません。

・「すでに多くの参入者がいる中で時期として遅いのではないか」
・「活用のタイミングが早すぎるのではないか」

と感じてらっしゃるかもしれません。

今、参入時期としておすすめできる理由の1つは、近年の著名人などによる参加者の急激な増加です。

　YouTubeは元々、一般消費者が制作した動画を公開するプラットフォームでした。しかし、その中から一部の人々がたくさんのファンを獲得し、「YouTuber」として一般的に認知されるようになりました。とはいえ、YouTubeの利用者層もあくまで、彼ら一般クリエイターの動画を視聴するプラットフォームとして認識していたように感じられます。

　その後、徐々に芸能人や著名人がYouTubeに動画を投稿するようになりました。当初一般消費者は元々テレビに出演していたタレントがYouTubeにデビューすることに違和感を感じていたように思われます。そういった違和感が突如払拭されたのが2020年でした。芸能人や著名人が次の活動場所として、YouTubeの活用を本格化させ、彼らが制作した動画が数多く公開されるとともに、新たなユーザー層が流れ込むキッカケとなりました。この一連の流れが生んだ変化は、「動画のジャンルが多様化したこと」だと言えます。

　たしかにこれまでも、「美容」に特化した投稿者や、「スポーツ」に特化した投稿者などがいました。しかし、その多くは一般消費者の目線から見た商品の紹介だったと言えます。YouTuberによる「商品レビュー」や「使ってみた」といった動画は、あくまでエンターテイメントとして作られており、YouTube利用者はその「ジャンル」に興味があるというよりも、そのYouTuber「個人」に興味があったことが見てとれます。

　そして近年、新たに参入した動画投稿者は「専門家」の方々です。医師が語る美容アドバイス動画、元プロ野球選手による野球解説動画などです。より専門性や深度が高まったことから、このような動画を見ているユーザーは、「個人」だけでなく「テーマそのもの」「その情報の信憑性」にも強い興味があると考えられます。

　これを聞くと単に「競合が増えただけ」のように思えますが、ここには大きなアドバンテージがあります。企業は多くの場合、特定の業界に特化していますから、この流れは「自分の動画を関連させる"コンテンツ先"が充実してきた」ということを意味するのです。

▶ YouTube^{JP} 　　美容　　　　　　　🔍　📹　▦　⋮　　**👤 ログイン**

荏 フィルタ

【垢抜け】本当にやって良かった美容の自己投資はこれ【必見】
アットコスメ社員ありちゃんのコスメ美容録。・8.4万 回視聴・1 か月前
皆さんこんにちは、ありちゃんです！今回は、垢抜けテク動画第二弾ということで、メイクやファッション以外で 垢抜けるために行なった事と、...

美容の落とし穴。後悔してること【女性全員に伝えたい】
Kawanishi Mikiかわにしみき・47万 回視聴・5 か月前
【毛穴】今後悔してる美容の落とし穴。【若い子に伝えたい】
https://www.youtube.com/watch?v=tDZj_xX-xQ4 いつも動画を見てくれて...

【美肌】アラフォーが教える！後悔しないための美容法。
アラフォーゆかりさん・3.3万 回視聴・7 か月前
今回はもっと早くやっておくべきだったなと思う 美容法7つをご紹介します！今からでもできる美容法なので 是非やってみてください♪ 艶髪の ...

皮膚科医が成分で選んだプチプラ美白美容液ベスト3 / 3
best affordable beauty serums recommended by a...
友利新 / 医師「内科・皮膚科」・136万 回視聴・5 か月前
皮膚科医の目線で成分重視で選んだプチプラ美白美容液ベスト3をご紹介します。Here are the 3 best affordable whitening serums ...
字幕

上図はYouTubeで「美容」というキーワードで検索した結果画面。YouTuberの他に専門家やタレントなどが表示されていることがわかる。専門家やタレントが必ずしも人気となるわけではないが、コンテンツのバリエーションとして見ると、過去よりも2020年以降圧倒的に増加したことが見てとれる。

　ビジネスにおいて、商品・サービスのプロモーション対象とするのは、「個人」ではなく「商品・業界・ジャンル」に興味のある消費者であり、例えば化粧品メーカーであれば美容に興味がある、アパレルメーカーであればファッションに興味のある、という消費者がプロモーションの対象となります。

　つまり、先述した「専門家」と近い役割を果たせるのです。多くの場合、YouTubeを活用する企業や個人事業主の方々は、一般投稿者ではもちえない情報・環境・リソースや信用をもっているため、有利に戦えるケースが多いのです。動画ジャンルの幅が広がり、それぞれの専門家が各ジャンルを盛り上げている今、企業は彼らの動画との相乗効果で、商品をプロモーションできるチャンスであるとも言えます。

とはいえ、本格的にYouTubeを通じた動画プロモーションを展開する企業は、まだ世界的な大手企業、もしくは比較的小規模な事業者などにとどまっています。企業による動画の数はまだ少なく、訴求対象とする消費者に動画を表示させるための施策も現在ではとてもやりやすい状態です。競合企業がYouTubeの活用を開始した後に、本格的に動画プロモーションを実施した場合、競合企業の後追いとなってしまうこともあるでしょう。

▶ YouTubeでユーザーの本当の声がわかる

ここまでYouTube活用での「プロモーション上の効果」を解説してきましたが、もう1つ注目すべきは「マーケティング上の効果」です。

YouTubeでは公開されている自分の動画に関し、「どういった経路で視聴されたのか」「動画内のどのシーンが重点的に視聴されているのか」といったデータを数値で把握することができます。

トラフィック ソース ▲	➕ インプレッション数 ↓	インプレッションのクリック率	視聴回数		平均視聴時間	総再生時間（時間）	
☐ 合計	39,345	6.1%	3,145		0:33	29.2	
☐ チャンネルページ	36,463	5.9%	2,629	83.6%	0:31	23.2	79.4%
☐ 再生リストのページ	1,122	14.1%	183	5.8%	0:36	1.9	6.4%
☐ YouTube 検索	803	4.0%	44	1.4%	1:08	0.8	2.9%
☐ 再生リスト	484	9.7%	86	2.7%	0:38	0.9	3.2%
☐ ブラウジング機能	301	3.0%	26	0.8%	0:28	0.2	0.7%
☐ 関連動画	172	2.3%	56	1.8%	0:19	0.3	1.1%
☐ 直接、または不明	–	–	36	1.1%	0:48	0.5	1.7%
☐ その他の YouTube 機能	–	–	47	1.5%	0:53	0.7	2.4%
☐ 外部	–	–	38	1.2%	1:02	0.7	2.3%

YouTubeにはYouTube Studioという動画を管理するための機能があり、その中でチャンネル全体／個々の動画が、どのようにユーザーから視聴されているかわかる。動画が視聴される状況は動画が公開されてから日々変化するため、ユーザーのニーズや動画に求めるテーマ、検索キーワードや視聴後の行動動線をリアルタイムで見ることができる。

この機能を使うことで、以下のようなさまざまなデータが得られます。

・ユーザーはどんなキーワードで動画にたどり着いたのか
・どのキーワードをサムネイルに入れると視聴回数が増えるのか
・自分（自社）の動画を見るユーザーは他のどんな動画を見る傾向にあるのか
・どのシーンで動画から離脱されているのか
・ユーザーが動画や商品に対してもつ感想・コメント

・自分（自社）の動画を見ているユーザーの年齢／性別／視聴デバイス

　こういった情報は、ビジネスにおいては「宝の山」だとも言えます。自分（自社）を支持してくれる人は誰で、何をキッカケに動画にたどり着き、どんな情報を求めているのか、という「本当の声」が浮かび上がってくるからです。このようなデータからヒントを得て、新たな広告施策や商品・サービスの改善につなげていくことが可能です。

　YouTubeをはじめて　動画を公開していくうちに、さまざまなマーケティングデータが自動的に積み上がっていきます。ただし、これらのデータを活用する上では注意も必要です。

　適切なデータの設定を行わないと、想定しないユーザーに届いてしまいます。狙ったユーザーに正しく表示・視聴されたときに、彼らがどのような反応を起こすのかを知って初めて、適切なリサーチになりうるでしょう。有益なマーケティングデータを獲得するためにも、本書では正しいSEO（検索エンジン最適化）や、適切な分析・解釈の方法まで解説しています。

▶ 宣伝・広報・マーケティングにおける典型的な悩み

　著者は、企業のYouTube活用を支援させていただく中で、宣伝・広報・マーケティング部などの方々から、多くの疑問や質問などをいただいてきました。

・YouTubeをはじめたいが、何から手を付けたらいいかわからない
・すでに公開している動画の視聴回数が増えない原因を知りたい
・YouTubeが動画を表示させる仕組みがよくわからない

といったものです。

典型的な悩み①：何からはじめればいいのかわからない。

　最も多く寄せられる悩みが、「何からはじめればいいかわからない」というものです。

　これには、「現場特有の事情」があるでしょう。これまでの動画制作では、"必然に迫られて"動画を制作することが多くありました。例えば、「新商品が新たに登場するから、その商品のプロモーション動画を作らないと…」といったものです。この場合、訴求対象はその商品なので、「持ち運びの便利さを訴えたい」「スタイリッシュさを打ち出したい」といった具体的な議論やスケジュール調整が可能でした。

上の図はファッション・ライフスタイル雑誌「Vogue」のYouTubeチャンネルである。チャンネル内には2,375本の動画が公開されており、再生リストでそれぞれがシリーズ化されていることが分かる。

　一方、企業がYouTubeにコンテンツ動画を投稿するチャンネルを作りたい、となると、「そもそも何を目標にして議論を進めていいのかわからない」という状態になってしまいます。訴えかけたい特定の商品もなく、どんなメッセージを伝えるかもわからないため、どうしても雲を掴むような議論になりがちです。

　新しい事業としてのYouTubeチャンネルを実現するためには、このような実りの少ない議論を避けなくてはいけません。そのため、本書では「動画プロモーションを検討する上での手順」および「説明の方法」を解説しています。

　これについては、正直なところ、業界や動画が取り扱うテーマによって無限に考えられるため、正解は1つではありません。しかし、担当者が企画や制作段階でつまずきがちな共通の問題に対して、「今何を考え」「何を決定すべきか」という答えを、本書内で見つけられる作りを目指しました。

典型的な悩み② : 動画の視聴回数が伸びない

　次に多くいただく質問が、動画公開後の問題です。「動画を公開したものの、ほとんど視聴されない」というケースは、決して珍しいものではありません。

　むしろ、ほとんどの方がこの問題にぶつかると言っても過言ではないでしょう。これはYouTube上の動画表示の仕組み(いわゆる動画SEOやアルゴリズム)をうまく利用できていないことが原因です。

　本書では、YouTubeユーザーが検索しているキーワードがわかるリサーチツールの使い方や、効率的に動画を調査する方法を解説しています。まずは、YouTubeという名のコンテンツ市場の特徴や傾向を知る必要があります。その前提の上で、「ユーザーが求める情報」と「自分(自社)が提供できる情報」を掛け合わせて、はじめて動画の視聴回数を伸ばすことができるのです。

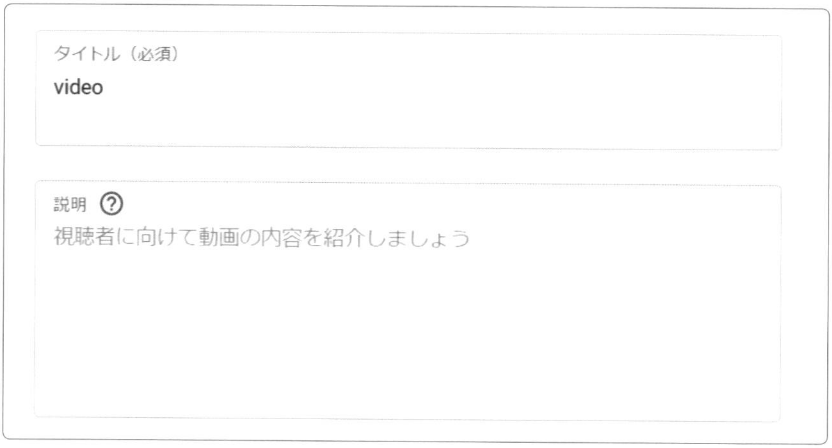

上図はYouTubeで動画をアップロードした際に表示されるタイトルと説明文を入力するための画面の一部である。YouTubeは利用者の視聴傾向と同時にタイトルや説明文に含まれる文字情報をあわせて参照し、それぞれのYouTube利用者に表示する動画を判断する。これらは「メタデータ」と呼ばれ、メタデータの設定が適切でなければ、適切な利用者に表示されにくくなり、結果的に得られる視聴データが有益なものでなくなってしまう。メタデータの設定によって視聴回数が思うように伸びなかったり、得られた視聴データの分析が困難となるケースは珍しくない。

　「概要欄」「タイトル」「タグ」「ハッシュタグ」といったそれぞれの概念は、どういった役割を持ち、どのような点に注意して設定すべきであるかについて知ることで、動画表示上の多くの悩みを解決することができます。

　メタデータに限らず動画を表示させる上での対策方法は、広範囲に及び複雑です。チャンネルを運用する上でつまずく悩みごとに項目分けし、順を追って解説しています。本書を通じて、YouTubeの動画を表示させる仕組みや、プロモーション戦略の全体像が、自然にわかるよう努めました。

典型的な悩み③：動画を誰がどう作ればいいのかわからない
　動画の制作方法については、「個人なのか／企業なのか」「どれくらいのチームで運用するのか」でさまざまです。

　一般的にどういった動画であれば自前で作りやすいのか、どのような動画は外注しやすいのかといった、制作・運用面でのノウハウを解説しています。

典型的な悩み④：データをどう見ればいいのかわからない

　YouTubeではさまざまな視聴データを見ることができますが、複雑な画面の
すべてを理解する必要はありません。

　視聴データで見るべきは、まず「それぞれの動画が想定通りに稼働しているか
どうか」、そして「稼働に問題がある動画があるならば、その原因が何であるか」
です。視聴データは、複雑な画面をまるごと理解するものではなく、ピンポイン
トで各動画の課題を見つけ、改善をするためのものと捉えています。

　本書でご紹介する指標を使って、すでに公開されている動画に対しては「何が
改善できるか」、これから制作する動画においては「何に注意して動画を制作す
べきか」を検討することができます。

　本書で解説する内容は、個人・企業問わず、より多くの業界に属する企業に
とって有益なものとなることを目的としているため、単なる「テクニック」とい
うより、「考え方」を中心に解説しています。

　アパレルメーカーからレストラン、税理士、経営コンサルタントまで、業界や
業種に応じて細かな部分に違いはあるものの、YouTubeにおける基本的な考え
方・原理原則は、あらゆる業界の人に役立つでしょう。

▶ 本書の構成

　本書は「第一部」と「第二部」で構成されています。

　「第一部：基本ワザ」では、YouTubeで動画を公開するまでに必要な基本とな
る手順について解説しました。具体的な手順はさまざまなメディアに記載されて
いるため、本書では、実務担当者が実際にチャンネルを解説する上で必要だと考
えられるステップと、各ステップにおける注意点を記載しました。

　「第二部：集客の公式85」は、メインとなるコンテンツです。筆者のもとに
これまで寄せられた「悩み」とその悩みに対する「答え」を、85項目に構成・分類
しています。一概に「悩み」といっても、それぞれの段階において、抱える課題は

さまざまです。そのため、バラバラのアドバイスを単に寄せ集めるだけでなく、企画→撮影→編集→分析まで、制作の時系列の流れに沿って、手引きできるように並べています。また、明確な答えのないマーケティングの世界でできるだけ事実に基づくよう、Googleの研究やその他マーケティング論文等で確かめられたエビデンスを適宜掲載しました。

　本書のノウハウは多岐に及び、一度通読して理解するよりも、机に置いて困ったときに参照していただけることを想定しています。そのため、逆引きがしやすいよう、どこからでも読める作りとしました。内容面だけでなく、本の作りの意味でも、分厚いながら開きやすいものとなっています。

　宣伝・広報・マーケティングを担当されている方々にとって、本書が「YouTubeによる動画プロモーション」を検討する上での一助になれば、それに勝る喜びはありません。

2020年11月　木村　健人

▶ Contents

第一部

基本ワザ

チャンネルの作成方法

　YouTubeで動画をアップロードするためには、YouTubeチャンネルが必要です。YouTubeチャンネルは、アップロードした動画がまとめられる場所であり、すべての動画の「玄関」になります。またユーザーは、チャンネルを「登録」することで、そのチャンネルの最新動画の通知が受けとれます。ここでは、YouTubeチャンネルの作り方について解説していきましょう。なお、事前にGoogleアカウントをとっておく必要があります。

手順① チャンネル作成

YouTubeへアクセスし、Googleアカウントでログインします。右上のユーザーアイコンをクリックして表示される「チャンネルを作成」をクリックします。

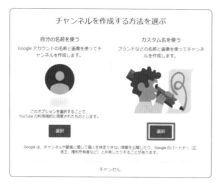

手順② 「カスタム名」を選択

チャンネルを作成する方法を選びます。企業の場合はYouTubeチャンネルを複数人で管理することが多いため、右の「カスタム名を使う」を選択します。

手順③ チャンネル名の決定

チャンネル名を入力し、チェックボックス右の文章を確認の上チェックを入れ、「作成」ボタンをクリックします。

手順④ チャンネルの情報を設定

チャンネルが作成された旨を知らせる画面が表示されます。チャンネルのアイコンや説明文などをこの画面で記載できます。これらは後からでも変更が可能です。

手順⑤ 設定を保存

画面を下へスクロールし「保存して次へ」をクリックします。

手順⑥ 作成されたチャンネルの確認

チャンネルページが表示されると、YouTubeチャンネルが作成されたことを意味します。チャンネル作成は以上で完了です。

チャンネルの基本設定

　YouTubeチャンネルでは、チャンネルのタグや対象とする視聴者などの設定を行うことができます。ここでは、チャンネルの基本設定について解説します。

上図はYouTubeStudioの画面。動画を公開したり、チャンネルを設定する際にすべての窓口となる。

手順① YouTube Studioを開く

YouTubeへアクセスし、右上のユーザーアイコンをクリックして表示されるメニューから「YouTube Studio」をクリックします。

基本ワザ

手順② チャンネルの設定を開く

YouTube Studio画面の左下にある「設定」をクリックします。

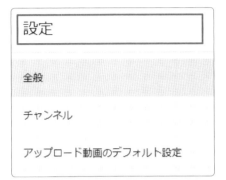

手順③ 「チャンネル」のクリック

設定のポップアップ画面から「チャンネル」をクリックします。

手順④ 基本情報を設定

まずは「基本情報」タブから設定していきます。「居住国」からチャンネルが運用されている国をドロップダウンメニューから一つ選択します。次にチャンネルと関連するキーワードを入力します。チャンネルのテーマとするキーワードや社名、ブランド名などを設定しておくと良いでしょう。

手順⑤ 詳細を設定

次に「詳細設定」タブをクリックします。YouTubeチャンネルとして対象とする視聴者の設定を行います。子ども向けの動画がなければ2番目の選択肢で設定しておけばいいでしょう。

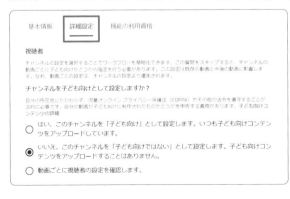

25

03 チャンネルページの カスタマイズ

　YouTubeチャンネルが開設されると「チャンネルページ」が作成されます。チャンネルページでは、アイコンやバナー画像、セクションが表示されます。前述のように、動画ないし企業の「玄関口」となるため、見栄えのするようしっかりと考えて作る必要があります。ここでは、チャンネルページでの基本的なカスタマイズ設定について解説します。

▶ チャンネルをカスタマイズするページへ移動

👤 チャンネル	
💲 購入とメンバーシップ	
⚙ YouTube Studio	

手順① YouTube Studioを クリック

YouTubeへアクセスし、右上のユーザーアイコンから「YouTube Studio」をクリックします。

$ 収益受け取り	
🪄 カスタマイズ	
🎵 オーディオ ライブ…	

手順② 「カスタマイズ」をクリック

YouTube Studioに移動し「カスタマイズ」をクリックします。

▶ チャンネルアイコンの設定

手順① チャンネルアイコンを設定

まずはチャンネルアイコンを設定します。「ブランディング」をクリックし、「プロフィール写真」セクション内の「アップロード」をクリックします。

手順② 画像サイズの調整

チャンネルアイコンに使用する画像を選択すると、サイズを調整する画面が表示されます。サイズ調整後に「完了」をクリックします。

手順③ チャンネルアイコンを 公開する

アイコンが反映されていることを確認し、画面右上の「公開」をクリックして完了です。

▶ バナー画像の設定

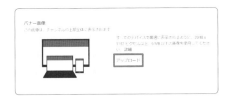

手順① 任意の画像のアップロード

バナー画像はチャンネルページの画面上部に表示される画像です。まずは「バナー画像」セクション内の「アップロード」をクリックします。

手順② 画像のトリミング

チャンネルアイコンと同様に、バナー画像として設定する画像を選択します。バナー画像は画像の中央からデバイスタイプによってトリミングされるため、重要な情報は画像の上下中央に配置することが重要です。トリミングを行い、「完了」をクリックします。

手 順 ③ 各デバイスでの表示確認

各デバイスの画面上部に画像が正しく表示されたことを確認します。確認ができたら、画面右上の「公開」をクリックして完了です。

▶ 動画の透かしの設定

手 順 ① 任意の画像の選定

「動画の透かし」は動画再生中に表示される画像を指します。「アップロード」をクリックし、150px×150pxで1MB以下のPNGまたはGIF形式の画像を設定します。

手 順 ② 画像の領域の調整

必要に応じて表示される画像の領域を調整し、「完了」をクリックします。画像が設定されていることを確認し、画面右上の「公開」をクリックして完了です。

手 順 ③ 表示タイミングの設定

画像を設定すると、表示のタイミングを指定することができます。特別な指定などがなければ、「動画全体」に表示させておくといいでしょう

▶ 新規訪問者向けの動画を表示

手順① 新規訪問者向けに動画を
表示するよう設定

新規訪問者向けの動画とは、チャンネル登
録を行っていないユーザーに表示する動画
のことです。まず「レイアウト」を選び、
「チャンネル登録していないユーザー向け
のチャンネル紹介動画」内にある「追加」
をクリックします。

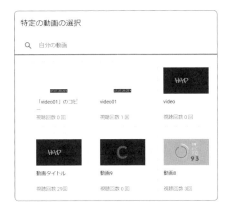

手順② 任意の動画を選定

新規訪問者向けに表示する動画を選択しま
す。これを行うためには動画がすでにアッ
プロードされている必要があります（基本
ワザ04）。新規訪問者向けの動画は、自分
のチャンネルを説明する動画が一般的に設
定されます。企業の場合は、企業イメージ
を紹介する動画や新商品やブランドを紹介
する動画などが設定されます。

手順③ 動画を公開

選択した動画が表示されたことを確認し、
画面右上の「公開」をクリックして完了です。

▶ チャンネル登録者向けの動画を表示

手順① チャンネル登録者向けに動画を表示するよう設定

次にチャンネル登録者向けに表示する動画を設定します。「チャンネル登録者向けのおすす
め動画」内にある「追加」をクリックします。

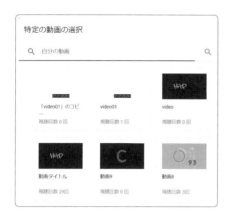

手順② 任意の動画を選定

チャンネル登録者向けに表示する動画を選択します。

手順③ 動画を公開

選択した動画が表示されたことを確認し、画面右上の「公開」をクリックして完了です。

▶ セクションの追加

手順① セクションを追加

チャンネルページではさまざまな動画をユーザーにわかりやすく整理して表示するための「セクション」という機能があります。まずは「レイアウト」から「注目セクション」内にある「セクションの追加」をクリックします。

> 注目セクション
> セクション（最大10個まで）を使用してチャンネルホームページのレイアウトをカスタマイズできます。詳細 ┃ ＋ セクションの追加

手順② カテゴリの選定

次に追加するセクションのカテゴリを選択します。動画の数をこれから増やす場合は「アップロード動画」や「人気のアップロード動画」を選択するといいでしょう。すでに再生リストを作成している場合は、「1つの再生リスト」から任意の再生リストを選択するなどがいいでしょう。

手順③ セクション設定の保存

任意のセクションを選択し、画面に表示されたことを確認し、画面右上の「公開」をクリックして完了です。

手順④ 反映の確認

チャンネルページでセクションが追加されていることを確認しましょう。

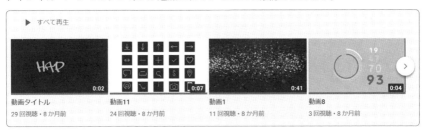

▶ チャンネルの概要の追加

手順① チャンネルの説明を入力

概要はチャンネルについての説明を記載するためのものです。簡潔にチャンネルの説明を行う必要があります。「基本情報」タブをクリックし、チャンネルの説明文を入力し、画面右上の「公開」をクリックします。

手順② 反映の確認

チャンネルページへ遷移し、文章の反映が確認できれば完了です。

▶ 概要の翻訳

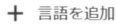

手順① 言語の決定

概要の文章を他の言語に翻訳することで、日本語以外の言語を使用するユーザーに対して、彼らの母国語で説明文章を表示することができます。「チャンネル名と説明の翻訳」内にある「言語を追加」をクリックします。

手順② 翻訳元言語と
　　　翻訳先言語の指定

翻訳先の言語を選択します。原稿執筆時点では、「チャンネル名」「説明文」は自動翻訳されないので、翻訳先の言語でチャンネル名と説明文を入力し、「完了」をクリックします。その後、「公開」をクリックします。

手順③ 反映の確認

YouTubeの言語設定を翻訳先の言語に変更し、チャンネルページで反映を確認できれば完了です。

▶ Webサイトリンクの設定

手順① リンクの設置と公開

「リンク」ではWebサイトや各種SNSのリンクを設置できます。リンクのタイトルとURLを入力し、画面右上の「公開」をクリックします。

手順② 反映の確認

チャンネルページの「概要」にリンクが表示されていることを確認できれば完了です。

▶ 問い合わせ情報の設定

手順① メールアドレスの設定と公開

ユーザーへ連絡先を伝えるために問い合わせ情報としてメールアドレスを設定することができます。「連絡先情報」内でメールアドレスを入力し、画面右上の「公開」をクリックします。

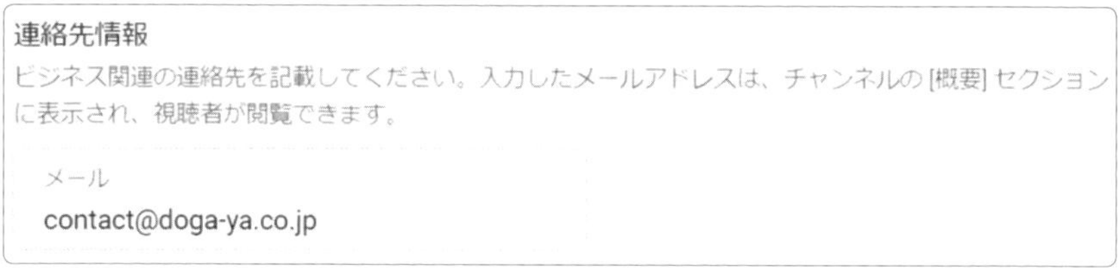

連絡先情報

ビジネス関連の連絡先を記載してください。入力したメールアドレスは、チャンネルの [概要] セクションに表示され、視聴者が閲覧できます。

メール

contact@doga-ya.co.jp

詳細

ビジネス関係のお問い合わせ:　　contact@doga-ya.co.jp

場所:　　　　　　　　　　　　日本

手順② 反映の確認

チャンネルページの「概要」にメールアドレスの表示がされていることを確認できれば完了です。

04 動画のアップロード方法

YouTubeに動画をアップロードし、公開するまでにはいくつかの設定が必要となります。ここでは、動画アップロードから公開までの手順について解説します。

手順① 「動画をアップロード」をクリック

YouTubeにログインして、画面右上のビデオカメラに＋の印のついたアイコンをクリックし、「動画をアップロード」をクリックします。

手順② 動画を選定し、アップロード

アップロードする動画ファイルをドラッグ＆ドロップするか、「ファイルを選択」をクリックして指定します。

手順③ タイトルと概要欄の記載

アップロードがはじまると画面が切り替わります。まずは動画のタイトルと、動画の概要欄にあたる説明文章を入力します。動画のチャプターをオンにするタイムスタンプやハッシュタグは説明に設定します。

手順④ サムネイルの指定

次にサムネイルを指定します。動画をアップロードするとYouTubeが3種類のサムネイルを自動生成します。自分で作成した画像を使用する場合は「サムネイルをアップロード」をクリックします。

手順⑤ 再生リストへの追加

再生リストを設定する場合は任意のものを指定します。非公開として動画をアップロードする場合は、公開後に再生リストへ追加します。

手順⑥ 対象視聴者の指定

対象視聴者の設定を行います。動画が対象とする視聴者が子どもに限定されない場合は、どちらも「いいえ」を選択しましょう。

手順⑦ タグの設定

「その他のオプション」からタグの設定を行います。タグは「キーワードA, キーワードB, キーワードC」というように、カンマ区切りで設定します。多すぎるタグの設定はスパム扱いを受ける可能性があるため注意が必要です。

手順⑧ 言語と字幕を設定

動画の言語と字幕を設定します。字幕を用意している場合は字幕をアップロードします。

手順⑨ 撮影日と場所の指定

撮影日と動画の撮影場所を選択します。動画の撮影場所を設定すると、概要欄に記載のハッシュタグ（集客の公式77）が表示されないため注意が必要です。

手順⑩ その他の設定

ライセンスや動画のカテゴリ、コメントの管理方法を指定します。設定を終えたら、「次へ」をクリックします。

手順⑪ 終了画面とカードの追加

終了画面とカードを追加する画面です。これらは動画の公開日が確定したあとに適時追加することが望ましいでしょう。

手順⑫ 公開の設定

公開設定を行います。企業の場合は、まず限定公開として設定し、公開日の確定後にスケジュールを設定して、指定の公開日時を定めるのがいいでしょう。

動画のデフォルト設定

基本ワザ
05

複数人が同じYouTubeチャンネルに動画を公開するときに、動画のタイトルやタグのデータ設定が統一しにくい場合があります。デフォルト設定を指定しておくことで、各動画の設定データを統一しやすくなります。ここでは、動画のデフォルト設定について解説します。

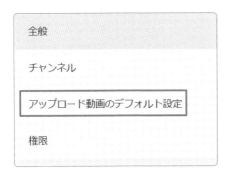

手順①「アップロード動画のデフォルト設定」をクリック

YouTube Studioへアクセスし、「設定」をクリックして「アップロード動画のデフォルト設定」をクリックします。

手順② タイトルと説明文の設定

まずは「基本情報」タグのデフォルト設定から指定します。タイトルと説明文のデフォルト設定を決めることができます。動画のタイトルでは末尾に社名などを含め、説明文には共通化した公式WebサイトのURLなどを記載するといいでしょう。

手順③ 公開とタグの設定

次に公開設定とタグを指定します。公開設定はチャンネルの運用方法によりますが、誤って公開することのないよう「限定公開」とすることがあります。タグにはブランド名や社名など共通化しやすいものを設定するといいでしょう。

手順④ その他の設定

詳細設定では、ライセンスやカテゴリなどを指定します。動画のカテゴリや言語、コメントについては動画によって異なると管理がしづらくなるため、統一した設定を定めておきましょう。

基本ワザ

06

YouTube機能の活用方法

基本ワザ

　YouTubeには再生リスト、カード、終了画面など独自の機能があります。動画の公開だけでなく、これらの機能を活用することで、より多くの動画を視聴者に訴求することができます。ここでは、再生リスト、カード、終了画面の設定ついて解説します。

▶ 再生リストの作り方

手順①「再生リスト」をクリック

YouTube Studioへアクセスし、画面左メニューの「再生リスト」をクリックします。

手順② 任意の再生リスト情報を
　　　　設定

「新しい再生リスト」をクリックし、再生リストのタイトルと公開設定を決め、「作成」をクリックします。

手順③ 再生リストの表示確認

再生リストがこのように表示されれば、再生
リストが作成されていることがわかります。

手順④ 再生リストに動画を追加

次に、再生リストに動画を追加します。
「…」ボタンをクリックし、「動画を追加する」
をクリックします。

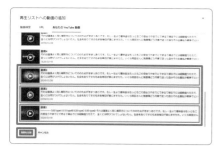

手順⑤ 任意の動画を選択

再生リストに追加する動画を選択する画面
が表示されます。自分のチャンネルの動画
を追加する場合は「あなたのYouTube動
画」タブをクリックし、動画を選択して
「動画を追加」をクリックします。

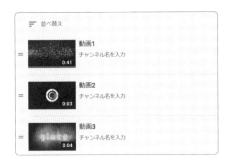

手順⑥ 再生リストの表示確認

再生リストを確認し、選択した動画が追加されていることを確認して完了です。

▶ カードの作り方

手順① 「カード」をクリック

カードは各動画に対して追加できる機能（集客の公式44）です。カードを追加する動画の詳細から、画面右下にある「カード」をクリックします。

手順② カードの種類の決定

追加するカードの種類を選択します。ここでは動画を追加します。

手順③ 任意の動画を選択

カードとして表示させる対象の動画を選択します。

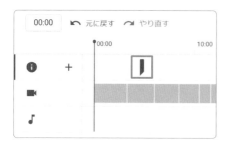

手順④ 表示タイミングの設定

動画を選択すると、タイムバーにカードの表示タイミングを示すマークが表示されます。表示するタイミングの位置に移動します。

手順⑤ 任意のテキストを設定

動画カードの「∨」マークをクリックし、カードに表示するテキスト（カスタムメッセージとティザーテキスト）を入力します。

手順⑥ カスタムメッセージの設定

「カスタムメッセージ」はカードをクリックしたときに表示されるテキストです。

手順⑦ ティザーテキストの設定

「ティザーテキスト」はカードが展開されたときに表示されるテキストです。

▶ 終了画面の作り方

手順 ① 「終了画面」をクリック

終了画面は、各動画の最後に動画やチャンネル登録ボタンを表示できる機能です。対象とする動画の詳細から「終了画面」をクリックします。

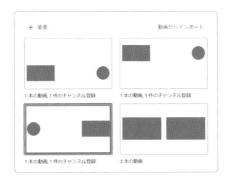

手順 ② 「終了画面」の　　テンプレートを決定

終了画面の設定を行います。終了画面にはいくつかのテンプレートがあるため、はじめは好みのテンプレートを1つ選びます。

手順 ③ テンプレートの表示確認

動画に選択したテンプレートの要素が表示されます。左図の場合は、左側にチャンネル登録ボタン、右側に動画枠を表示しています。

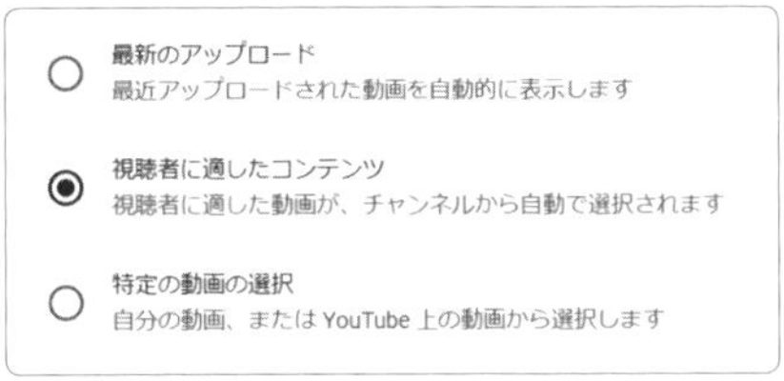

手順 ④ 要素の種類の決定

動画枠をクリックすると、表示する動画を選択する画面が表示されます。「視聴者に適したコンテンツ」は、チャンネルにアップしている動画から、視聴ユーザーの好みに合わせたものを自動的に選択してくれます。特定の動画を選択する場合は、「特定の動画の選択」をクリックします。

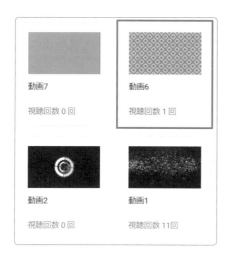

手順 5 任意の動画を選定

終了画面に表示させたい動画をクリックします。

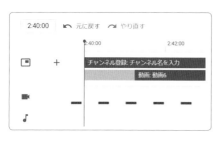

手順 6 表示タイミングの設定

終了画面の各要素は表示させるタイミングを変更できます。動画を見ながらタイムライン上で表示するタイミングを指定し、「保存」をクリックすると終了画面が設定されます。

基本ワザ 07 アップロード後の動画の編集

　YouTubeで動画を公開したあとに、不要なシーンや削除しなければならない
シーンが発生する場合があります。動画自体を削除すると視聴回数やコメントが
消えてしまうため、公開している動画を編集する必要があります。ここではすで
にアップロードされている動画から不要なシーンを削除する方法を解説します。

　YouTubeはアップロードされた動画に対してURLが発行されるため、後から
動画を差し替えるということができません。そのため動画に新たなシーンを追加
したりはできませんが、すでにあるシーンを削除するYouTubeエディタという
機能があります。

手順① エディタを開く

YouTube Studio左メニューの「動画」か
ら、編集対象の動画を選択します。動画の
詳細Iの左メニューから「エディタ」をク
リックします。

手順② シーンをカット

エディタ画面が表示されます。動画内のシーンを削除するために「カット」をクリックします。

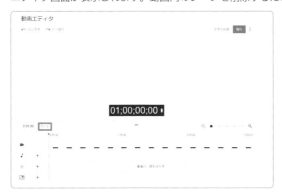

手順③ シーンを分割

タイムラインが青枠で囲われた状態になります。画面に表示されているグレーの線を削除するシーンの冒頭に移動し、「分割」をクリックします。

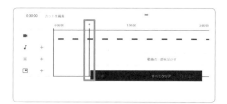

手順④ 分割エリアの確認

グレーの線の位置に青色の線が追加されます。この線がシーンの分割を表します。

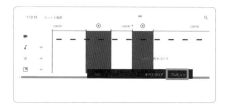

手順⑤ 範囲の選択

青色の線にマウスカーソルをあわせ、右にドラッグすると左図のようにタイムラインがグレーに変化します。

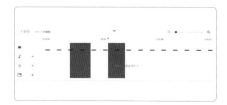

手順⑥ 分割のプレビュー

分割は複数行うことができます。削除対象のシーンをそれぞれ分割で指定し、「プレビュー」をクリックします。

手順⑦ 前後のつながりの確認

プレビュー画面では、「カット」ボタンがクリックされる前の状態になります。動画を再生し、削除されたシーンの前後のつながりなどを確認します。

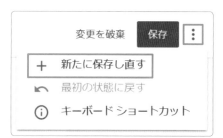

手順⑧ 編集後の動画を新規保存

元の動画とシーンを削除した動画の両方を保持する場合は、「：」ボタンをクリックし、「新たに保存し直す」をクリックします。

新たに保存し直す

動画と一部の機能がコピーされ、新しい動画として保存されます。

- 保存される情報: すべてのカットとぼかし
- 保存されない情報: 終了画面、カード、その他の機能

タイトル
「video01」のコピー

保存または公開

⦿ 非公開

○ 限定公開

○ 公開

☐ 元の動画を削除

キャンセル 新たに保存し直す

手順 ⑨ タイトルと公開の設定

タイトルと公開方法を指定します。元の動画を削除する場合は「元の動画を削除」にチェックをいれます。各指定が完了したら「新たに保存し直す」をクリックします。

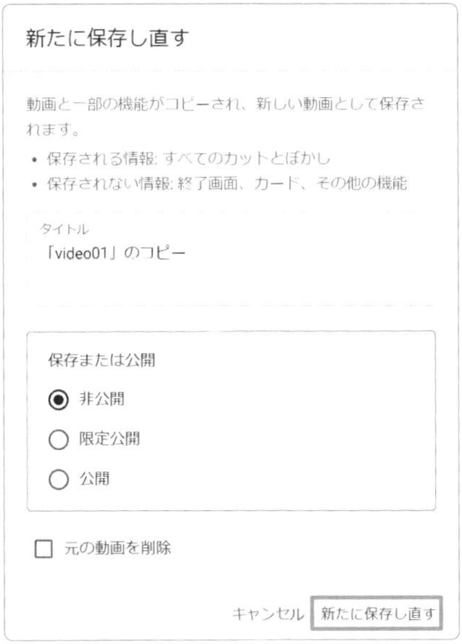

手順 ⑩ 編集後の動画の確認

YouTube Studioの動画一覧ページへ遷移すると、元の動画が保持された状態で、シーンが削除された動画が生成されたことが確認できます。「新たに保存し直す」ではなく、青色の「保存」ボタンをクリックすると、左図の画面が表示されます。右下の「保存」をクリックすると元の動画が上書きで保存されます。

集客の公式

第二部集客の公式の本文中にある論文等の[*]マークは、引用であることを指します。
引用元については、p.351にまとめて掲載しています。

企　画

YouTubeチャンネルをはじめるにあたって、「企画」を考える必要があります。個々の動画のコンセプトを決めるだけではなく、チャンネル全体の運用方針を決めることにもなります。企画のコツはシンプルで、「ユーザー像をしっかりと掘り下げること」です。本項では、ユーザーのもつ「情報」「エンターテイメント」「つながり」などさまざまな動機を、大項目・小項目に分類しています。企画に困ったとき、この項目を開いていただき、ヒントが得られることを願っています。

集客の公式
01 まずは動画を見てほしい人を 決める

▶「動画の目的は何か」を考えることから

YouTubeを使った動画プロモーションをはじめるにあたって、多くの方は「動画の企画の立て方」に戸惑うところでしょう。車や飲料のCMのように商品・サービスのブランドイメージを打ち出すべきか、あるいは商品の使い方を撮影して紹介すべきか、選択肢はさまざま考えられるため、悩ましいものです。

また、撮影の場所をどうするか、機材をどうするかといった撮影に関する疑問や、編集ソフトは何がいいのかといった動画編集に関する疑問も出てきます。

動画を作るための3つの工程

企 画　　　　　撮 影　　　　　編 集

撮影場所はどこ？
カメラはどうするの？
誰が出演するの？

どんな動画を作る？
ターゲットは誰？
何を訴求する？

編集ソフトは何がいい？
テロップは入れるべき？
BGMは何がいいの？

撮影や編集などの「制作」にまつわる悩みの前に、これから動画をはじめようという方が、最低限決めておきたい重要なポイントがあります。それは「自分の動画は誰が見るのか」というターゲットの決定です。

▶「企業の目的」よりも「ユーザーの目的」を考えよう！

ビジネスではブランディングや商品宣伝、認知度向上など、**集客や売上の増加を目的として動画を制作します**。これは作り手側からの動画に対する視点です。

しかし、ここには動画を実際に視聴するユーザーの視点が抜けています。ユーザーが動画を視聴する理由は、暇つぶしや情報収集などさまざまな理由が想定されます。家で何もやることがないときに、面白いコンテンツを探して動画を見ることもあれば、何か新しいことを学びたいと思って動画を見ることもあるでしょう。理由は一人ひとり異なりますが、**ユーザーは動画を見ようと思った視聴動機を満たそうとしています**。

企業とユーザーの動画に対する目的の違い

売上の増加
ブランド認知度UP
集客力の向上

暇つぶし
新しいスキルを学びたい
動画で楽しみたい

企業の目的　　　　　　　　　ユーザーの目的

動画を制作するということは、その動画を視聴してくれる人のために作るということです。つまり、「自分がこれから作ろうと考えている動画は、どのような人が、何を目的として視聴する動画であるか」を明確にする必要があります。**特にYouTubeはテレビなどのメディアと異なり、ユーザーが動画を選択してはじめて視聴が開始されるプラットフォームです**。数多く存在する動画の中からユーザーが視聴したいと思い、クリックしたということは、その動画が選ばれた「理由」が存在します。それは「タイトルとサムネイルからなんとなく気になった」など漠然とした理由から、「知りたい情報がある可能性が高いと判断した」といった明確な理由まで、さまざまでしょう。

▶ ユーザーが動画を見る状況は3種類

　自分の動画を誰が視聴するのかを考えるにあたって、「ユーザーがどのような状況で自分の動画を目にするのか」も重要です。主に3種類が想定されます。

①検索発見型

　「その動画を探していた」という状況。欲しい情報が明確で、その情報を提供してくれる動画を探した結果、自分の動画を目にした、というもの。

②関連発見型

　「流れで目にした」という状況。これは、別の動画を視聴していたとき、関連動画の中に自分の動画が表示されて興味をもった、というもの。

③偶然発見型

　3つ目の状況は「特に理由もなく目にした」という状況。YouTubeをWebやアプリケーションで利用すると、トップページに「あなたへのおすすめ」として動画が表示されます。この枠の中に自分の動画が入り、ユーザーが偶然目にした、というもの。

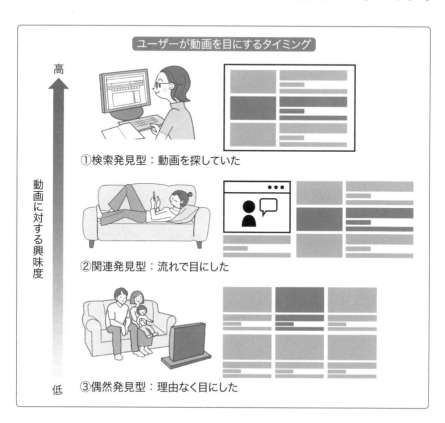

ユーザーが動画を目にするタイミング

高

動画に対する興味度

①検索発見型：動画を探していた

②関連発見型：流れで目にした

③偶然発見型：理由なく目にした

低

　1本の同じ動画が、それぞれ異なる3つの状況に置かれたユーザーに表示された場合、彼らはその動画を全員同じように視聴するでしょうか。置かれている状況によって視聴したい動機やポイントが異なる可能性が高いでしょう。

　また、ユーザーが置かれている状況だけでなく、ユーザーがどんな人であるかによっても視聴したいと思う動画は異なります。性別・年齢・地域といった「ユーザー属性」による視聴動機の違いや、「そのテーマに関する知識レベル」の違いもあるため、多様なニーズが考えられます。それらを考慮した上で、「どのユーザーにどのような動画を見せるのか」を考えなければなりません。

▶ 「興味レベル」を軸にユーザーを分類しよう！

　そこで、そのような異なる状況や属性、知識レベルをもつさまざまなユーザーを、「興味レベル」を軸にして分類すると、わかりやすくなります。例えば、「YouTube集客」というテーマなら、「現在進行中で動画を作っていて今すぐ参考にしたい」という強い興味がある人かもしれません。あるいは「流行っているからなんとなく知っておきたい」という中程度の興味かもしれませんし、「講師の服が気になった」「自動再生で開いてしまっただけ」などテーマに対して全く興味がないかもしれません。それぞれのユーザーの興味レベルに沿って考えると、提供すべき動画の内容・切り口が浮かんできます。

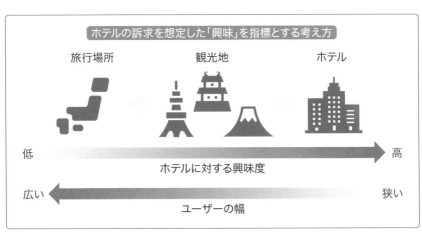

ホテルの経営・運営を行う企業の動画活用を想定する場合、ホテルに関する動画のみでは視聴対象となるユーザーが「そのホテルに興味があるユーザーのみ」に限定されてしまう。旅行場所や観光地をテーマとすることで、動画に興味をもつユーザーの幅を広げられる。

「興味」とは別の言葉に置き換えると「具体性」であるとも言えます。興味があるユーザーに対しては具体性の高い動画(例：ホテルの内装やサービス)を制作すべきであり、反対に興味があまりないユーザーに対しては具体性を低くし(例：「近くで宿泊できる施設がある」)、代わりに彼らが興味をもちそうなテーマの動画(例：地域、観光地)を制作したほうがよいと考えられます。

　「自分の動画は、誰がどんな目的や状況で見るのか」について考えることは、ターゲットとするユーザーが何を求めているかについて考えることでもあります。ターゲット視聴者を決めるにあたり、それぞれのユーザーがもつ「興味レベル」を軸にして考えることで、動画を見るユーザーが明確になり、動画の内容やコンセプトがおのずと浮かび上がってくるのです。

Point

1. 動画を作る前に、「誰がどんな目的や状況で見るのか」について考える。

2. YouTubeはテレビと違い、ユーザーから動画が選択され、視聴されるプラットフォームである。

3. ユーザーの「興味レベル」を軸にして、ターゲットユーザーを決める。

集客の公式

02 ユーザーが動画を視聴する状況から長さや切り口を考える

▶ 意外と大事な「視聴姿勢」について考えよう！

　動画の視聴回数が伸び悩んでしまう原因の1つに、「動画の内容」と「ユーザーの視聴姿勢」が一致していないことが考えられます。「視聴姿勢」とは、文字通り、ユーザーが動画を見るときの姿勢のことです。この視聴姿勢と、動画の内容・表現方法にギャップがあるために、早々に離脱されてしまい、結果、視聴回数が伸びないということがあります。つまり、制作する動画の方向性を決めるとき、「誰が視聴するか」に加え、**「ユーザーはどのように視聴するのか」**についても検討する必要があるのです。

　例えば、料理の作り方の解説動画は、**夕食の少し前の時間帯に視聴される可能性が高い**です。もしくは夕食を何にしようか悩んでいるユーザーであれば、夕食の少し前ではなく、**食材の買い物に出る前の時間帯に動画が視聴される**とも考えられます。さらに、料理の作り方の解説動画を視聴しているユーザーは、その動画をキッチンで視聴している可能性は高いでしょう。料理を何にしようか悩んでるユーザーは、リビンクやキッチンで冷蔵庫の中身を確認しながら、何を買うべきかを検討しているとも考えられます。

▶ 視聴姿勢に合った動画の「長さ」

　動画の内容だけでなく、動画の「長さ」も重要なポイントです。YouTubeで公開されている子ども向けのエンタメ動画は、比較的長い傾向にあります。子ども向け動画を視聴しているユーザーは当然子どもが多いでしょうが、その動画を選び、子どもに見せているのは、その子の親でしょう。

　親が子どもに動画を見せる理由は、**一時的に手が空かないため自分以外が子どもをあやす手段として動画を見せる**という可能性もあります。動画が短いと再生終了したときに、親は別の動画を選択する必要がありますが、動画が長く、子どもの興味を留めておいてくれるものならば、親が動画をいちいち選ぶ手間が省けます。そのため、動画を視聴するユーザーは子どもであったとしても、それを選択している本当のユーザーは実は親であり、その目的は子どもをあやすことかもしれないのです。長い子ども向け動画を制作している動画投稿者はニー

ズに沿った動画を制作していると考えられます。このように、ユーザーのシチュエーションに沿って、適切な「長さ」を考えることが大切です。

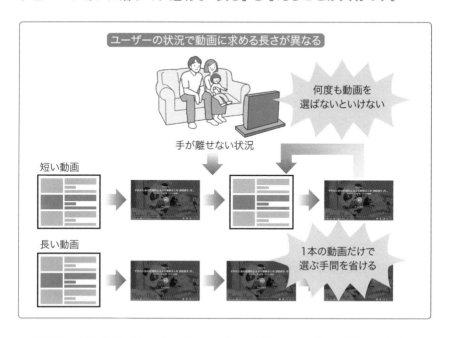

　真面目に何かを学びたいというユーザーに対して、お笑い番組のようなエンターテイメント表現が強い動画を制作しても、ユーザーの視聴姿勢と動画の雰囲気に差があるため、最後まで視聴される確率は低くなってしまうかもしれません。このように、自分の動画を視聴するユーザーがどのような視聴姿勢であるかを改めて検討してみましょう。

▶ ユーザーの視聴姿勢にあった情報を発信しよう！

　企業が動画を通して伝える主なコンテンツは、「販売商品の情報」や「その企業・人がもつ専門知識の情報」が大きな割合を占めます。単に「情報」というとぼんやりしているため、いくつかの段階に分類しましょう。
　例えば、特定のテーマに関する概要について知りたいユーザーもいれば、テーマについて学習することで何かを身につけたいと考えるユーザーもいるでしょう。あるテーマの専門的な知識について知りたいユーザー、何かのやり方について細かい手順を知りたいユーザーも存在すると考えられます。

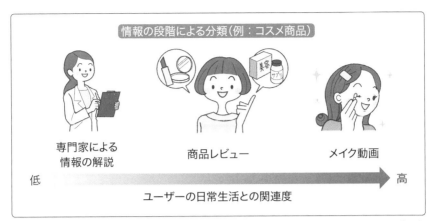

コスメ商品を販売する企業を想定した場合、「ユーザー自身の生活とどれほど関わりがあるか」が企業の発信できる情報を分類する上で、1つの指標となる。「専門家による解説」はユーザーの日常との関連度は低いが、専門性は高い。一方「メイク動画」はユーザーの日常生活と最も関わりが高いと考えられる。このように生活との関連度を考えることは、動画企画立案のヒントとなる。

▶ ユーザーが動画を見る端末による傾向

　ユーザーの動画視聴姿勢は、動画を再生する端末によってもさまざまです。勉強や仕事など必要に迫られた学習のために動画を視聴するユーザーは、視聴端末がPCの可能性も高いです。一方、ユーザーが自宅でリラックスして、暇つぶしをしたい場合、手軽に動画を見られるスマートフォンを使っていることが考えられます。

　これは端末によって、動画の視聴傾向が変わることを意味します。モバイル端末によるYouTube利用の視聴動機について調査したRodrigo, Christopher, Mika (2018)[*]は、「情報」を視聴動機にもつユーザーの中でも、特に自己啓発を視聴動機とするユーザーには、携帯端末よりもPCで動画を視聴する傾向がわずかに見られたとしています。

端末でユーザーの視聴姿勢が異なる

統計学について
勉強したい

流行りの洋服
について知りたい

パソコンで動画を見る
【視聴目的】学習

モバイル端末で動画を見る
【視聴目的】暇つぶし

　また、そのテーマや自分（自社）の属する業界によっても、伝える内容は異なります。プログラミングなど、PC視聴がメインの業界もあれば、ファッションなどスマホ視聴がメインの業界もあります。

　ターゲットとなるユーザー層によって違いはありますが、どのような動画であっても、ユーザーが動画をどのように視聴するかをよく検討する必要があります。ユーザーの「視聴姿勢」や「視聴目的」、「視聴端末」を考慮した上で、動画の長さやコンテンツを考えていくことが大事です。

Point

1. ユーザーがどのように視聴するかを考えてから、動画を制作する。

2. 動画に対するユーザーの視聴姿勢を考える。

3. 自己啓発（学習）を動機とするユーザーはPCで動画を視聴する傾向にある。

集客の公式

03 1対1で語りかける

▶ テレビとYouTubeの違いを知ろう！

　チャンネルを立ち上げ、いざプロモーションをしていこうとなれば、YouTubeならではの良さを活かして動画を作っていきたいものです。良いものを作ろうとするとついつい、完成度の高いテレビ番組を参考にしてしまいがちです。しかし、YouTubeはインターネットメディアですから、効果的に活用していくためには、「テレビとどう違うのか」、そして「Webだからこそできる強み」を知っておく必要があります。

　テレビは通常大きなスクリーンでの視聴ですが、YouTubeはさまざまなサイズの端末で視聴されます。中でもYouTube視聴端末の大部分を占めるのがスマートフォンなどのモバイル端末です。YouTubeの公式発表によれば、モバイル端末での再生時間がYouTubeの総再生時間の70％以上を占めているそうです。

テレビとYouTubeの視聴体験の違い

テレビは特別な
ショーを見る感覚

YouTubeは
パーソナルな視聴体験

　テレビ番組は、まるで特別なショーを見ているように感じられますが、YouTubeは、ユーザーにとってよりパーソナルな視聴体験と言えます。好きな時間に好きな動画が視聴できるため、ユーザー自身のライフスタイルに合わせた動画の視聴体験を、YouTubeは提供していると言えるでしょう。

企画

▶ 1対1のコミュニケーションを心がけよう！

　YouTubeに投稿される動画では、クリエイターの話し方にある傾向が見られます。それは、**ユーザーに向けて直接語りかけるように出演者が話すこと**です。この点が、テレビで放送されるコンテンツとの大きな違いです。テレビのように、家族など複数人で合意して番組を見るというより、自分がチャンネル選択の権利をもち、見たい・知りたいコンテンツを自由に視聴できる。それこそがYouTubeの特徴なのです。この「好きな時間に好きなコンテンツを視聴できる」という特徴は、多くの視聴がユーザー単位で完結していることを意味します。つまり、ユーザーそれぞれの個人的なニーズに「見たい・知りたい」を掛け合わせることで、テレビにはない、YouTubeならではの効果的なコンテンツが作れるのです。

　ユーザーは1人で動画を視聴するため、視聴者と出演者の間には1対1のコミュニケーションがあります。動画の特性を活かすためには、**ユーザーが「直接語りかけてくれている」と感じられるような話し方**を心がけましょう。このことは集客の公式58でも詳しくご紹介します。

代表的な1対1コミュニケーションの手法

高

1対1コミュニケーションの度合い

ユーザーに語りかける

多くのYouTubeクリエイターが行う手法の一つ。撮影場所を固定し、カメラに向かって話すことで、ユーザーへ直接語りかける体験を提供できる。
https://www.you-tube.com/watch?v=taU9P98zfjk

実演して解説する

専門知識を解説する動画によく見られる手法。ユーザーに目の前でモノを見せて実演することで、専門知識をより分かりやすく解説できる。
https://www.youtube.com/watch?v=Yhy4hz-blyTY

様子を撮影する

テーマがニッチである動画によく見られる手法。ユーザーが足を運ばないと見られない映像や、業界関係者のみが提供可能な映像を提供する。
https://www.youtube.com/watch?v=u6tB-zf2fgW0

低

▶ テレビとYouTubeの視聴スタイルの違い

テレビとYouTubeなどのユーザー共有型オンラインビデオでは、ユーザーの視聴スタイルにどのような違いがあるのでしょうか。Beverly, Ronald, Katy (2012)＊は、テレビに対する視聴動機は主にエンターテイメントであり、オンラインビデオ（＝動画）は従来のテレビと異なり、手段的（情報的）目的を視聴動機としてもつ傾向があるとしています。さらに、オンラインビデオはテレビと比べて「交流」を目的として視聴されない傾向にあるとしています。これらのことから、テレビとオンラインビデオは、メディアとして極めて異なるものであると報告しています。

YouTubeではユーザーが動画を検索できるため、見たい動画を探すことができます。YouTubeは過去の検索キーワード履歴や視聴傾向から、そのユーザーが興味をもちそうな動画をおすすめとして表示します。ユーザーは隙間時間にYouTubeを開いて、面白そうな動画を探して視聴し、その時々に彼ら自身がもつ「見たい・知りたい」を満足させます。

テレビとYouTubeの視聴スタイルの違い

テレビ	YouTube
複数人で視聴	電車の中 / ソファの上 / ベッドの上

▶ テレビとYouTubeのメディアとしての違いを知る

テレビとYouTubeなどの動画共有プラットフォームには、それぞれ違いや特徴があり、それぞれの歴史も異なります。テレビは1953年2月1日にNHKが本放送を開始し、同年8月には民放の日本テレビ放送網も本放送を開始しました。およそ67年の歴史をもつテレビは、放送される主なカテゴリとしてニュースやスポーツ、ドラマ、バラエティなど多岐に渡ります。

YouTubeは、「YouTuber」と呼ばれるクリエイターを中心にエンターテイメントのイメージが強いですが、その他にも知識や情報、教育に関するコンテンツも多数公開されています。

また「チャンネル」という概念が存在するテレビは、自分がコンテンツを選択的に視聴するというよりも、制作者が選んだコンテンツを受動的に受けとるメディアであると言えるでしょう。逆に考えれば、ユーザーが見たいものを選んで視聴しているわけではないため、**自分が知らなかった情報に出会うことができるメディアである**とも言えます。

　対して、YouTubeはユーザー自身が視聴する動画を選択することができるため、能動的なメディアと言えるでしょう。コンテンツとの遭遇は、「チャンネル」の代わりに「検索キーワード」が大きな影響を及ぼします。

　テレビと動画は対比されるメディアですが、それぞれの歴史や背景、ユーザーからの使われ方などにも特徴や違いがあります。動画を制作する前に、そういったテレビとYouTubeの違いを理解しておくと、より効果的な動画を作れるようになります。

テレビとYouTubeの初映像

日本初のテレビジョン本放送
https://www2.nhk.or.jp/ar
chives/tv60bin/detail/index.cgi?
das_id=D0009010002_00000

YouTubeに公開された1本目の動画
https://www.you
tube.com/watch?v=jNQX
AC9IVRw

多人数が映されているテレビ本放送に対して、YouTubeでは最初の動画から「1対1」で語りかけるようなコミュニケーションが行われている。

Point

1. YouTubeでの70％以上の視聴はモバイル端末で行われる。

2. ユーザーとの1対1のコミュニケーションを心がける。

3. ユーザーは動画を手段的（情報的）目的で視聴する。

集客の公式

04 ユーザーがYouTubeを見る 3つの動機

▶ ユーザーの視聴動機を集客に役立てる

　昨今話題になる「YouTubeのビジネス活用」ですが、なぜYouTubeが集客に繋がるのか不思議に思う方もいるかもしれません。YouTubeクリエイターを筆頭にエンターテイメントのイメージが強いため、ビジネス目的での活用にためらいを感じるビジネスパーソンも少なくありません。しかしユーザーがYouTubeを利用する目的は、もはやエンタメだけではありません。

よく説明されるYouTubeのビジネスメリット

数字で見る YouTube

20 億人以上の ユーザー

これが YouTube のユーザー数で、全インターネット人口の約 3 分の 1 にあたります。

数字で見る YouTube

毎日 10 億時間視聴されています

これは YouTube での 1 日あたりの動画視聴時間で、視聴回数は数十億回にものぼります。

　YouTubeがビジネスに有効活用できる根拠として、一般的には2つの主張があります。1つめは「ユーザー数の多さ」、2つめは「視聴時間の長さ」です。ユーザー数の多さは、言わずもがな企業が声を届けられる人々の母数となるため重要なことです。次に視聴時間の長さについては、ユーザーがたくさんの時間、YouTubeを利用しているということです。しかし、これらの情報はいかに多くのユーザーにリーチ可能であるかの説明にはなりますが、集客においていかにYouTubeが有効であるかの直接的な説明ではありません。

　YouTubeのビジネス活用を検討する上で大切なのは、ユーザーの利用目的（＝なぜユーザーはYouTubeを見るのか）を知ることです。これについて、Googleが興味深い論文を出していますので、次頁にて紹介しましょう。

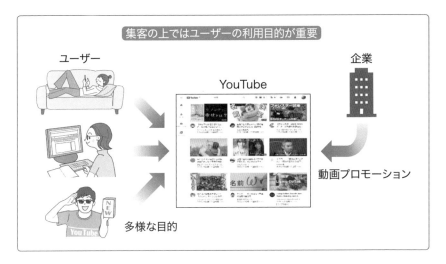

集客の上ではユーザーの利用目的が重要

ユーザー

企業

YouTube

動画プロモーション

多様な目的

▶ エンターテイメント・情報・つながりの3大分類

YouTubeにおいて、ユーザーは主に3つの動機から動画を見ている、とRodrigo, Christopher, Mika（2018）[*]は、モバイル端末によるYouTube利用の視聴動機に関する論文の中で伝えています。

1つめの視聴動機は「エンターテイメント」です。YouTube利用全体の59.5％がエンターテイメントに分類され、中でも**ユーザーがその動画に強く興味をもったという動機**と、**ユーザーが集中や幸せなどのように特定の感情を求めて動画を視聴する動機**といった2種類に分類されることがわかりました。前者はわかりにくい言い方ですが、例えば好きな楽曲をYouTubeで聞いたり、好きなドラマを視聴するといった状況です。後者は、例えばユーザーが落ち込んでいて、元気をもらうためにお笑い動画を開いたり、何かに集中するためにBGMを流すといったものです。ユーザーは単に面白い動画を見たいというより、心理状態や状況に応じて視聴したい動画が変化することを示唆しています。

2つめの視聴動機は「情報」です。全体の30.7％を占めており、情報を視聴動機にもつユーザーは、明確な視聴意思と動画を視聴しなければならない緊急性が高い状況にあることがわかりました。明確な視聴意思とは、例えばとあるノートPCの購入を検討していて、その機種のレビュー動画を視聴したいというようなシーンです。ユーザーにとって緊急性が高い動画の視聴とは、例えばプリンターの用紙が詰まってしまい修理ノウハウの動画を視聴するなどが考えられます。「情報」に関する動画を提供する場合、ユーザーが求める特定の課題や疑

問に直接的に解答することが求められるため、ユーザーにとって不要な要素は動画内でスキップされるか、他の動画へと離脱されるでしょう。

　3つめの視聴動機は「つながり」です。全体の9.8％の視聴動機であり、動画を誰かと一緒に視聴したり、誰かのために動画を探して視聴するといったものが分類されます。例えば友人と一緒に映画を見に行きたいユーザーが、友人にその映画の予告編を送ったり、困っている身内を助けるために解決方法がわかる動画を探すといったものです。つながりというとSNSでの共有がイメージされますが、他にもさまざまな方法で動画はユーザーに共有されます。

ユーザーがYouTubeを利用する動機

エンターテイメント	情報	つながり
59.5％	30.7％	9.8％

　このように、ユーザーの視聴動機はエンターテイメントだけでなく、さまざまであることがわかります。また、動画をこの3種のカテゴリにあてはめて考えると、より幅広いプロモーション方法が検討できます。「情報」をテーマとする場合、緊急性の高いユーザーを対象とした動画を制作するのか、もしくは視聴の目的が明確なユーザーを対象とすべきか、といったことを考えていくと、動画の中で伝えるメッセージが固まってきます。他にも、「ユーザーが別の誰かの役に立つ動画」という切り口でも企画を考えられるでしょう。「情報」と「つながり」を組み合わせたり、「エンターテイメント」と「情報」を組み合わせることで新たな動画プロモーションの方法を考えるきっかけにもなります。これらの3種類の視聴動機を把握し、それぞれを整理したり、組み合わせて考えることで、動画の企画をどんどん作ることができます。

Point

1. ユーザーがYouTubeをどのような目的で見るかを考える。

2. エンターテイメント・情報・つながり、が3大視聴動機。

3. 視聴動機を組み合わせることで企画を考える。

「エンターテイメント」における7つの動機

▶ 企業もYouTubeクリエイターのような動画を作るべきか

　企業がYouTubeで動画を作ろうとなったとき、YouTubeクリエイターのようなエンターテイメント動画を制作すべきなのでしょうか。たしかに、YouTube上で目にする動画の多くは、YouTuberと呼ばれる動画クリエイターが制作したものが多く、実際ユーザーの視聴動機もエンターテイメントが大きな割合を占めることは前述しました。しかし、YouTubeクリエイターと企業では、「動画出演者」と「ユーザーの視聴動機」という2点で明確に違いがあります。

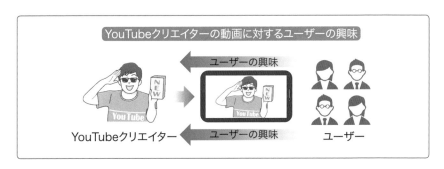

YouTubeクリエイターの動画に対するユーザーの興味

ユーザーの興味

YouTubeクリエイター　　　ユーザーの興味　　　ユーザー

　YouTuberの動画には、主にそのクリエイター自身が出演します。彼らは何か実験を行ったり、食事をしたり、商品を使った感想を伝えたりなど、さまざまなパフォーマンスで視聴者を楽しませようとします。彼らの動画の視聴者は、そのクリエイターが何を行うのか、商品に関してどのような感想をもつのかといったことに興味があるため動画を視聴します。つまり、**YouTubeクリエイターの動画において、ユーザーの興味関心は、そのクリエイター個人に依存しており、その上で内容の面白さなどが視聴の判断材料になります。**

　対して、企業はYouTubeクリエイターとは異なり1つの集団です。企業の中には製品開発に携わる方もいれば、宣伝や広報を担当する方もいます。多くの職種の方が在籍するチームであり、その中から動画の内容に応じて出演者が決定され

ます。ユーザーが企業の中の人を事前に知っていることはほとんどないでしょう。そのため、企業が公開する動画のユーザーは、純粋に動画の内容のみに興味があると言えます。つまり、企業が公開する動画は、ユーザーの視聴動機が出演者に依存するYouTubeクリエイターの動画とは異なり、「動画で取り扱うテーマがユーザーの興味と一致しているか」が重要となります。

企業の動画に対するユーザーの興味

企業　→　←　ユーザーの興味　ユーザー

▶ エンターテイメントを求めるユーザーの7つの動機

　視聴動機がエンターテイメントの場合、興味、退屈、幸せ、集中、安心、刺激、懐古の大きく7つのカテゴリに分類されます（次頁図）。

　「興味」は、中でも最も多い動機であり、視聴したい動画も明確です。音楽が聞きたい、お気に入りのYouTubeクリエイターの動画が見たいというものです。興味を動機にもつユーザーは、動画のクオリティに期待する傾向があるとされています。

　「退屈」は興味の次に多い動機で、このときユーザーは1人で動画を視聴する傾向にあります。特にやることがないためYouTubeを開いて見たい動画を探している傾向にあります。しかし見たい特定の動画があるわけではないため、視聴目的も明確ではありません。検索キーワードも漠然としている傾向にあります。

　「幸せ」を視聴動機にもつユーザーは、現在の心理状態からの脱却を目的として動画を視聴する傾向があります。落ち込んだ気分を晴らそうとすることが主な視聴動機であり、笑いが動画に求められます。

　「集中」という視聴動機は動画を見るというよりも、ユーザーが行う別の作業への集中を手助けするために動画を再生するというものです。料理を作っている

間に音楽を流すといったシーンが一例として挙げられます。

「安心」を目的とするユーザーはこれから睡眠に入る際に動画を再生します。ユーザーは眠りにつくまでの時間が十分取れるよう長い動画を選択する傾向にあります。また、このタイプのユーザーは動画広告に敏感です。うるさい、もしくは、面白さを全面に出した動画広告は安心感を削ぐ原因となるため、動画の中身に加え、夜間の動画広告配信についても注意が必要です。

「刺激」を得たいユーザーは朝に動画を見る傾向にあります。自分自身を目覚めさせるために、エンタメや音楽、ビデオブログなどを視聴します。

「懐古」は昔の動画を見て懐かしさに浸ることが視聴動機です。音楽の動画が視聴されることが多く、ユーザーはYouTube内での検索だけでなく、Googleなど外部の検索エンジンで動画を探す傾向にあります。

エンターテイメントを求めるユーザーの7つの視聴動機

興味
見たい動画が明確である。
音楽やクリエイターの動画など、
見たいものを見る点が特徴的。

幸せ
気分を変えることが視聴動機。
落ち込んだ状態から幸せな
心理状態へ変化させる事が目的。

安心
睡眠時に視聴する。
入眠までの時間を想定するため、
比較的長い動画が選択される。

懐古
懐かしさに浸るために視聴する。
音楽動画が再生される傾向にあり、
検索エンジンも併用される。

退屈
明確な視聴動機はない。
特にやることがなくYouTubeを
開いて暇つぶしに動画を見る。

集中
勉強や料理など別の作業に
集中することを視聴動機とする。
音楽動画の再生などが一例。

刺激
起床時に視聴する。
自分の身体を起こすために
音楽やビデオブログを視聴する。

▶ 企業だから発信可能な情報が重要

「YouTubeクリエイターのような動画」とは曖昧な言葉ですが、主に「企画」と「編集」の2つの視点から分析できます。企画においては、実験を行う動画や商品レビュー動画が例として挙げられます。キャッチーなコンセプトを全面に出して視聴者の注目を集める企画を行います。編集においては、主に映像の雰囲気を気にすることが多く、テロップの出し方やBGM、効果音を重視しており、これらが相まって、いわゆる「YouTubeクリエイターらしい雰囲気」を作り出しています。

企業がYouTubeクリエイターの作る動画に表現方法を合わせることは悪いこと

ではありませんが、彼らにはそれぞれ個性があり、視聴者層も異なるため、一括りに考えることはできません。実験に特化したYouTubeクリエイターもいれば、ゲーム実況に特化したクリエイターもいます。商品レビューにおいても、飲食品やコスメティックス商品などさまざまカテゴリに分類され、それぞれ異なる方法で動画が制作されています。いわゆる「YouTuber」のイメージが先行してしまい、ビジネスシーンにおいても彼らを意識した動画を制作してしまうと、場合によってはマイナスのイメージをユーザーに抱かせることがあるため注意が必要です。

企業だからこそ出せるコンテンツの事例

nimspr
国立研究開発法人物質・材料研究機構（NIMS）が制作する動画。
「物質・材料」に特化した情報を動画として展開している。
https://www.youtube.com/watch?v=JENK7zXsFUA

Nintendo 公式チャンネル
任天堂株式会社が制作する動画。
ゲームソフトの開発者がゲームについて解説し、
実際にプレイする動画などを展開する。
商品を制作する企業だけがもつ情報を提供する。
https://www.youtube.com/watch?v=l6fsqpph3Ck

　必ずしも、YouTubeクリエイターのような動画を制作する必要はありません。あくまで表現方法の問題だからです。ビジネス活用において最優先で検討すべきことは、「その人（企業）しか発信ができないコンテンツは何であるか」ということです。動画の表現方法よりも内容、すなわち、企業だからこそ発信可能な情報が動画内に組み込まれているかどうかが、必要不可欠な視点です。

Point

1. **YouTubeクリエイターによる動画と企業による動画とではユーザーの視聴動機が異なる。**

2. **YouTuberのチャンネルでは、出演者（YouTubeクリエイター）自身がユーザーの一番の興味関心である。**

3. **YouTubeのビジネス活用においては、「ユーザーの興味」と「動画のテーマ」を一致させることが一番大事。**

集客の公式
06 「情報」を目的とするユーザーの4つの動機

▶ ユーザーの幅を狭めてしまう原因

　YouTubeのビジネス活用において、商品の紹介動画はメジャーな選択肢でしょう。自分たちが販売する商品・サービスの機能やデザイン性、利便性などは、ぜひユーザーに訴えていきたいところです。しかし、「そんな広告色の強い動画を視聴するユーザーはいるの？」と疑問に思うかもしれません。例えば、ドリルを売ることを前提に考えてみましょう。

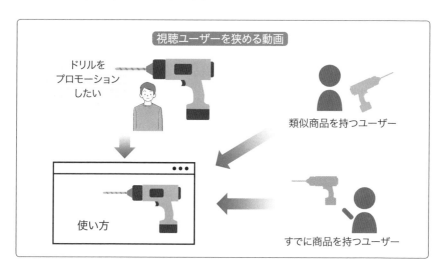

　ユーザーを商品購入へと誘導する目的で、商品説明動画を作ったとします。しかし、「好きな動画を選んで見る」というYouTubeの特性から、商品説明の動画にたどりつく人は、商品をすでに認知して購入検討している、もしくはすでに商品を購入済のユーザーに限定されてしまうと考えられます。

　つまり、動画の切り口を「商品」に限定してしまうと、その動画を視聴するユーザーの幅が狭まってしまう可能性があります。そのため、潜在的な視聴者の幅を広げるためには「**商品以外に関する情報発信**」が重要となります。

▶ 動画を視聴するユーザーの幅を広げよう！

より多くのユーザーに動画が視聴されるためには、その商品がユーザーの私生活にとっていかに役立つものであるかを訴えかけることが大切です。

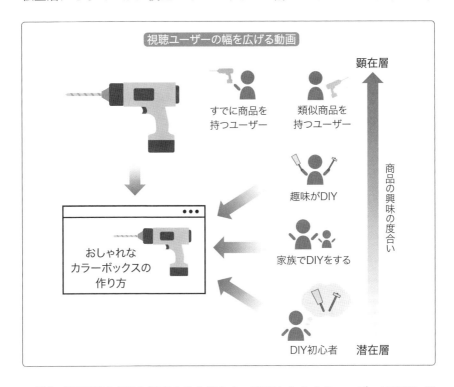

例えばDIY関連商品を販売する企業なら、顧客となりうるユーザーはDIYに興味をもつビギナー層から、日頃からDIYを行う趣味の層が考えられます。彼らはどちらもモノを作ることに関心があるでしょう。そのため、彼らの興味は、どんなDIY工具が必要であるか、便利であるかなどでしょう。

これが「〇〇ドリルの使い方」などと特定商品に限定してしまうと、その商品によほど興味がない限り、ユーザーは動画を視聴する可能性は低いでしょう。代わりに「おしゃれなカラーボックスを作る」という企画であれば、視聴してくれる可能性はぐんと上がるでしょう。つまり、動画で説明する情報を「商品」ではなく「カテゴリ、ジャンル、趣味、興味」とすることでリーチ可能なユーザーの幅を広げることができるのです。

▶ 情報を視聴動機にもつユーザーの4つの目的

「情報」を目的に視聴するユーザーは、さらに自己啓発、手順、意思決定、最新という4種類の動機によって細分化されます。

情報を求めるユーザーの視聴動機

自己啓発
学習のために動画を視聴。
多くの動画が表示されるため、
学習のプロセスに課題を抱える。

手順
明確な視聴動機をもつ。
情報の信頼性に疑問を抱き、
検索エンジンを併用する。

意思決定
商品の購入に関わる視聴。
正しく、詳しい情報を求める。
古い動画は信用されづらい傾向。

最新
最新情報を得る為に
動画を視聴。
ニュース、エンタメ、ビデオ
ブログなどカテゴリは幅広い。

「自己啓発」とは、ユーザー自身が特定のテーマについて学習したいというものです。「情報」を動機にもつユーザーのうち、41.8％がこちらに該当します。

自己啓発のユーザーは知識を得たい、スキルアップしたい、という目的で動画を探しますが、まだそのテーマに関する予備知識がない状態です。そのため、多くの人は、「どの情報を信頼していいのかわからない」と感じる傾向があります。YouTube上に数多く表示される動画の中からどの動画の情報を信頼すべきかの判断ができないため、**多くのユーザーは外部の検索エンジンを参考にしながら学習する傾向があります。**

次に「手順」です。これは何かを行うための段取りや方法が知りたいという動機です。自己啓発と同様、どの動画が正しい情報なのかわからず、検索エンジンを併用することで正しい情報を得ようとする傾向があります。

加えて、手順を視聴動機にもつユーザーは、どのシーンに自分の知りたい情報がピンポイントで解説されているのか疑問を抱きます。これは、手順を解説する動画は長いものが多いことが原因と考えられます。動画が長い場合、ユーザーは1本の動画の中で、プログレスバーを動かしながら、自分が求める情報を解説しているシーンを探さなくてはいけません。そのため、**ユーザーは動画がチャプター単位で分割されていることを望む傾向があります。**

「意思決定」は、直接的に購買と関係があります。購入を検討している商品のレビュー動画を調べて、買うか買わないかを判断するために動画を見ます。

意思決定ユーザーは、「その動画が誰によって作られているか」を気にします。

出演者が自ら商品を購入してレビューしているのか、もしくは企業に商品を提供されてレビューしているのか、または買いたい商品の企業自身がレビューしているのか、といったことを気にするでしょう。また、**ユーザーは商品に関して詳細な情報を求める傾向があり、動画の公開日が新しいほうを信用しやすいとされます。**

「最新」を視聴動機とするユーザーは、特定トピックの最新情報を知るために動画を見ます。これはニュースやエンタメ、ビデオブログなどの動画に多く、ユーザーが知りたいトピックは非常に限定される傾向があります。

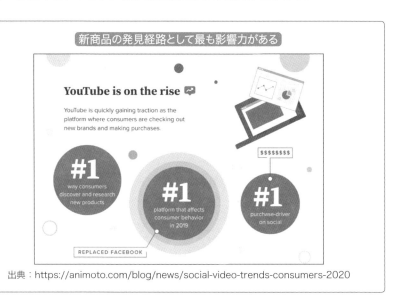

出典：https://animoto.com/blog/news/social-video-trends-consumers-2020

▶ ユーザーの購買意思に応じた動画を考えよう！

ビジネス活用において、ユーザーに発信する情報は、2種類考えられます。1つは「商品・サービスの情報」、もう1つは「専門知識」です。

「商品・サービスの情報」をユーザーの視聴動機に照らし合わせて考えると、「手順」および「意思決定」との親和性が高いと考えられます。商品がすでに手元にあるユーザーなら、その商品の使い方について知りたくて動画を見るのでしょうから「手順」に該当します。一方で商品の購入を検討中のユーザーなら、その商品の基本情報や便利機能など、購入の判断材料を求めているでしょう。

一方、「専門知識」については「自己啓発」のユーザーとの親和性が高いと考えられます。商品に関する知識ではなく、「ユーザーが行いたいこと」に関する情

報を得ることで、自分自身の学習へと繋がるため、商品を認知していないユーザー層へのリーチが期待できます。

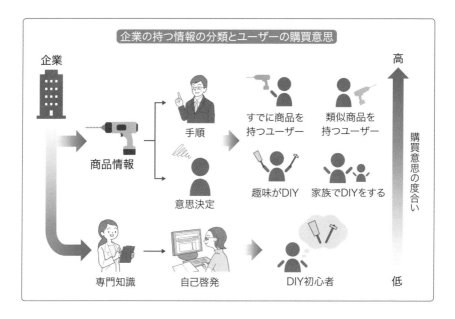

この分類はユーザーの「商品に対する購買意思の度合い」であるとも言えます。より「商品」に興味があるユーザーは、購買意欲が高く、「商品と関連する情報」について興味のあるユーザーは購買意欲が低い代わりに、リーチできるユーザーの幅は広いと考えられるでしょう。

▶ 情報を提供する出演者の専門度について考えよう！

「自己啓発」の動画は、情報を提供する出演者の専門性によってユーザーの情報に対する信用度が変わります。前述のように「情報」を視聴動機とするユーザーは、「何が正しい情報なのか」を見極めにくいと感じているため、「何を言うか」よりも「誰が言うか」が大きな判断材料になります。

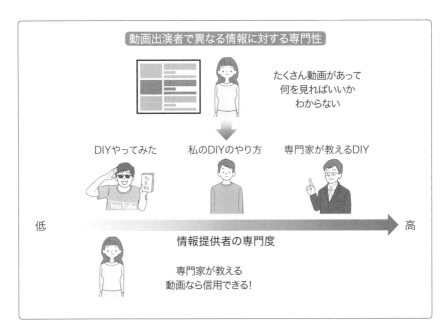

例えばDIY初心者向けのプロモーション動画において、一般人がDIYを行う動画は、情報提供者の専門性は低いと言えるでしょう。日頃趣味としてDIYを行う人が解説するのであれば、より専門性は高く、大工などの専門家によるものであれば、最も専門性が高いと言えます。つまり「〇〇が教える」の「〇〇」の中身を吟味しないといけません。

上図の例で見ると、大工は企業に該当します。企業としては、ユーザーの興味関心をよく検討した上で、「企業だからできる情報提供」を行うことで、その商品を知らないユーザー層にもアプローチできるようになるのです。

Point

1. 商品ではなく、ユーザーの興味から動画を企画する。

2. 自己啓発・手順・意思決定・最新の4大動機に分類される。

3. 「自己啓発」がテーマなら、情報提供者の専門性を訴える。

集客の公式 07

「つながり」を目的とする ユーザーの3つの動機

▶ 共有・バズはリアルで起こる！

　動画制作にあたって、ユーザーからユーザーへと共有・拡散されていく動画を目指したいものです。SNSなどを介して、ユーザーによって自発的なシェアが起これば、営業努力せずに多くの人々に動画を届けられます。この状態は「バズる」と表現され、シェア数の多い動画を「バズ動画」と呼ぶこともあります。多くの場合、投稿者は狙ったわけではなく、偶然であるほうが一般的です。

　バズはSNSなどオンライン上で起こるイメージがありますが、ユーザーが動画を共有する本当の理由や原因は、実生活にあります。動画を共有する行為とは、1つの動画を複数人で視聴することです。例えば、子どもが好きな動画を親に見せる、夫婦が1つの端末で同じ動画を一緒に見る、というのも動画の共有であると言えます。これらはユーザー同士の実生活におけるつながりによる動画の視聴であると言えます。

親に動画を見せる子ども　　　　　皆で動画を見る

▶ つながりを視聴動機にもつユーザーの3つの目的

　ユーザーが動画を視聴する動機の中には「つながり」というカテゴリが存在しました（p.67）。このカテゴリの動機は、積極的なつながり、つながりへの反応、相互のつながりという3種類に細分化されます（次頁図）。

　「積極的なつながり」とは、ユーザーが誰かのために動画を見せることを視聴動機とし、つながりを視聴動機とするユーザーの中では49.1％が該当します。

　積極的なつながりは主に2種類に分かれます。1つめは誰かに見せたい動画をユーザーが自ら探すという状況です。例えば自分が見たい映画に友人を誘

うとき、友人にその映画の予告動画を見せるために動画を検索するという状況があります。2つめは動画を求める他の誰かのために自分がまず視聴するという状況です。例えばプリンターとパソコンが突然つながらなくなったという電話がパソコンに詳しくない友人からかかってきた場合に、その問題を解決するための動画を自分が探して視聴するという状況です。この視聴動機は誰かを助ける目的なので、動画を探しているユーザーは緊急度が高いと感じる傾向があります。

「つながりへの反応」とは、誰かから依頼されたり、おすすめされた状況での視聴動機です。誰かからの依頼とは、例えば親が子どもから「自作椅子の作り方を教えて」と頼まれた場合に、椅子のDIY動画を見るなどです。誰かからおすすめされた動画とは、友人から「見てほしい」と送られてきたような状況です。エンターテイメントや音楽、ビデオブログなど幅広いカテゴリが考えられるでしょう。

「相互のつながり」とは、誰かと一緒に動画を視聴するという状況です。これは2人で行われる場合もあれば、3人以上のグループで行われる場合もあります。

この視聴動機をもつユーザーは、動画を選ぶのに時間をかけがちです。複数人で見るため、参加者が共通して見たい動画の選定が求められるからです。

つながりを視聴動機とするユーザーの傾向

積極的なつながり
誰かに動画を見せるために視聴。
自分が誰かに見せる動機と、誰かの
ために動画を見せる動機がある。

相互のつながり
誰かと一緒に動画を視聴する。
どの動画を一緒に見るかを
決定するために時間がかかる。

つながりへの反応
誰かからの個人的な薦めや
依頼で動画を視聴する。
SNSがきっかけとなることもある。

▶ シェアされる動画を作るために、さらに動機を分析しよう！

このような「つながり」を目的としたユーザーは、さらに5種類の視聴動機に分類できます。分類がたくさんあって動揺するかもしれませんが、バズを理解する上で踏まえておきたい視点です。「つながり」を動機とするユーザーは誰かに動画を見せるためや、誰かの役に立つために動画を見ます。そのため、その動画の内容は「情報」に分類されるものが多いでしょう。

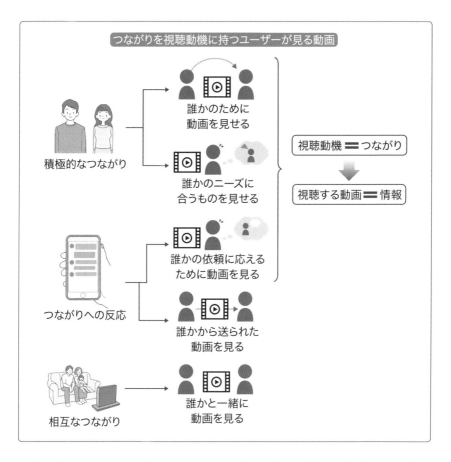

　自分がやりたいことを誰かに伝える目的（例：旅行の下調べ、映画の予告視聴）の場合、見つけた動画を他のユーザーと共有することが考えられます。例えば、国内旅行に行きたいユーザーは地名について調べ、その土地の様子がわかるような映像を見たがっています。その土地の観光スポットや宿泊施設の動画があれば、事前に雰囲気や土地勘を把握するために動画を視聴するでしょう。友人を誘って旅行に行きたいユーザーは、それらの動画を友人やLINEのグループに送るかもしれません。

　このような視点は、動画を単に「自分が自分のために見るもの」として位置づけると、見落としてしまいがちです。動画には他人と関係を築いたり、情報共有したりという、社会的な意味合いがあるのです。ユーザーが他の誰かに共有したり、誰かのために動画を見ている可能性を検討した上で、制作を行いま

しょう。誰かと一緒に視聴したり、誰かに送る動画であることを考慮して企画すると、より共有されやすい動画になることでしょう。

Point

1. ユーザーが動画を共有するキッカケは実生活で生じる。

2.「つながり」を視聴動機にもつユーザーは、積極的なつながり、つながりへの反応、相互のつながりの3種類に分類される。

3. 動画は「他ユーザーと共有するもの」と位置づけて、企画・制作する。

企画

情報提供することで、ユーザーの信用を勝ちとる

▶ まずは自分（自社）がもつ情報を4つに分類しよう！

　YouTubeを使って情報発信していこうとする個人・企業は、専門知識や商品情報など多くの発信可能な情報リソースをもっている場合も多いです。しかし、それらの情報をうまく動画企画に落とし込むのが難しいところです。そして、プロモーションの目的も、企業イメージを向上させるためだったり、商品やブランドの認知度を高めるためだったり、と千差万別であるため、何をどう動画にしていくか、迷ってしまうことでしょう。

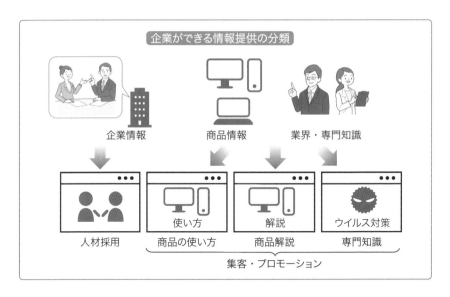

企業ができる情報提供の分類

企業情報　　商品情報　　業界・専門知識

人材採用　　商品の使い方　　商品解説　　専門知識

使い方　　解説　　ウイルス対策

集客・プロモーション

　企業によるYouTubeのビジネス活用という文脈を想定すれば、情報を大きく4種類に分類できます。まず「企業自体の情報」です。どのような企業であるか、どのような人材が企業に所属するか、といったもので、主に人材採用などを目的とした動画制作にそれらの情報が用いられます。

　次に「商品の使い方に関する情報」です。それぞれの商品のマニュアル動画は多くの企業で制作されています。

　他には「商品の特徴に関する情報」があるでしょう。「どのような背景をもとに商品が開発されたのか」や、「その商品の競合他社とは異なる特徴」などもこれに該当します。

　最後に、商品開発の中で蓄積された「専門知識」です。さまざまな専門知識をもつ人材が集まる集団が企業であるため、企業内部でもそれぞれ専門分野は異なり、各スペシャリストから見た視点・解説もコンテンツとなりうるでしょう。

　「企業自体の情報」に興味をもつユーザーはあまり多くないでしょうが、「商品の使い方」や「商品の特徴」、あるいは「専門知識」は別です。ユーザーによって興味の度合いはまちまちですが、集客やプロモーションの素材として有効活用できるでしょう。

▶ 商品を購入するユーザーの状況を考える

　ユーザーが商品を購入するときはたいていの場合、何らかの原因があります。また特定の商品に購入を決定する場合も、ユーザー固有の理由があるものです。また、一般的にユーザーの商品購入においては、商品単価が高くなるにつれてユーザーはさまざまな視点からの検討を行った上で、決断します。

　例えば、パソコンの購入を検討しているユーザーは、パソコンが壊れてしまったり、動作の遅さに不満をもっていた、などが考えられます。そうであれば購入にあたり、価格やデザイン、スペックなどが検討事項でしょう。パソコンに詳しくなければ、情報収集のために検索を行い、知識を得ようとするでしょう。このようにユーザーの状況から企画を発想することができます。

▶ ユーザーが欲しい情報を具体的にしよう！

　ユーザーは後悔ない選択をするために、多くの情報を集めることが想定されます。おすすめのパソコン情報をまとめているサイトを調べたり、商品クチコミを調べるなどが考えられます。

　意思決定を視聴動機とするユーザーの傾向として、より正しくより詳細な情報を求める傾向があるため、商品購入に悩むユーザーに対して企業からの情報発信は有益です。特に、「パソコンに詳しくない」など購入商品について前提知識の少ないユーザーは、何に注意して購入すべきかという判断基準を知らない可能性があります。そのようなユーザーに対しては、「日常使いであれば、高いスペックの高価なものよりも安価なものがおすすめ」「持ち運びを行う場合は軽いノートパソコンがおすすめ」といった、判断基準を明確にしたアドバ

企画

イスが喜ばれます。

　こうした情報があれば、ユーザーは「自分が何に注意して購入すればいいか」という新たな視点を得て、その企業を信頼してくれるようになります。そして、動画の中で特定商品のプロモーションを行うことで、購入の選択肢として検討してくれる可能性も高まるでしょう。

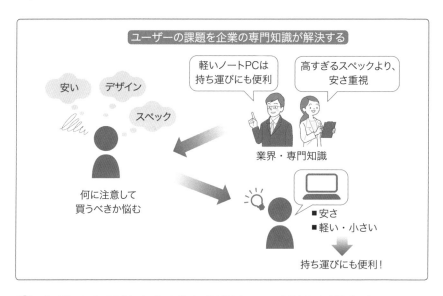

ユーザーの課題を企業の専門知識が解決する

軽いノートPCは
持ち運びにも便利

高すぎるスペックより、
安さ重視

安い　デザイン

スペック

業界・専門知識

何に注意して
買うべきか悩む

■安さ
■軽い・小さい

持ち運びにも便利！

▶ 企業は専門的な知識を提供して、信頼を勝ちとろう！

　パソコンの購入の例では、ユーザーは「何に注意して購入判断すべきか」という悩みを抱えていることがわかります。商品やサービスに応じてユーザーの悩みはさまざまですが、それらはユーザーが抱える「課題」であると言い換えることができます。ユーザーはこの「課題」を解決するために、動画を視聴しているのです。

　Christoph (2017) [*] のオンラインビデオの視聴に関する研究は、オンライン上の動画の視聴は、**それまで主流だったエンターテイメントから、教育や専門性を目的とする視聴にシフトしている**と報告しています。

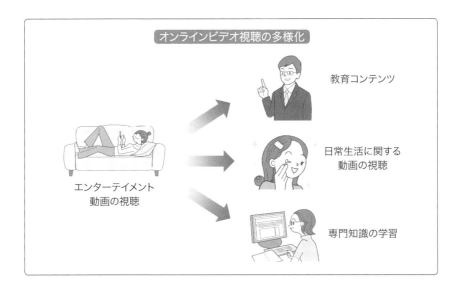

ユーザーは動画に対して、以前より専門的な知識を求め、そのような基準のもとに見る動画を選ぶようになってきています。そういう意味で、YouTubeのビジネス活用や動画集客はチャンスが訪れています。企業だからもつ情報を提供することによって、ユーザーの課題を解決し、信頼を獲得していきましょう。

Point

1. ユーザーの商品購入には原因があり、それらの原因を見抜いてコンテンツに取り入れる。

2. 何かを買おうとしているユーザーは、より正確で詳細な情報を求めている。

3. 企業にしか出せない、専門的な情報を提供する。

ヒットする動画企画の 3つのポイント

▶ 動画だからできる表現方法

企画にあたっては、「ユーザーが見たいと思う動画」を制作したいものです。しかし、ホームページやブログなど他の媒体と比較して考えると、動画ならではの表現方法や注意点があります。

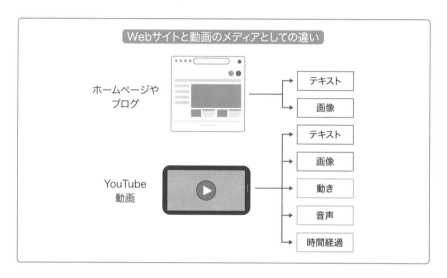

単に情報提供という意味では、YouTubeでもホームページでも同じです。しかし、気をつけるべきは、**ユーザーの体験としては全く異なる**ということです。ホームページは主にテキストと画像で構成されます。ユーザーは文字を読み、画像によって理解を助けられ、内容を把握します。

同じように、動画にもテキストと画像は含まれます。テロップによって文字が表示され、動画内には商品画像を載せることもできます。

では、ホームページと動画はどこが違うのかと言えば、「動き」や「音声」「時間経過」なのです。動画は動きを表現できます。また、ユーザーは出演者の声を聞き、話し方によってさまざまな印象をもつでしょう。また、動画は時間経過を表現でき、秒数の経過による物の変化（例：落下耐久テスト、洗浄効果）

は、テキストや画像では表現しにくいでしょう。

▶ ユーザーのタイプを分類して考えよう！

当然、視聴者にもさまざまな人がいます。日常生活での悩みや課題を抱える人は今置かれている状況を改善するための具体的なノウハウを求めるでしょう。

特定のテーマについて興味のあるユーザーは、現状の脱却というより、知識や教養を深めたいと思っています。知識によってできることの幅を広げたり、単なる知的好奇心から動画を見ます。

別のユーザーは、機器やソフトなどの使い方がわからずに動画を見ます。このような人たちは、緊急性も高いことが考えられます。

商品をこれから手に入れようとするユーザーは、いくつかの商品でどれを選べばいいか悩んでいます。購買の判断基準を調べている可能性も高いです。

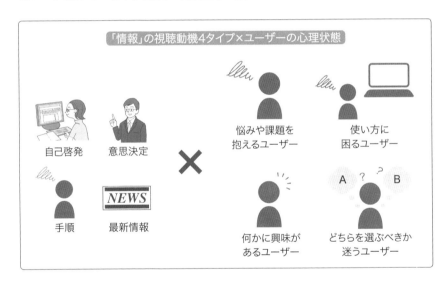

「情報」の視聴動機4タイプ×ユーザーの心理状態

自己啓発　意思決定　× 悩みや課題を抱えるユーザー　使い方に困るユーザー

手順　最新情報　NEWS　何かに興味があるユーザー　どちらを選ぶべきか迷うユーザー

▶ 学習塾をプロモーションする場合

ユーザーが動画に期待することはシンプルで、「自分が求めている情報が動画に入っているか」ということです。ただし、ユーザーの興味関心はさまざまで、事前知識や興味の深さも異なります。つまり、ユーザーの心理的な段階に応じた内容が必要となります。次頁のフレームワークを使えば、それぞれのユーザーの興味段階に応じて動画を作れるようになります。

学習塾の集客を例に考えます。ターゲットとなるユーザーを大きく2つに分けると、学生と親です。学生でも、学習塾に通おうと考えている場合もあれば、そうでない場合もあります。学習塾の運営者や企業としては、より多くの学生に知ってもらうことが目的でしょう。広く考えれば、特に理由もなく学習コンテンツを視聴している全てのユーザーが対象になります。

学習塾が作る「自己啓発」ジャンルの動画は、**勉強方法のアドバイスや参考書の選び方**などが考えられます。このカテゴリは、学習塾のプロモーションとしては具体性が低いですが、視聴者の裾野は広いと考えられます。
次に「手順」については問題の解き方解説や志望校の対策知識などが考えられるでしょう。「自己啓発」の動画よりは、具体性が高いと言えます。

「意思決定」は学習塾の卒業生へのインタビューやカリキュラムの解説などが考えられます。その学習塾の特徴や良さを訴えかけることで、新しいお客さんから問い合わせがもらえるかもしれません。

最後に「**最新情報**」については受験や学習、志望校とされる学校についてのニュース動画などが考えられるでしょう。

▶ ユーザーの視聴体験を高める3つのポイント

YouTubeを視聴するユーザーの動機について調査したRodrigo, Christopher, Mika (2018)[*]は、ユーザーの視聴体験を高めるためのフレームワークを提示しています。いくつかの項目のうち、ビジネスでの集客を目的とする場合に重要な3点について解説します。

つながりを視聴動機に持つユーザーが見る動画

ガイド・計画・情報整理
学習プロセスをわかりやすくし、情報を整理してユーザーをガイドする。

何からやればいいか混乱する

学習の筋道がハッキリする

情報の信用証明
解説者によって情報が信用できることを示し、信憑性を伝える。

信用できる情報か不安になる

信用できる情報であると判断

NEWS
情報の新しさの明示
最新の情報であることを明示する。情報提供の内容で判断が必要である。

3年前
動画の公開日が古い

1日前
最新の情報であると判断ができる

企画

　1つめは**ガイド・計画・情報整理**です。これからはじまる学習プロセスについて明確なロードマップを提示し、どの程度の学習項目があり、それぞれにどれくらいの時間をユーザーが使うべきかを明示することが重要です。特に今の時代は、学習コンテンツも氾濫しているので、ユーザーはどの順番で何を学習すればいいのかわからないことがあります。学習内容を項目単位に分け、それぞれの項目に必要となる時間を伝え、学習プランを立ててあげることでユーザーの満足度は高まります。

　2つめは**情報の信用証明**です。動画の中で解説する出演者や解説する情報源についての信用性や妥当性を明示することで、「この情報は信頼できますよ」ということをユーザーに伝えます。これは商品の使い方や専門知識のノウハウ解説など、幅広い種類の動画が該当します。ユーザーはノウハウを求めて検索したとき、検索結果にはたくさんの動画の選択肢が与えられるため、どれが正しいのか不安を抱く傾向にあります。この不安を解消してもらうためには、企業名の明示（例：○○認定）、出演者や解説者の紹介（例：○○が語る）、情報ソースの開示

（例：○○から明らかになった）などが必要です。

　3つめは情報の新しさの明示です。「20××年最新版」など、動画の内容が最新の情報であることを示し、情報がアップデートされていることを伝えます。これはトレンドを扱う動画に関わってきて、例えばアパレルなどファッション業界にとっては重要でしょう。「今年流行するであろうファッション」と、「去年すでに流行したファッション」では大きく違うこともあるでしょうから、「この情報は最新の情報です」と謳うことで信用を得られます。また、ファッションに限らず、YouTubeにアップロードした情報は時を経るごとに古くなってしまいます。動画の企画やタイトル、コンセプトは同じであっても、トレンドに応じて中身を変化させる（例：令和○年秋ver.）ことで最新情報をユーザーに届けられます。

　以上、動画企画にあたって、ユーザーの視聴動機を整理し、ご紹介した3つのポイントを押さえることで、支持される動画を作ることができるようになります。

Point

1. ユーザーの心理状態に応じ、どの程度具体的にするか決める。

2. 動画にどれくらい具体的な情報を入れるかは、「自己啓発」「手順」「意思決定」「最新情報」の4段階に応じて決める。

3. 「ガイド・計画・情報整理」「情報の信用証明」「情報の新しさ」の3つのポイントを意識する。

リサーチ

YouTubeは誰でも参加できる敷居の低さから、念入りな準備を
しないまま 動画の制作・公開をする方も多いです。しかし、しっ
かり再生され、ファンを獲得する動画を作るには、「リサーチ」
が必要不可欠です。本項では、動画の人気度、類似動画、キー
ワード、キーワード検索量、表示動画数といった観点から、
YouTubeの原理原則に基づくリサーチテクニックをご紹介しま
しょう。KeywordToolやTubeBuddyといった、簡単で役に立
つツールも用います。

集客の公式

10 人気の動画を調べる

▶ 「潜在的なファン」の声に耳を傾けよう！

　ユーザーは自分の抱える「課題」を解決するために動画を見ますが、課題は人によってさまざまです。とはいえ、できるだけ多くのユーザーが抱える課題をテーマにし、視聴回数を伸ばし、集客効果を期待したいところです。しかし、動画制作者側が「リアルなユーザーの声」を聞く機会はなかなか少ないものです。

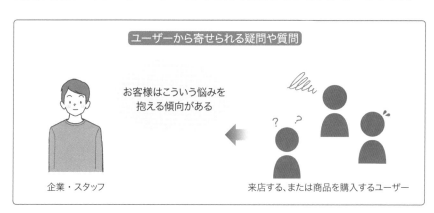

ユーザーから寄せられる疑問や質問

お客様はこういう悩みを
抱える傾向がある

企業・スタッフ

来店する、または商品を購入するユーザー

　ユーザーがもつ課題や悩みに関する生の声は、彼らとコミュニケーションする中で見えてきます。HPに寄せられた問い合せやファンレター、口コミ・レビューサイトなどを確認するなどの方法があるでしょう。

　しかし、それらはすでに商品・サービスを知っている、もっているユーザーから寄せられる課題であり、潜在的なユーザー（見込み客）がどのような課題を持っているか把握することは難しいと言えるでしょう。**ファンを拡大していくことを考えると、まだ自分（自社）が出会っていない、潜在的なユーザーの声にも耳を傾ける必要があるのです。**

▶ 「類似動画調査」はとても重要！

　YouTube上には1分間に500時間ぶんもの動画がアップロードされると言われています。これだけの動画がある中で、内容にはよるものの、思いついたテーマ

はすでにYouTube上に公開されていることも十分に考えられます。

　YouTube上ではそれぞれの動画の視聴回数がオープンになっています。これはWebサイトに置き換えると、それぞれのWebページの累計PV数を把握できてしまうようなものです。実際にはWebのPV数は調べられませんが、YouTubeではそれが可能なのです。つまり、思いついた企画と似た切り口の動画の視聴回数を調べることで、それぞれの動画テーマがどの程度人気であり、視聴回数をどの程度見込めるかを判断することができます。これからYouTubeでプロモーションを行う側にとっては、有益なサンプルデータになります。

公開されている動画はサンプルデータである

トップページ　　　　　　　　YouTube検索

　特にYouTubeチャンネルを開設したばかりの場合、どのような動画がユーザーから視聴されやすいかについて調査を行うことは、企画の方向共有や承認、制作において重要なことです。

　YouTubeは、たまたま目に入る屋外の映像広告などとは異なり、ユーザーが動画を選択して初めて視聴されるプラットフォームです。ユーザーは自分が見ようと思った動画しか基本的には視聴しません。そのため、「どのような動画がユーザーから選ばれやすいのか」を事前に調べることが、動画の企画や制作の順序、優先順位など、意思決定する上で有益な判断材料となるのです。

▶ 視聴回数の判断方法について知ろう

　視聴回数とは文字通り、その動画が視聴された回数を意味します。検索エンジ

ンから、あるいはYouTubeのトップページから、外部サイトの埋め込みリンクからなど、動画の視聴にはさまざまな経路が存在します。

10万回再生など視聴回数の多い動画は、一見すると人気動画に見えますが、果たして本当にそうでしょうか。**それぞれの動画の視聴回数を判断するにあたって、その動画を公開しているチャンネルの登録者数を確認する必要があります。**チャンネル登録者の数は、動画の内容ではなく、そのチャンネル自体のファンの数です。つまり、どのような動画テーマであっても、チャンネル登録者は、新しく公開された動画を視聴する可能性が高いと考えられます。

仮に2つの類似動画が見つかり、両方とも視聴回数が10万再生だとします。1つめの動画のチャンネル登録者数が100万人で、2つめの動画のチャンネル登録者数が100人だとします。この場合、1つめの動画が獲得している視聴回数の多くはチャンネル登録者によるものである可能性が高くなります。一方、2つ目の動画も同じく視聴回数が10万回だとした場合、チャンネル登録者数が100人であることを考えると、ほとんどの視聴はそのチャンネルの存在を知らなかったユーザーによるものでしょう。

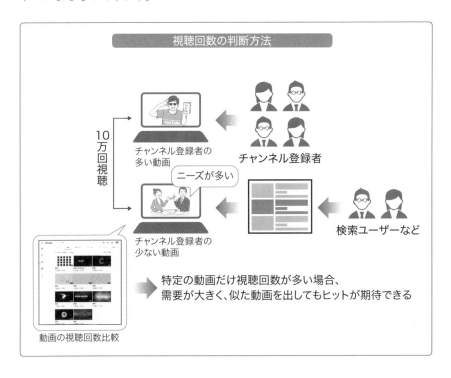

視聴回数の判断方法

10万回視聴

チャンネル登録者の多い動画

ニーズが多い

チャンネル登録者の少ない動画

チャンネル登録者

検索ユーザーなど

動画の視聴回数比較

➡ 特定の動画だけ視聴回数が多い場合、需要が大きく、似た動画を出してもヒットが期待できる

　YouTubeで動画の調査を行う中で、あるキーワードで検索した結果、表示される動画の視聴回数が多いにも関わらず、それらの動画を公開しているチャンネル登録者数が少ないことがあります。これは、そのキーワードで動画を検索しているユーザーが多いと判断できます。一方、別キーワードで検索したときに、視聴回数の多いものと少ないもので、明確に差が出ることがあります。この場合、視聴回数の多い動画のチャンネルは登録者数も多い傾向にあり、視聴回数の少ない動画のチャンネルは登録者数も少ない傾向にあります。つまり、ユーザーがそのキーワードを検索することはそれほどなく、視聴回数の多い動画の大半はチャンネル登録者数によるものであるとも判断できます。こういったことを調査する必要があるのです。

　また、チャンネル登録者数が少ないにも関わらず多くの視聴回数を獲得している動画を発見したときは、そのチャンネルが公開している他の動画を確認するといいでしょう。その動画の前後の公開動画の視聴回数と比較することで、「そのテーマに対してのみユーザーの視聴ニーズと合致しただけだったのか、そうでないのか」を判断できます。つまり、チャンネル自体が持つ効力ではなく、動画のテーマが効力をもつ結果視聴回数がその動画のみ増加したということでしょう。こういったテーマは狙いどころです。

　このように、企画前に類似動画を調査することで、どの程度の視聴回数を期待できるか、あらかじめ目星をつけることができます。チームで制作・運営する場合には、企画の方針共有や承認において、判断材料としても使えるでしょう。

Point

1. 企画にあたって、類似動画を調べることが大事。

2. 視聴回数だけでなく、チャンネル登録者を考慮して判断する。

3. 動画テーマの力で視聴回数が伸びている動画は参考にしやすい。

リサーチ

ツールを使って「検索キーワード」を調べる

▶ トラフィックごとに表示される動画の傾向を知ろう

ユーザーがどんなキーワードで検索するか事前にわかっていれば、ニーズに沿った動画を作れます。特にこれからYouTubeをはじめる方にとっては、動画の視聴経路として「YouTube検索」の視聴経路が重要となります。

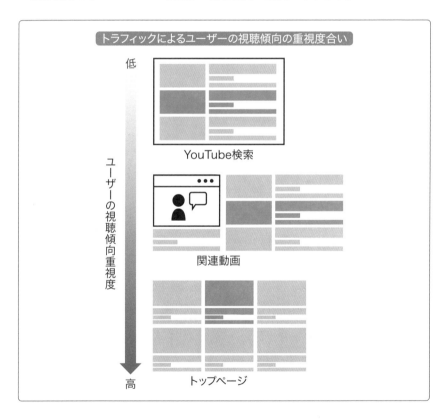

トラフィックによるユーザーの視聴傾向の重視度合い

低

ユーザーの視聴傾向重視度

YouTube検索

関連動画

高　トップページ

YouTubeには主に3つのトラフィック(＝視聴経路)があります。どれもユーザーの視聴傾向から動画をサジェストしますが、その反映の度合いはトラフィックによって異なります。最もユーザーの視聴傾向が反映されるトラフィックがトップページです。ユーザーは特に何も行動を起こさずとも、アルゴリズムが、

最近視聴した動画や検索したキーワードを参照し、動画をおすすめします。次に視聴傾向が反映されるトラフィックが関連動画です。ユーザーが今見ている動画と関連した他の動画を表示する際に、過去の視聴傾向などを参照して提案します。ユーザーの視聴傾向がそれほど反映されないトラフィックがYouTube検索です。YouTube検索ではユーザーの視聴傾向よりも、入力されたキーワード自体が重視される傾向があります。

これからYouTubeチャンネルを開設する場合、そのチャンネルに対するユーザーの視聴データはゼロの状態です。そのため、**ユーザーの視聴傾向が反映されにくいトラフィックであるYouTube検索からの視聴をより多く獲得することが重要**となります。

▶ YouTube検索の表示アルゴリズムの特徴を知ろう

YouTube検索からの視聴を獲得するためには、自分の動画が検索上位に表示される必要があります。しかし、公開された時点では視聴回数はみなゼロです。上位には視聴回数の多いものが表示されているイメージがあるかもしれませんが、YouTubeの検索アルゴリズムは視聴回数のみを表示する動画の判断指標とはしていないと考えられます。

YouTubeのレコメンドシステムに関する論文の抜粋

- *Freshness:* YouTube has a very dynamic corpus with many hours of video are uploaded per second. The recommendation system should be responsive enough to model newly uploaded content as well as the latest actions taken by the user. Balancing new content with well-established videos can be understood from an exploration/exploitation perspective.

出典：Deep Neural Networks for YouTube Recommendations

Paul, Jay, Emre (2016) [*] は、YouTubeのレコメンドシステムに関する論文の中で、「動画の新しさ」と「ユーザーの行動傾向」という2つの指標でバランスをとるべきであるとしています。このことから、ユーザーへ表示する動画においては、すでに公開されている動画の視聴回数のみを判断基準とするのではなく、**新しい動画であることも判断指標に含まれている**と考えられます。

例えば、「香水 おすすめ」でYouTube検索を行ったときの検索結果画面を見てみると、視聴回数のみが判断指標とされていないことがわかります（次頁図）。

表示された動画のうち、最も視聴回数の多いものは上位3番目の動画であり、1番目の動画は2ヶ月前に公開された40万回視聴の動画であることがわかります。上位2番目に表示されている動画は4.8万回視聴ですが、動画が公開されたのは検索時点から3日前であることがわかります。

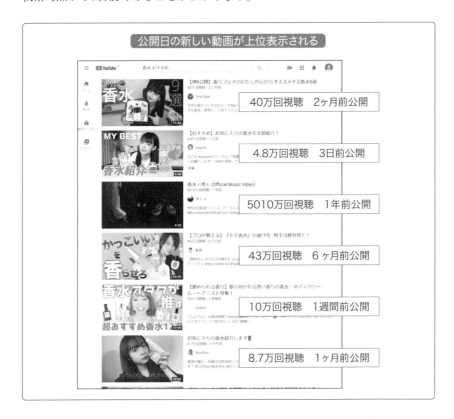

10万回視聴である5番目の動画は2番目の動画よりも視聴回数が多いですが、公開日が1週間前のためこの位置に表示されていると考えられるでしょう。このように、YouTube検索では視聴回数だけでなく、新しい動画であることが表示する動画の判断指標に含まれていると言えます。

▶ ユーザーの検索キーワードを簡単に調べる方法

キーワードの調べ方に「オートコンプリート機能」を使う方法があります。これは、YouTube検索窓に特定のキーワードを入力し、スペースを入力すると検索キーワードの候補が表示されるおなじみの機能です。

　表示されるキーワードは、検索量の多いもの少ないものがまちまちで、候補として表示されるからといって、ユーザーが多く検索しているというわけではありません。しかし、手軽に調査する上では参考になるでしょう。

　オートコンプリート機能で表示されるキーワードはユーザーの過去の検索が反映される傾向があります。そのため、普段から使用しているアカウントで調査を行った場合、そのアカウントでの検索履歴が反映されたキーワード候補が表示されます。そのとき、そのアカウントにとっての最適な検索キーワードの候補は知ることができますが、過去の検索履歴が反映されているため、バイアスがかかったキーワードが表示される可能性が高くなります。

　そこで、Webブラウザの「プライバシーモード」という機能を使いましょう。履歴などの記録が閲覧後に自動で削除される機能で、アカウントの検索履歴や視聴履歴が反映されない状態にできます。そのため、**プライバシーモードでオートコンプリート機能を使って検索キーワードを調査するのがよいでしょう。**

▶ ユーザーの検索キーワードを調査できるツール

　オートコンプリート機能の他に、外部ツールを使用してユーザーの検索キーワードを調査することが可能です。検索キーワードを調査するツールにはさまざまな種類がありますが、比較的安価で導入ができ、企業だけでなく個人でも活用できるものとして、Keyword Toolがあります。

　Keyword Toolは主にユーザーの検索キーワードや各キーワードの検索量を知ることができるツールです。検索量が調査できるプラットフォームとして、YouTubeのほかに、Google、Bing、Amazon、eBay、Play Store、Instagram、

Twitterといった8プラットフォームに対応しています。

　調査対象として国や言語を指定することができるため、例えば米国で英語を利用するユーザーの検索キーワードや、英国で英語を使用するユーザーの検索キーワードなども調査することが可能です。国や言語によって検索量は異なることが多いため、どの国のどの言語からどのようなキーワードで検索されているのかを把握するために役立ちます。YouTubeは外国のユーザーと隣り合わせのプラットフォームですから、海外を意識する際にも役立つはずです。

検索キーワードの調査ツール

https://keywordtool.io/youtube

　Keyword Toolは無料でも使えますが、検索キーワードの表示のみに限られ、各キーワードの検索ボリュームの表示は有料版へのアップグレードが必要になります。動画を企画する際に、どのようなキーワードでユーザーが検索しているのか、アイデア出しに活用するのであれば、無料版で十分でしょう。

　ただし、無料版は検索量の多い順にキーワードが並ぶわけではないため、表示順位ではなく、検索されるキーワードの大枠を知る目的で使えばいいでしょう。

Point

1. これからYouTubeをはじめる場合、「YouTube検索」からの流入が重要。

2. YouTube検索結果の動画表示順序は、「動画の新しさ」と「ユーザーの行動傾向」のバランスで決まる。

3. キーワードを調べるには、オートコンプリート機能や外部ツールが役に立つ。

集客の公式

12

キーワードの「検索量」を調べる

▶ キーワードの広さと興味の強さの関係

　キーワードの検索量は、ユーザーに動画が見られる機会の多さと言えます。多くのユーザーに動画を届けるためには、検索量の多いキーワードをテーマに動画を作る必要があります。無料版Keyword Toolでは各キーワードの検索量までは把握できないため、ここでは有料版のKeyword Toolを使用していきます。

　しかし、検索量のみを考えることの注意点もあります。それは、**検索量が多いキーワードであればあるほど、テーマもぼんやりする傾向にあり、ユーザーの興味も薄くなってしまうかもしれないということです。**キーワードは、その単語がもつ意味の広さで検索量が異なる傾向があります。その単語の意味が広いほど検索量が多くなり、狭いほど検索量は一般的に少なくなります。どういうことかというと、例えば「Japan」「Tokyo」「Ginza」という3つのキーワードで銀座の宿泊・観光施設の集客を考えると、「Japan」は訪日を検討している外国人から多く検索されます。「Japan」という単語は最も大きく、「Tokyo」を含んでおり、さらに「Tokyo」は「Ginza」を含んでいます。

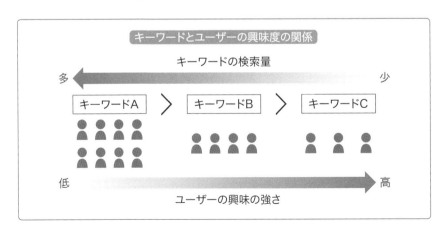

　上の図で見ると「Japan」はキーワードAに該当し、「Tokyo」はキーワードBに、「Ginza」はキーワードCに該当します。単語の意味範囲が広いほど検索量は

多くなる反面、ユーザーの興味は弱くなります。意味範囲が狭まると、検索量は少なくなる代わりに、ユーザーの興味は強くなると考えられます。そのため、検索量は多ければ多いほどいい、というものでもありません。

▶ ユーザーの状況に応じたキーワードの意味の分類

「レシピ」というキーワードは色々な言葉と結びつきます。料理名が続くでしょうが、「レシピ　お菓子」や「レシピ　魚介」といった検索もありえます。レシピアプリを探すなら「レシピ　アプリ」と打ち込むかもしれません。

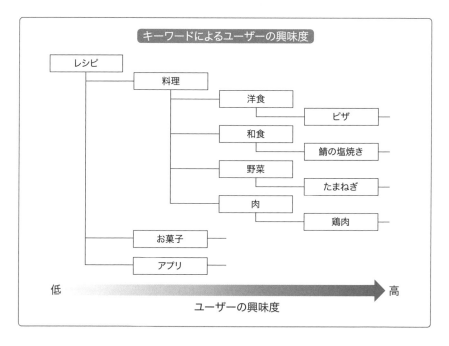

レシピ＋料理で考えると、まず料理の種類に分けることが考えられます。例えば、「洋食」や「和食」などがあり、それぞれ「ピザ」や「鯖の塩焼き」など料理名を含んだレシピ検索が考えられます。

あるいは、作りたい料理のレシピではなく、今手元にある食材でできる料理から検索する人もいるでしょう。その場合、野菜やお肉などのキーワードで検索することが考えられるでしょう。たまねぎが手元にある場合は「レシピ　たまねぎ」で、鶏肉が手元にある場合は「レシピ　鶏肉」で検索するかもしれません。

飲食店や料理教室の集客では、レシピの動画はプロモーションと相性がいいで

しょう。しかし料理のレシピには、食材を挙げればきりがないほどの種類があります。そんなとき、**各キーワードの検索量を事前に把握することで、どの料理・素材から優先的に動画を制作すべきか判断できます。**

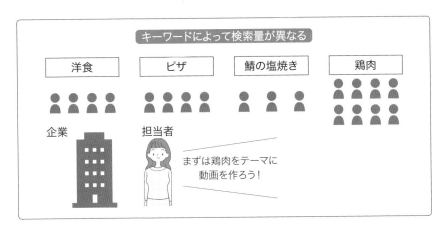

検索量の調査の結果、「洋食」と「ピザ」が同程度で、「鯖の塩焼き」が少なく、「鶏肉」が多いことがわかったとします。料理名を限定せず、食材で検索するユーザーは手元にその食材があり、それを使用した料理を調べている可能性が高いです。そのため、「鶏肉ですぐできる簡易レシピ」や「鶏肉を使った人気のレシピ」などがテーマに考えられます。その他にも、料理名を限定して、「鶏肉を使って○○を作ろう」などと伝える切り口もいいでしょう。

▶ Keyword Toolの使い方を覚えよう！

Keyword Toolを使った、具体的なキーワード検索量のリサーチ方法を紹介します。前述の通り、Keyword Toolは調査対象キーワードを入力することで、YouTube上でそのキーワードがどの程度検索されているか表示してくれます。

まず検索量を調べたいキーワードを入力し（次頁図①）、検索窓の右にある国と言語を選択します（②）。検索を実行すると検索量の棒グラフとそのキーワードの年間平均検索量が表示されます（③）。棒グラフは過去12ヶ月の検索量を表示します。キーワードによっては、検索量が年間通して一定のものもあれば、時期によって変動が見られるものもあるため、ユーザーがどの時期に検索を行うかの傾向についても、把握することができます。

次頁図は「鶏肉」というキーワードの調査です。棒グラフを見ると、3月から検

索が増加傾向で、3月以前は検索量が一定しているようです。

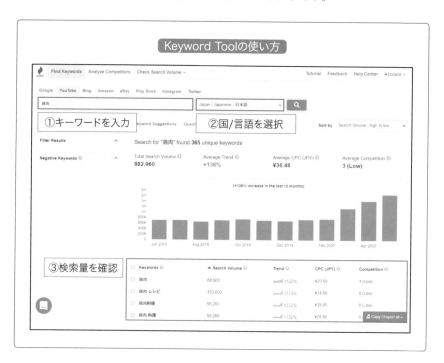

　③から、「鶏肉」を含む検索量の多いキーワードとして「鶏肉 レシピ」があることがわかります。平均して年間約15万件の検索がされているようですが、3月以降に検索量が増加していることも見えてきます。また、3月以前の「鶏肉 レシピ」のキーワードのボリュームを調べることで、最低限どの程度安定した検索量をもっているかを把握することもできます。「鶏肉」だけでなく、他の食材についても調査することで、ユーザーの検索量を把握できるため、どの動画の制作を優先させるかの検討資料となります。ビジネスシーンでの利用を考えると、このような資料が企画・決裁の際にも役に立つでしょう。

Point

1. **キーワードの検索量と興味の強さは反比例する傾向にあるため、多ければ多いほど良い、というわけではない。**

2. **ユーザーの状況を考慮してキーワードを分類・調査する。**

集客の公式

13　検索キーワードの「使われ方」を調べる

▶ YouTube特有のキーワードの使われ方

　YouTube上でのキーワードの使われ方は一般的な言葉の意味と異なり、このことが原因で視聴回数が伸び悩むこともあります。YouTubeは動画の視聴プラットフォームで、公開されている動画もエンターテイメント関連が多く、キーワードによっては企業側が意図しない動画が競合動画となり得ます。

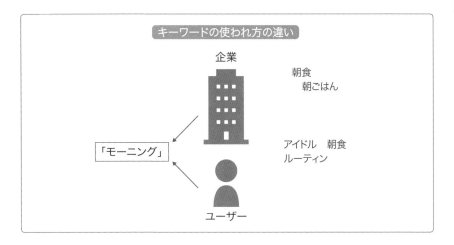

キーワードの使われ方の違い

企業

朝食
朝ごはん

「モーニング」

アイドル　朝食
ルーティン

ユーザー

　Googleなどの検索エンジンは検索対象が「文字情報全般」であるため、概ねキーワードの本来意味する情報が検索結果に表示されます。しかしYouTubeは文字だけでは拾いきれない「映像」が対象となるため、本来意味するものとは異なる動画が検索結果に表示されることがあるのです。

　例えば、「モーニング」というキーワードの本来の意味は「朝」や「午前」の他に「朝食」としても使用されます。企業側は「モーニング」は朝食のことだと想定しても、YouTubeの利用ユーザー側は「モーニング」をアイドルグループやルーティンの動画を視聴する際に使っているかもしれません。この場合、検索結果が企業側の意図しないものになり検索順位が下がる原因になりえます。そのため、ユーザーが特定のキーワードに対してどのような意味・イメージをもっているの

か、動画コンテンツの視点から調査することが必要です。

▶ 類似したキーワードに対するユーザーのイメージ

　キーワード調査を行うと、それぞれのキーワードの意外な意味やユーザーが連想するイメージなどを把握できます。さらに、似た意味をもつキーワード（例：靴、シューズ、スニーカー）をそれぞれ調査することで、**ユーザーが各キーワードから想起される他の単語の検索傾向までもがわかってくるのです。**少しわかりにくいため、例を出しましょう。

　下図は「靴」「シューズ」「スニーカー」という3種類のキーワードで調査した結果のユーザーの検索キーワードと平均検索量です。どのキーワードにも「レディース」や「メンズ」が入っていることがわかりますが、各キーワードによってさまざまな違いがあることがわかります。

キーワードが持つイメージの違い

| 靴磨き | シューズケース | コーデ |

「靴」

キーワード	平均検索量
靴	229,000
靴 レディース	84,100
靴下	68,800
靴 メンズ	37,600
靴 修理	37,600
靴磨き	30,800
靴紐 結び方	30,800
靴紐	25,200
靴 紐の結び方	20,600
靴 収納	16,800

「シューズ」

キーワード	平均検索量
シューズ	280,000
シューズ レディース	187,000
シューズ メンズ	84,100
シューズラック	30,800
シューズボックス	30,800
シューズクローク	11,200
シューズ ケース	11,200
シューズ クローゼット	3,300
しゅーず 歌ってみた	3,300
シューズ 入れ	2,200

「スニーカー」

キーワード	平均検索量
スニーカー	418,000
スニーカー レディース	102,000
スニーカー メンズ	68,800
スニーカーダンク	37,600
スニーカー 人気	25,200
スニーカー コーデ	16,800
スニーカー ナイキ	16,800
スニーカー 洗い方	16,800
スニーカーズ	16,800
y-3 スニーカー	13,800

　それぞれの検索キーワードについて見てみると、「靴」については、修理や磨き方が検索されていることがわかります。一方「シューズ」はケースやボックスなど入れ物について検索されており、「スニーカー」はコーデといったファッションに関する検索がされていることもわかります。このように、似た意味のキーワードであってもそれぞれ付随するイメージや検索傾向が異なります。

各単語がどのようなイメージをもつか把握しておくとよいでしょう。

▶ 検索傾向に適した動画を制作しよう

「類似キーワードを調べる」という方法は、動画を制作するときだけでなく、YouTubeへ動画を公開するときのタイトルを検討する際にも、言葉選びの判断材料として役立ってくれます。

「靴」「シューズ」「革靴」「スニーカー」に関する検索傾向の違い

キーワード	平均検索量	キーワード	平均検索量
靴	229,000	革靴	46,000
靴 レディース	84,100	革靴 メンズ	20,600
靴下	68,800	革靴 手入れ	16,800
靴 メンズ	37,600	革靴 レディース	7,500
靴 修理	37,600	革靴 カジュアル	7,500
靴磨き	30,800	革靴 おすすめ	7,500
靴紐 結び方	30,800	革靴 紐	5,000
靴紐	25,200	革靴 紐 結び方	3,300
靴 紐の結び方	20,600	革靴 種類	2,700
靴 収納	16,800	革靴 カビ	2,700

キーワード	平均検索量	キーワード	平均検索量
シューズ	280,000	スニーカー	418,000
シューズ レディース	187,000	スニーカー レディース	102,000
シューズ メンズ	84,100	スニーカー メンズ	68,800
シューズラック	30,800	スニーカーダンク	37,600
シューズボックス	30,800	スニーカー 人気	25,200
シューズクローク	11,200	スニーカー コーデ	16,800
シューズ ケース	11,200	スニーカー ナイキ	16,800
シューズ クローゼット	3,300	スニーカー 洗い方	16,800
しゅーず 歌ってみた	3,300	スニーカーズ	16,800
シューズ 入れ	2,200	y-3 スニーカー	13,800

「靴」については「靴 修理」や「靴磨き」といった検索が多く、「革靴」も同じく「革靴 手入れ」が検索されていることがわかります。手入れに関する言葉は「シューズ」においては見られませんが、「スニーカー」においては「スニーカー 洗い方」と検索されていることがわかります。同じ「手入れ」を表す言葉も、「洗う」「磨く」などキーワードが異なっているようです。

また、4つのキーワードのうち「シューズ」のみ他のキーワードとは検索傾向が異なります。「シューズ」というキーワードはユーザーの認識としてシューズラックやシューズボックス、シューズケースなど靴の入れ物を検索するときに使用されています。「スニーカー」については唯一「コーデ」を含むことから、スニーカーに関する動画を作る際、コーディネートの提案などの切り口にすると、需要がある可能性が高いでしょう。このように、各キーワードの検索傾向に合わせた動画の制作が効果的であると言えます。

Point

1. GoogleとYouTubeではキーワードの検索結果が異なる。

2. YouTubeでは、検索キーワードが本来の意味とは違う使われ方をすることもあるので注意する。

3. キーワードを調べることで、ユーザーがその単語に対して抱く連想イメージまで、まとめて知ることができる。

集客の公式

14 表示される動画の数まで調べる

▶ なぜ検索表示された動画の数を調べるのか

これからYouTubeをはじめるチャンネルにとっては、「YouTube検索結果の上位に表示させること」が成功のカギです（p.97参照）。YouTubeは動画の公開日を重視する傾向があり、動画の公開直後は検索結果上位に表示されても、時間とともに順位が落ちていきます。長い期間動画を上位表示させるには、特定のキーワードで検索したときに表示される動画の「数」を知ることが重要です。

リサーチ

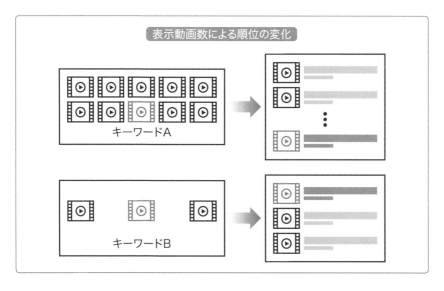

表示動画数による順位の変化

キーワードA

キーワードB

ある2種類のキーワードをテーマにそれぞれ動画を制作したとします。キーワードAでは、他の動画投稿者も同様に動画を公開しており、表示される動画の数が多いとします。一方キーワードBでは、それほど公開されている動画の数は多くありません。

キーワードAで長期間の検索上位を獲得するためには、他の動画よりも多く視聴される必要があります。そのため、動画公開直後にいかに多くの視聴回数を獲得できるかがカギとなります。一方キーワードBは競合動画の数が少ないため、キーワードAと比べると検索上位を獲得できる確率は高いでしょう。このよう

に、表示動画数から期待できる検索順位をある程度推定できます。

▶ 競合する動画が今後増加するかどうかを考えよう

　表示される動画の数が多いということは、そのテーマについて他の動画投稿者が後を追いかけるように動画を公開する可能性が高いとも考えられます。YouTubeが動画の公開日を重視する傾向にあるため、新しく公開したほうが有利であり、日々同じテーマの動画が、次から次へと現れることになります。

　すでに登録者がいて一定の視聴回数を獲得できるチャンネルであれば、YouTube検索を過度に意識する必要はありませんが、開設したばかりのチャンネルはYouTube検索からの流入が主要トラフィックとなります。できるだけ検索上位に自分の動画が表示されるテーマを狙いましょう。

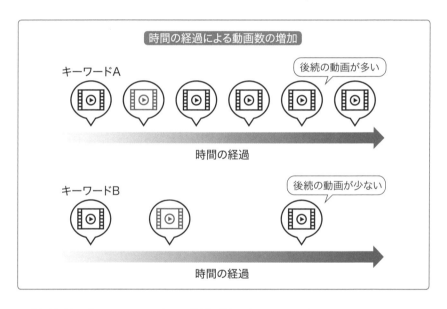

　上図を見ると、キーワードAは動画が混み合っています。しかし、キーワードBのように調査時点で動画が少ない場合、今後もそのキーワードをテーマとした動画が出てくる可能性は低いでしょう。**後から新しい動画が公開されず、自分の動画が常に最新でいられるとしたら、上位表示をキープできます。**

　もし競合動画の少ないキーワードBが、検索量は多かったとしたら、それは「ユーザーからはたくさん検索がされているのに、ライバルは少ない」ということを意味します。そのため、最も効率よく視聴回数を獲得するためには、**競合**

となる動画が少なく、検索量の多いテーマを動画として制作することが必要です。すでに公開されている動画の数と、時間の経過とともに類似するテーマの動画がどの程度増加するかを踏まえた動画の制作が重要となります。

▶ 表示動画数の確認方法を知ろう！

　YouTubeで特定のキーワードに対して表示される動画数を調査するための便利なツールがTubeBuddyです。TubeBuddyはYouTube認定の外部ツールで、Webブラウザの拡張機能として導入することができます。無料版と有料版が提供されており、無料版では機能に制限はあるものの、動画数をざっと調べるだけの利用であれば、無料版でも十分に役立ちます。

　TubeBuddyをインストールすると「Keyword Explorer」という機能を使うことができます。Keyword Explorerを開いて検索窓に調査対象とするキーワードを入力し、「EXPLORER」ボタンをクリックすると検索したキーワードに対するデータが表示されます。

表示動画数の確認方法

170万本の動画が
「コスメレビュー」で表示

https://www.tubebuddy.com/tools#tagexplorer

リサーチ

上図では「コスメレビュー」というキーワードで調査を行っています。枠で囲んだ「# of Video in Search Results」の右の項目に表示されている数値が、「コスメレビュー」で検索したときに表示される動画数の推定値です。「1.70M」と表示されているため、約170万本の動画が「コスメレビュー」というキーワードで検索したときに表示されることがわかります。このように、キーワードの検索量と表示動画数の両方を確認することで、どのテーマを狙えばいいか、おのずと見えてくるでしょう。

Point

1. 狙うテーマの「動画数」を調査するとさまざまなヒントが見つかる。

2. 動画数が多いテーマは上位表示し続けるのが難しい。

3. まだ登録者の少ないチャンネルは、競合動画数が少なく、検索量の多いテーマが狙い目！

集客の公式

15 「表示動画数」を調べて、動画の伸び代を測る

リサーチ

▶ 視聴回数が伸び悩んだり、ムラが出るのはなぜ？

「動画をたくさん公開したのに視聴回数が伸びない」というのは多くのチャンネルの悩みです。一概に原因を突き止めるのは難しいですが、表示動画の数が視聴回数に影響を与えている場合もあります。

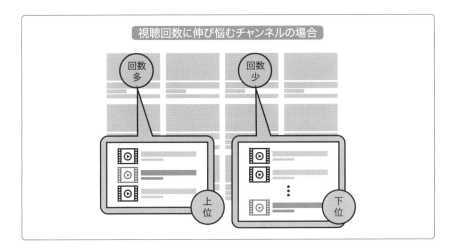

YouTubeチャンネルを見ていると、一部の動画のみ視聴回数が多いチャンネルを発見することがあります。そういったチャンネルはそれ以外の動画の視聴回数が伸び悩んでいる傾向にあります。10万回再生されている動画がある傍ら、他の大多数は200回程度しか再生されていない、というような現象です。このような再生回数のムラや伸び悩みを解決するヒントは「表示動画数」にあります。

▶ チャンネルの状況によって流入経路は変わる

すでにYouTubeチャンネルを運用しており、複数本の動画が公開されているチャンネルはYouTube検索からの流入よりも、トップページや関連動画からの流入が多くなることが一般的です。

これは、自分のチャンネルの動画に視聴履歴があるユーザーに対して、その

ユーザーのまだ視聴していない自チャンネル内の動画を、アルゴリズムが表示するためです。そしてチャンネルの公開動画本数が増加すると、ユーザーに表示される候補となる動画の本数も増加するため、相まってトップページからの流入も増加する、というロジックです。

　これからYouTubeチャンネルを開設する場合は、チャンネルで公開されている動画がないため、ユーザーからの視聴履歴もない状態です。そのため、動画をユーザーに表示するためのもととなる視聴データがなく、チャンネル開設直後は「YouTube検索」からの流入が「トップページ」や「関連動画」よりも割合としては多くなります。では、チャンネルの状況に応じて、どのように「表示動画数」（≒競合の多さ）を考えていったらいいのでしょうか。

▶ 表示動画数の多いテーマが良いわけではない

　集客の公式14の内容をおさらいすると、検索結果に表示される動画の数が多いテーマのデメリットは、まず1つめとして検索下位になりやすいことが挙げられます。すでに存在する競合動画が多いため、動画公開直後の検索上位の期間に一定の視聴回数が獲得できない場合、動画は徐々に検索下位へと順位が下落してしまいます。

　2つめのデメリットとしては、競合する動画が近いうちに公開される可能性が高いことです。新しい動画が公開されるたびに、自分の動画が上位表示される機会が減少してしまうため、他の動画投稿者が取り扱うことが難しい（参入障壁がある）テーマや内容で、かつ検索量の多いキーワードを狙う必要があります。

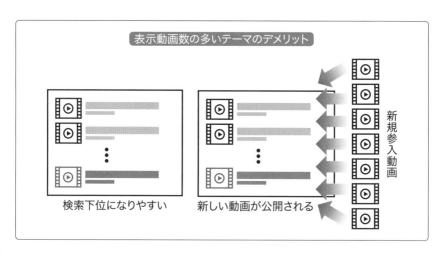

表示動画数の多いテーマのデメリット

検索下位になりやすい　　新しい動画が公開される　　新規参入動画

▶ 関連動画での流入を狙う2つのテクニック

　動画数の少ないテーマは、「YouTube検索」からの流入は期待できるものの、「関連動画」からの視聴回数は獲得しにくい場合があります。関連動画とは、文字通り動画の"内容"に関連性がある他の動画に、自分の動画が紐付けられて表示されるというトラフィックです。そのため、そもそもYouTube上に存在するそのテーマの動画の母数が少ない場合は、関連表示される機会も減ります。

　関連動画への表示には、2種類の方法があります。1つは、**自分の動画の関連動画に、自分の別の動画を表示するというテクニック**です。自分の動画同士がお互いに連携するようにそれぞれの動画のデータ設定をある程度共通化させ（p.319参照）、他のチャンネルの動画よりも関連性を高めるという方法があります。こうすることで、自分の動画を視聴しているユーザーに自分の他の動画を表示させやすくなります。ただし、他のチャンネルの動画との関連性が低くなるため、チャンネルの敷居外への露出が限定されてしまう、というデメリットもあります。

　2つめは、逆に外に目を向け、**自分の動画を他のチャンネルの動画に関連表示させるテクニック**です。これは、自チャンネルの垣根を飛び超えることで、普段動画を届けるのが難しい新規ファンの獲得を狙えます。この場合のデメリットとしては、**自分の動画を視聴しているユーザーに、他のチャンネル動画が関連動画として表示されやすくなる**、という点もあります。つまり、自分のチャンネルのファンを外に送り出してしまう、という側面もあるのです。しかし、**チャンネル開設したばかりで動画の本数がまだ少ない場合は、他の動画に関連付ける2つめの方法のほうが効果的でしょう**。

　2つめのテクニックにおけるポイントは、**表示動画数の多いテーマを狙う**ということです。紐付けてもらえる可能性のある動画の母数が多いため、表示の機会も多いからです。

　また、関連動画のアルゴリズムは、それぞれの動画の「公開日」も参照する傾向にあります。同時期に公開された類似テーマの動画は、相互にユーザーを送り合うため、関連動画を通じての視聴回数が増加しやすくなります。

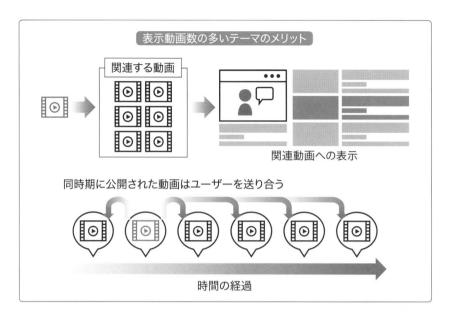

表示動画数の多いテーマのメリット

関連する動画

関連動画への表示

同時期に公開された動画はユーザーを送り合う

時間の経過

　大切なことは、「YouTube検索」からの流入と、「関連動画」からの流入を切り分けて考えることです。YouTube検索からの流入はユーザーからの検索がある限り安定した視聴回数を獲得できますが、関連動画からの流入は、ユーザーの視聴傾向や他の動画のデータ設定が参照されるため、安定した視聴回数の獲得は難しい場合が多いです。そのため、最初のうちはYouTube検索からの視聴獲得を目標としたほうがよいでしょう。

Point

1. チャンネル内に動画が貯まっていくほど、トップページや関連表示からの流入が増える。

2. 自分の動画に関連させる方法と、外部の動画に関連させる方法がある。

3. 動画が少ないうちは、動画数が多いテーマの外部の動画に紐付けたほうがよい。

集客の公式

16

同業者ユーザーと自分の動画を関連づける

▶ テーマによって動画を制作できる人が違う

　公開する動画のテーマや方向性が決まったものの、いざ「動画を作ろう」というステージにくると、何を語ればいいのか悩ましいものです。ここでは「誰がその動画を投稿しているのか」という点から考えてみましょう。

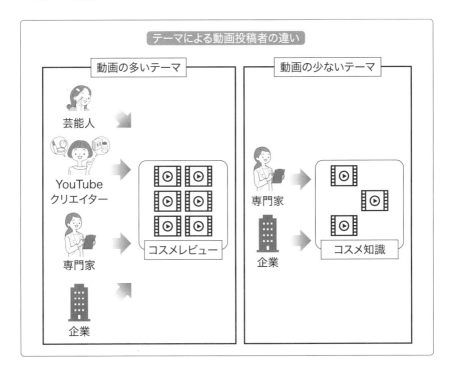

テーマによる動画投稿者の違い

動画の多いテーマ

芸能人

YouTube
クリエイター

専門家

企業

コスメレビュー

動画の少ないテーマ

専門家

企業

コスメ知識

　企業や士業、コンサルタントの方々は一般ユーザーの知らない専門的な知識をもっています。このような動画投稿者による動画は、専門知識が要求されるため、おのずと動画数は少なくなるでしょう（上図右）。逆に言えば、動画数が多いもの（上図左、例：コスメレビュー、アイスバケツチャレンジ）は一般ユーザーでも動画を制作しやすいテーマであると言えます。

　例えば「コスメレビュー」のテーマであれば、芸能人やYouTubeクリエイター

など専門知識を売りにしないユーザーも制作可能です。加えて、専門家や商品を販売する企業も制作できます。このようなテーマは動画が増加しやすいテーマであると言えます。

一方で「コスメテクニック」など知識が要求される動画となると、制作できるユーザーの幅が「コスメレビュー」と比較して、狭いと考えられます。**専門性は、そのテーマに参入する難しさと比例するとも言えます。**

▶ 視聴回数の多いテーマを発見しよう！

企業がYouTubeチャンネルに本格的に取り組んでいる事例は、まだ限られており、そのためYouTubeクリエイターや業界に特化した専門家が運営するチャンネルが、動画の制作優先度を調べる上でベンチマークになります。

彼らのチャンネルページを調査すると、視聴回数の多い動画・少ない動画が見つかります。「視聴回数の多い動画」を探しにさまざまなチャンネルを渡り歩くと、共通したテーマを発見することができます。あるテーマがどのチャンネルにおいても視聴回数が多いのであれば、視聴ニーズが高いと判断してもよいでしょう。

▶ 同業者の関連動画を通じてユーザーにリーチしよう！

企業・個人関わらず、これからチャンネルをはじめるとなれば、まずユーザーにチャンネルの存在を認知してもらう必要があります。そこで有効なテクニックとして、すでにYouTubeに取り組んでいる同業者のチャンネルの動画テーマを分析し、それらと関連性の高い動画を優先的に制作するという方法があります。こうすることで、すでにユーザーから認知されている同業者のチャンネルに露出でき、自分のチャンネルや動画を知ってもらうキッカケになります。

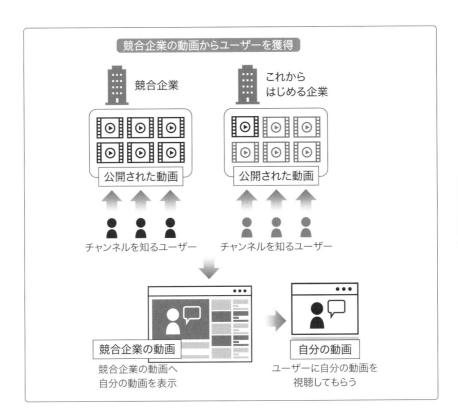

Point

1. 動画には、誰でも作りやすいテーマと専門知識が必要なテーマがある。

2. さまざまなチャンネルに共通して視聴回数の多い動画テーマがあれば、そのテーマは需要がある可能性が高い。

3. 競合チャンネルの動画と関連性の高いテーマを扱うことで、自分の動画を露出させていくテクニックがある。

プロモーション

動画を企画する際、「どのようにプロモーションしていくか」を
あらかじめ考えておくといいでしょう。なぜなら、YouTube
チャンネルは単発で打つ映像広告とは違い、動画をシリーズ展
開していくため、全体像を知っておく必要があるからです。つ
まり、それぞれの動画はチームプレイで、チャンネル全体を正
しい方向に導いていく「監督」の視点が必要なのです。本項で
はYouTubeにおける企画立案を、より全体的・戦略的な視点
から掘り下げていきましょう。

集客の公式

17

「見せる動画」でイメージを ありありと伝える

▶ 「知りたい情報」と「見たい情報」を区別しよう

提供できるコンテンツが主に「情報（p.64,67）」に特化している人や企業は、「単調な講義や解説のみではユーザーから飽きられてしまうかもしれない…」と不安に感じるかもしれません。しかし、「情報」を扱うにしても、知識解説が唯一の形式ではなく、他にもさまざまな選択肢があるのです。

Webサイトでは、文字と画像が主役ですから、コンテンツは知識解説が主流になりがちです。しかし、動画となると「教える」のほかに「見せる」という表現が可能なのです。

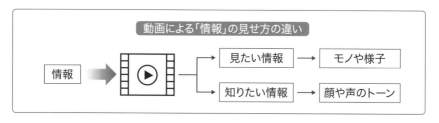

動画による「情報」の見せ方の違い

情報 → ▶ → 見たい情報 → モノや様子
情報 → ▶ → 知りたい情報 → 顔や声のトーン

どういうことかと言うと、「見せる情報」とは、視覚や時間経過を活用して伝える表現のことです。例えば、文字を使って都市の景色や風景の様子をありありと伝えることは困難ですが、動画ならば街並みの映像を流すだけで素早く、より多くの情報が伝わります。他にも物体の重さを計る実験で、モノがある地点からある地点へ落下するのを動画で撮影することで、時間経過を表現することができます。距離や動きの表現は、動画ではよりリアルに伝わります。

服やアクセサリーなら、商品概要を言葉で語るのではなく、身につけた映像を見せるほうが、商品の魅力が伝わります。モノではなくサービスが商品となる士業・コンサルタントの方々は、顧客と会話している様子を映すと、声のトーンや会話の仕方などから、ユーザーの不安を払拭できるかもしれません。

対して、「教える情報」とは、何らかの専門知識を解説するものです。例えば、年末調整の手続きに困っているユーザーは、税理士による年末調整の解説

動画を見るでしょう。この場合、**書面の書き方を映像で示す**よりも、**講師が年末調整の知識を、ポイントに絞って解説した**ほうが、ユーザーの理解は深まるでしょう。扱うテーマが、「見る」「知る」のどちらに向くかで判断しましょう。

▶ ユーザーに具体的なイメージを伝えよう！

商品やサービスの映像を見たい（「見せる情報」）ユーザーは、そもそもどのような動機で見ているのでしょうか。それは「**その商品やサービスのイメージがわからないから**」だと言えます。例えば、購入を検討するアクセサリーの写真を見たものの、リアルな大きさが実感できず、人が身につけたときにどう見えるかで判断するでしょう。商品を実際に見たときに「思ったよりも大きかった・小さかった」といった感想を抱くことは珍しくありません。

クリニックで受けられる施術を検討する際、ユーザーは文字を読むより、実際の施術の様子を見たほうが、圧倒的に納得ができるでしょう。このように「イメージを知りたい」という需要は大きいのです。編集の凝った商品レビューではなく、単に「様子」を撮影しているだけの人気動画はたくさんあります。料理の動画であれば、お肉を焼いているだけ、病院やクリニックの動画であれば、施術を撮影しているだけ、などです。このような動画が多くの視聴回数を獲得していることからも、イメージを知りたい需要の大きさがわかります。

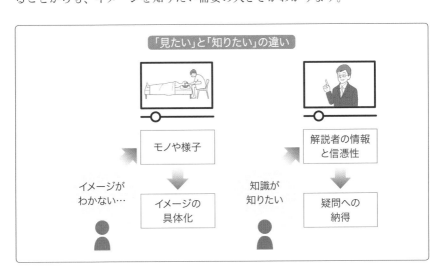

「見たい」と「知りたい」の違い

モノや様子 → イメージの具体化（イメージがわからない…）

解説者の情報と信憑性 → 疑問への納得（知識が知りたい）

プロモーション

一方、知識が知りたい（「教える情報」）ユーザーは、何らかの疑問や悩みをもっている場合が多いです。Web記事でもそのような疑問や悩みの答えを知ることはできますが、「その記事を誰が書いたのか」「いつ公開されたのか」といった情報は明記されていない場合もあります。YouTubeでは公開日は明記され、動画では出演者が登場します。「詳しい人が語っている」と伝えることができれば、ユーザーの満足度が高まり、チャンネル登録してくれる可能性があります。

▶ ユーザーの理解にかかる負担を意識しよう！

これまでの主な情報発信方法がブログなどのWebサイト（いわゆるオウンドメディア）であった企業や講師が、動画をはじめるにあたり、「教える情報」のほかに「見せる情報」も加えることで、発信する情報の幅とユーザー層が広がり、集客効果を期待できます。

文章はユーザーが能動的に読み進む媒体なので、ユーザーにかかる負担は大きくなりがちです。しかし動画であれば、解説者の話を聞くという受動的な情報の受け取り方になるため、理解にかかる負担は軽減されます。また、文章は人によって受け取り方が異なるため、自分の解釈が正しいかどうか不安がつきまとうことがあります。

テキスト情報と動画の利用に関して、ホテル向けのチャネル運用大手のSiteMinder*は、20％のユーザーが文章を読み、80％のユーザーが文章と同じ内容の動画を視聴すると報告しています。動画は文章と比べると、ビジュアルで伝えられる点、誰かの解説を聞き流すだけで情報収集ができる点において、ユーザーフレンドリーな伝え方なのです。

Point

1. 動画は「教える情報」と「見せる情報」に分けて考える。

2. 商品やサービスなどは、映像でリアルなイメージを伝えると効果的。

3. 専門知識の解説では、公開日や解説者の情報などを伝えると効果的。

集客の公式

18 「商品」をベースに切り口を考える

▶ 商品によってターゲットの範囲が異なる

扱っている商材によっては、「対象視聴者」や「ターゲット」と言われても、ぼんやりしている場合が多いでしょう。「女性向けバッグ」が対象であれば、ターゲット層は女性であることは明確ですが、「不動産」や「家電」、「Webサービス」などの商材、あるいは「確定申告」「法務」など、ターゲットの範囲が広い商品・テーマの場合はどのように対象を想定したらいいのでしょうか。

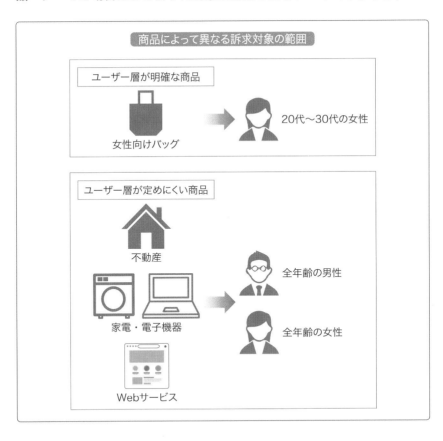

商品によって異なる訴求対象の範囲

ユーザー層が明確な商品

女性向けバッグ → 20代〜30代の女性

ユーザー層が定めにくい商品

不動産
家電・電子機器 → 全年齢の男性
Webサービス → 全年齢の女性

プロモーション

125

▶ ユーザー層によって視聴動機は変わる

　注意すべきことは、商材によって彼らが動画を視聴する動機も、当然異なってくるということです。例えば、ユーザー層が明確な女性向けバッグの動画の視聴者は、どの商品を買うか迷っている、サイズやデザインを見たい、その購入の決め手となる商品の特徴を知りたい、という状況でしょう。

　一方でユーザー層が幅広い、家電やWebサービス、教育コンテンツやコンサルティングサービスの場合は、さまざまな動機が考えられます。家電であれば類似商品が多くあるため、何を基準に選べばいいかがわからないのかもしれません。教育コンテンツやコンサルティングの場合は、ユーザーは疑問や不安をその場で解決するために動画を見たいのかもしれません。あるいは単に学びたい、知識を得たい、というスキルアップ需要かもしれません。

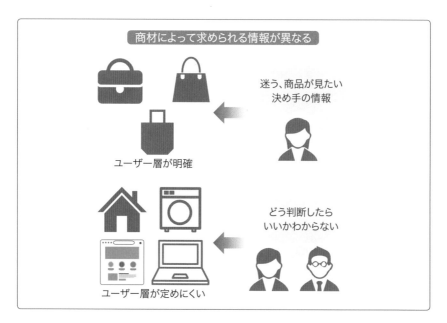

商材によって求められる情報が異なる

迷う、商品が見たい
決め手の情報

ユーザー層が明確

どう判断したら
いいかわからない

ユーザー層が定めにくい

▶ ユーザーの視聴動機に合わせたコンテンツ

　ユーザー層が明確な商材では、ユーザーは「商品の映像を見たい」と考えている可能性が高いです。見せ方にもいくつかの方法があります。女性向けバッグならば、身につけた「雰囲気」を伝えるだけでなく、他に「コーディネート」を提案する案もあります。「商品解説」をしてウリや特徴を解説するのも効果的なプロモーションになるでしょう。

　ユーザー層が定めづらい商品は、主に「知識を得ること」が視聴動機となっている可能性が高いです。不動産を例にとれば、まずユーザーにとって身近なのは「賃貸住宅や部屋の選び方」といった内容が考えられます。賃貸と関連する動画の場合は、「内見動画」や「ルームツアー」といった切り口が、YouTube上に多く公開されています。

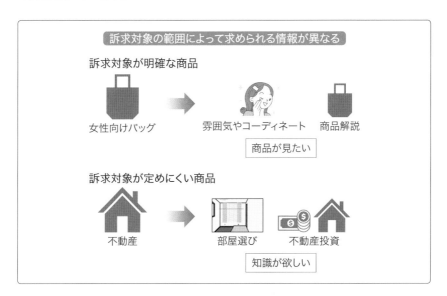

　不動産には他にも「不動産投資」がテーマとして考えられます。不動産投資の解説を専門とするチャンネルもYouTube上にあり、多くの視聴回数を獲得しています。このような動画を視聴するユーザーは「不動産投資に関する知識を得ること」が視聴動機であると考えられます。

Point

1. 商品のユーザー層によって、動画に求められる情報は違う。

2. 女性向けバッグなどユーザーが明確な商品は、購入を検討しているユーザーが多く、映像を見せるのが効果的。

3. ユーザーが幅広く想定できる商品は、知識解説などユーザーの判断を補助する内容の動画が効果的。

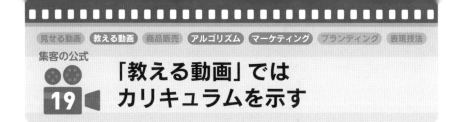

「教える動画」では カリキュラムを示す

▶ ユーザーの事前知識を考えよう!

　「商品やサービスの様子」を見せる動画と比べて、「知識を扱う」ような動画の場合、さまざまな内容や構成が考えられるため、企画が複雑で難しくなりがちです。特に税理士、経営コンサルタント、マナー講師、ダイエット講師、アナリストのような業種では、内容の難易度をどう設定するか、ユーザーそれぞれの視聴目的やゴールをどう設定するか、何らかの基準がほしいものです。

　情報を主体とした動画の場合、まずはじめに必要なのは、ユーザーの知識レベルによって動画を分類することです。テーマによってさまざまではありますが、ここでは初級者、中級者、上級者という一般的な分類で解説します。

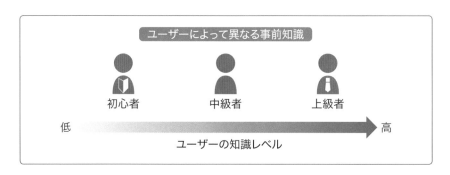

ユーザーによって異なる事前知識

初心者　　中級者　　上級者

低　　　　　　　　　　　　　　　　　　高
ユーザーの知識レベル

　何かを学びたいユーザーは、そのテーマに関する動画をどんな順番で視聴すればいいか悩む傾向があります。そのジャンルの入門者であるほどその傾向は強いでしょう。また、そのテーマの用語をまだもっておらず、検索キーワードも漠然とする傾向にあります。

　初心者―中級者―上級者という区切り方で、知識レベル別に動画を分けたほうが、それぞれのユーザーが皆満足できる内容になります。なぜなら初心者の求める情報と上級者の求める情報は、目的も難易度も全く違うからです。これを無視し、同じテーマだからといって、初心者向けの内容と上級者向けの内容を1本の動画に混在させてしまった場合、両方のユーザーに「自分には関係ない」と停止されてしまいます。動画を視聴してくれたとしても、途中

離脱や動画内でのスキップの回数が増加し、平均再生率も減少してしまいます。

それぞれの動画を事前知識のレベルで分類しましょう。これをもとに、解説項目を体系立てられたカリキュラムに落とし込むことができます。

▶ 情報発信のカリキュラム化とは？

解説項目を初心者―中級者―上級者で分類していくと、発信する情報全体を順序立てられた体系的なカリキュラムにできます。このような一連の学習を提供できるチャンネルは、ユーザーに強く支持されるものになるでしょう。

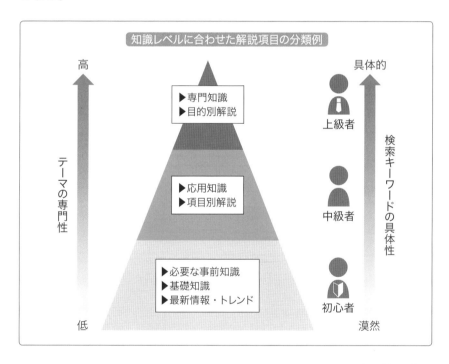

図からわかるように、上級者への解説に近づくほど、テーマの専門性は高まり、そういったユーザーは検索するキーワードも具体的です。逆に、初心者への解説になるほど、テーマの専門性は低く、ユーザーは専門用語を知らないため、検索キーワードも漠然としたものになりがちです。

ユーザーごとに解説項目をカリキュラム化すると上図ピラミッド内のような項目が考えられます。初心者には、そのジャンルの事前知識や基礎知識、最新

情報やトレンドの解説が考えられます。中級者には**基礎知識を応用させた知識や項目ごとの細々した解説**が考えられるでしょう。上級者はより具体性の高い情報を求めるため、**ニッチな知識や目的に応じた知識**が望ましいです。

▶ ユーザー層に合わせた視聴動機を知ろう

　検索キーワードは「何かを買いたい」と思っている人ほど具体的になる傾向があります。例えば、漠然と「いつかキャンプがしたい」と思っているキャンプ入門者は、「クーラーボックス」など実際にキャンプをしないと必要性がわからない商品名を認識していないと考えられます。購買の意欲や可能性は低いです。逆に知識をもっていて、具体的なキーワードで検索するユーザーは、何が必要であるか明確に認識しており、購買意欲も高いと言えます。

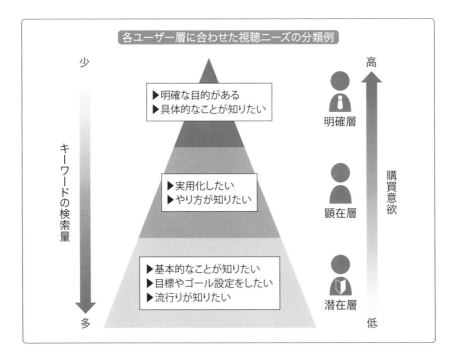

各ユーザー層に合わせた視聴ニーズの分類例

少
高

キーワードの検索量

▶明確な目的がある
▶具体的なことが知りたい

明確層

▶実用化したい
▶やり方が知りたい

顕在層

購買意欲

▶基本的なことが知りたい
▶目標やゴール設定をしたい
▶流行りが知りたい

潜在層

多
低

　一方、購買意思の高さと反比例し、上図における「潜在層」が検索するキーワードのほうが、検索量としては多いと考えられます。また、潜在層は「このジャンルにはどんな知識があって、どんな順番で学んだらいいか」という学習のロードマップを求める傾向にあります。例えばTOEIC対策というテーマで考えると、

「たくさんある文法や単語の教材を何から順番に勉強していったらいいか」という切り口です。購買意欲が低い潜在層のユーザーには、基礎知識の解説に加え、学習計画や目標を提示することが有効です。

Point

1. ユーザーを初心者―中級者―上級者の軸で分けて動画を作る。

2. 解説する知識を分類し、一連の動画を体系だったカリキュラムにする。

3. 初心者のユーザーには、学習の目標設定やロードマップを提示する。

プロモーション

集客の公式

20 商品を訴えるときは「4カテゴリ、8つの内容」で発想する

▶ 需要に沿って動画を細分化しよう！

メーカー企業や個人の商品販売者などがその商品を推したい場合、どんな切り口で動画を企画したらいいのでしょう。ある商品ではデザイン性を訴えたい、別の商品では使い勝手をウリとして見せたい、など状況はさまざまでしょう。

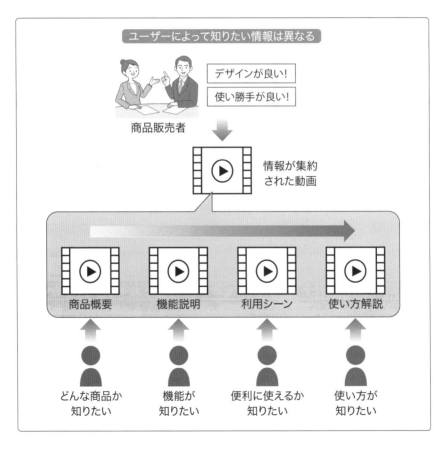

ユーザーによって知りたい情報は異なる

デザインが良い！
使い勝手が良い！

商品販売者

情報が集約された動画

商品概要　機能説明　利用シーン　使い方解説

どんな商品か知りたい　機能が知りたい　便利に使えるか知りたい　使い方が知りたい

商品の販売者側としてはさまざまなこだわりがあるため、1つの動画に1つの商品のさまざまな情報（「商品概要」「機能説明」「利用シーン」「使い

方解説」など）を詰め込んでしまいがちです。しかしユーザーの動機はそれぞれ個別に存在します。例えば、電動ドリルの使い方を見たいユーザーに対して、サイズや耐久性を訴えるシーンがあると、該当箇所以外をスキップされる、動画を離脱される、あるいはそもそも長さのせいで視聴されないといった可能性があります。

　総再生時間数と平均再生率を重視するYouTubeにおいて、スキップや離脱は動画の表示機会を減少させ、視聴回数が伸びない原因となります。よかれと思って、色々情報を詰め込むことが、逆効果になりうるのです。

▶ ユーザーのニーズに沿った4カテゴリと8つの内容

　では、具体的な動画の細分化方法を考えていきましょう。パソコンを売り込むのであれば、主婦やビジネスパーソンなどユーザーを軸に細分化することができます。アパレルの場合は、年齢や性別、季節に応じたコーディネートなど切り口がさまざまあります。業界によって分類の軸は千差万別ですが、前ページ4つのユーザー動機のカテゴリ（「商品概要」「機能説明」「利用シーン」「使い方解説」）から分類していきましょう。

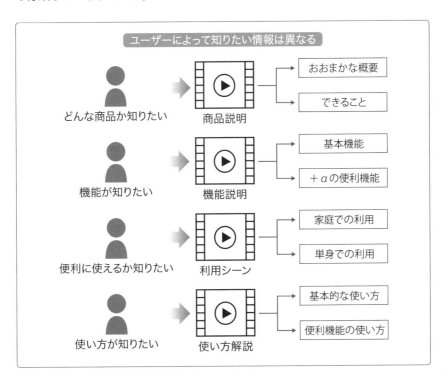

プロモーション

「概要説明」については、おおまかな商品の概要とその商品で何ができるようになるかという2項目が考えられます。同じように「機能説明」では基本機能と＋αの便利機能、「利用シーン」では、例えば家庭利用と単身利用など、「使い方解説」では基本的な使い方と便利機能の使い方などが考えられます。

4つの大カテゴリから派生する8項目をすべて1つの動画に収めると、動画は非常に長くなってしまいます。しかし、あまりに短すぎてもユーザーの疑問に手広く答えられないのも事実です。

そこで、1つの商品を、4カテゴリを扱った4本の動画に分け、それらを1つのシリーズにまとめる方法がおすすめです（前頁図）。これにより、それぞれ部分的に情報を知りたいユーザーのニーズや検索キーワードにも対応できる上に、余すことなく商品のセールスポイントをカバーすることができます。

▶ 動画の細分化によるメリットを知ろう

動画を細分化すると、ユーザーの個々の需要に応えられるだけでなく、YouTube集客上でもメリットが得られます。それは、4本それぞれが他のチャンネルにある関連性の高い動画に表示されやすくなる、という点です。

例えば、「商品概要」の説明に絞れば、競合する商品や競合する企業などの紹介動画に関連動画として表示されやすくなるでしょう。すると競合の動画を視聴していたユーザーに知ってもらえる機会が増えます。「機能説明」も同じように、競合の動画を経由して露出しやすくなります。商品の「利用シーン」であれば、一般ユーザーが投稿しているレビュー動画に表示される可能性が考えられます。「使い方解説」では、競合が公開するハウツー動画や、商品によっては一般ユーザーが公開するハウツー動画に表示されることも考えられます。

このように4本の動画を1セットで公開すると、それぞれが他の動画に関連動画として表示され、YouTube検索からのみでは出会うことのないユーザーに、巡り合う機会を増やすことができるのです。

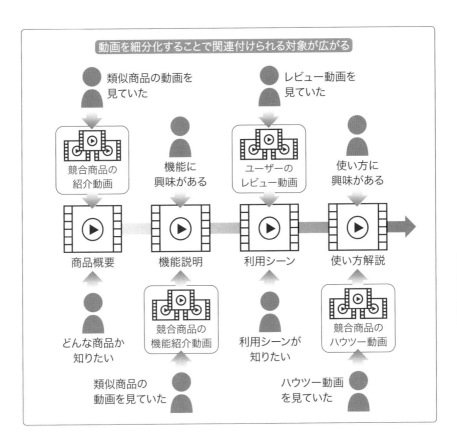

Point

1. 商品に関する動画は、「商品概要」「機能説明」「利用シーン」「使い方解説」の4つのカテゴリから分類できる。

2. ユーザーは自分の興味があるシーンのみを見たいので、興味に沿って動画を細分化するのが効果的。

3. 商品の動画を4カテゴリに沿って、4本の動画に分け、それらを1セットにすると、YouTube集客上有利になる。

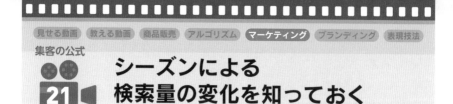

集客の公式

21 シーズンによる 検索量の変化を知っておく

▶ ユーザーの興味は時期によって変化する

　検索キーワードは、季節によって検索ボリュームも内容も変化します。そのため、シーズンごとのトレンドや特徴を把握しておいたほうが、動画の再生回数を伸ばす上で圧倒的に有利です。インターネットでは動画を制作すればいつでも公開することができるため、完成後すぐに公開したいという気持ちもあります。しかし、戦略的にチャンネルを運用する上では、「時期」のリズムを知り、トレンドの波を味方につけねばなりません。

　クリスマスやお盆休みなど時期ごとに行事があり、それらのイベントに合わせてユーザーの興味の対象も変化します。1月は正月がメインイベントであり、4月は入学や引っ越しなどがユーザーの興味の対象となります。夏には休暇があるため、旅行先の観光地や宿を調べたいユーザーも多くなるでしょう。秋にはハロウィンや紅葉などが人々の興味をとらえ、冬にはクリスマスや忘年会シーズンとなり、年越しの準備に大掃除をする人たちも増えます。

時期によってユーザーの興味対象が変化する

正月	入学 引っ越し	夏 旅行	ハロウィン 紅葉	クリスマス 忘年会
1月	4月	8月	10月	12月

　ユーザーの興味の対象が変われば、彼らが知りたい情報も変わります。ビジネスに繁忙期や閑散期があるように、**キーワードにも検索量が多い時期と少ない時期があります。**言い換えれば、同じキーワードでも、1年のうちに、**ユーザーが興味をもちやすい時期と、もちにくい時期があるのです。**

　弁護士や中小企業診断士、コンサルタントなど、いわゆる士業や講師業の方々は、時期の影響を受けやすいです。税理士であれば年末調整の相談は12月にかけて多くなり、住民税に関する相談は5月から6月にかけて多くなるでしょう。

社会保険労務士であれば労働保険の年度更新に関する相談は、3月よりも6月に増加することが多いでしょう。

　ユーザーは必要な情報を、必要な時期に求める傾向があります。期限や締切が決まっているものほど、その直前に検索量が増加するため、ユーザーが情報を求める時期が推測しやすいです。電気工事士試験や英検など、資格試験はわかりやすい事例です。このように、自分の動画の扱うテーマでユーザーの興味が高まる時期を、あらかじめ推測しておきましょう。

▶ 動画の制作スケジュールを逆算して考える

　検索量が増加する時期にピンポイントで動画を公開するためには、動画の公開予定日から逆算して制作のスケジュールを立てることが必要です。個人のYouTubeであればさほど大変ではないですが、事業規模が大きく予算や企画の決裁者が多い企業の場合、予算の承認、企画の承認、動画内容の確認、テロップなどの文言の確認など、さまざまな承認プロセスを経るでしょう。景品表示法や薬事法といった法律と照らし合わせた表現確認が必要なものは、動画の公開までにさらに多くの時間を必要とする場合もあります。

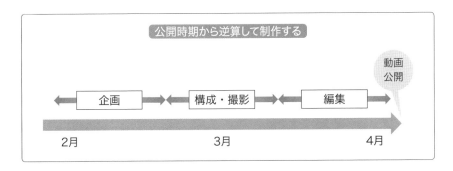

　動画はWebページの制作とは異なり、誰かが出演して解説します。そのため、企画が決まったあとも台本などを書き起こす必要があります。企業方針によっては「気をつけなければいけない表現」「使用できない言葉」などがあるケースもあり、台本を作る段階であらかじめ注意する必要があります。

　台本や構成が決まったあとも、出演者を誰にするかといったキャスティングが必要であり、その人が上手に喋ることができるかも確認する必要があります。企業のYouTube活用においては、社員が出演するケースも多いため、普段の業務と平行して撮影を行うことになります。出演予定の社員の業務スケジュールの調

整もすることになるでしょう。

　さらに、動画公開までのプロセスを考えていきましょう。出演者が決まれば、次にどの場所で撮影するかを決める必要があります。動画の見せ方によっては、机の上に商品があるだけでは動画として殺風景に見えてしまうかもしれません。あるいは小道具などを使うケースもあるでしょう。動画を撮影したあとは、映像を編集することになります。また、アップロードに必要なサムネイル画像の作成やタイトル検討も必要です。このようなたくさんの工程を踏まえて、動画を予定した日に公開するためには、制作の計画を立てることが重要です。

▶ 実際にキーワードの検索量の変化を見てみよう

　Keyword Tool (p.103) を使って、具体的なキーワード検索量の変化を見るために、「引っ越し」を例に調べてみましょう。引っ越しを行う時期は、入学や入社など環境の変わり目の前が多いです。そのため、年度末に検索量が増えることが想定できます。とはいえ、引っ越しは年度末だけに行うものでもなく、8月に転職が決まる、6月に転勤が決まるなどして、新しい土地での賃貸物件を探すこともあるでしょう。実際にリサーチしてみます。

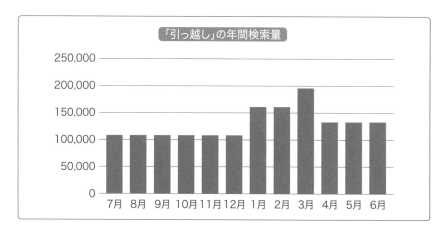

　上図は、「引っ越し」というキーワードの検索量を、過去1年分、月ごとに表したグラフです。7月から12月までは約10万件が検索されており、検索量に大きな変化はありません。1月に入ると、この10万件の検索量が約15万件に増え、2月も同じく15万件を維持しています。過去12ヶ月で最も検索される月が3月で、約20万件近く検索されています。このことから、「引っ越し」と検索するユー

ザーは1月2月にかけて増加し、3月にピークを迎えると言えます。

　なお、引っ越しの関連企業の中にも、直接運搬の手伝いをする引っ越し業者以外に、部屋のクリーニング業者や、不動産仲介業者もいるでしょう。

　3月の検索量が7月から12月に比べると2倍の差があります。そのような事実を踏まえると、引っ越し関連業者の方々が動画を投稿する場合、1月から3月に公開するほうが、5月や11月に公開するよりもいいと判断できるでしょう。

▶ 複数のキーワードで検索量の変化を判断しよう

　「引っ越し　○○」のように複数の言葉を用いて、より具体的なニーズを調べてみると、トレンドの変化がさらに明白になります。ここでは、もう一つの事例として「引っ越し 費用」のキーワードを見てみましょう。

　引っ越しは、2月や3月など年度始まりにあわせて多く行われますが、引っ越しの費用は、実際に引っ越すよりも前に検討されるでしょう。そのため、「引っ越し」と検索するタイミングより少し前に、「引っ越し　費用」の検索量が増えることが考えられます。

　上図は「引っ越し 費用」というキーワードの過去12ヶ月の検索量を示すグラフです。「引っ越し」というキーワードが1月から3月にかけて増えたのに対して、「引っ越し 費用」は検索量の増減がまばらで、偏ってはいるものの、1箇所にはボリュームが集中していないようです。

　最も多いのは6月と7月で、およそ5万件検索されています。8月から9月にかけては検索量が比較的少なく、10月には4万件と検索量が多くなっています。12月

には検索量が減少し、2月に再び4万件近い検索がされています。

　引っ越し費用の検索が増加する時期は、2月、6〜7月、10月という3つの時期であることがわかります。「引っ越し　費用」というキーワードでも、検索量が多い月と少ない月で約2倍の差が見られるのです。作る動画のキーワードがたくさん検索される時期をピンポイントで狙って、動画を公開しましょう。

Point

1. ユーザーの日常を取り巻く季節のイベントごとに、ユーザーの興味とキーワード検索量は変化する。

2. 動画の制作スケジュールは、狙う公開日から逆算して調整する。

3. 同じキーワードでも、時期によって大きな差がある。

集客の公式

22 「共感」を軸に 動画の切り口を決める

▶ なぜ同じ内容の2つの動画に、伸びの差が出るのか？

　知識や情報を扱う動画を公開するときは、「共感」が極めて重要な要素になります。高度な知識をもつセミナー講師や専門家の方々は、豊富な知識を生かした専門性の高い解説をして、視聴者に満足してもらおうとするかもしれません。しかし、特に初心者向けの動画では、何らかの専門知識を深掘りするよりも、ユーザーの共感を軸に動画を検討するほうが、より身近に感じられ、視聴回数が増えやすいのです。では、そもそも「共感」とはいったい何なのでしょうか。

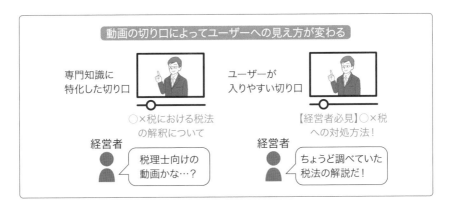

動画の切り口によってユーザーへの見え方が変わる

専門知識に特化した切り口
○×税における税法の解釈について
経営者「税理士向けの動画かな…？」

ユーザーが入りやすい切り口
【経営者必見】○×税への対処方法！
経営者「ちょうど調べていた税法の解説だ！」

　専門知識の解説動画を調べていると、同じ内容にも関わらず、視聴回数が多いものと少ないものが見つかります。仮にとある2本の動画が同じ内容であり、「伝え方」のみが違うとします。そして、それらの動画が検索・関連動画に露出する回数も、クリック率も同じだったと仮定しましょう。このような2つの動画が、それ以降、視聴回数に差をもたらす要因の1つは「平均再生率」です。

　「伝え方」が違うせいで、片方の動画が長く視聴されるのに対して、もう一方の動画はユーザーに離脱され、最後まで視聴されていないとします。ここで、YouTubeのアルゴリズムは、ユーザーが最後まで視聴しており、平均再生率の高い動画を評価し、より多くのユーザーに表示しようとします。

つまり、動画がクリックされたとしても、ユーザーが「これは自分が求めていた動画だ」と判断しない限り、離脱され、結果として視聴回数が伸びにくくなってしまうのです。つまり、その内容を求めている人だけに動画を届ける必要があり、そこで重要になってくるのが、共感を呼ぶ伝え方や切り口なのです。

▶ ユーザーの共感を誘う切り口とは何か？

「ターゲットユーザーに適した解説内容か」についての検討は重要ですが、同時に「ターゲットユーザーが『自分の求めている情報だ』と判断してくれる切り口になっているか」も非常に大切です。

専門をもっている方ほど、用語やその領域でメジャーな分類を軸に動画を作ってしまいますが、実は「ユーザーの共感」という軸を意識することで、新たな動画制作の視点が加わります。これは視聴回数が伸びる動画を作る上で、とても重要な視点となります。

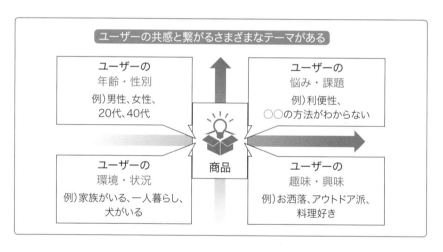

上図は共感をベースにした分類の一例です。まず視聴者を取り巻く**環境・状況**を考えてみましょう。実家暮らしか単身かといった家庭環境を考えると、「一人暮らし向け卵料理レシピ」などの切り口が思いつきます。また、**趣味・興味**も参考となる指標の1つです。同じスニーカーの動画でも、マラソンする人と、お洒落したい人では、共感するツボが全く違います。ユーザーの**年齢・性別**といった属性で分類することもできます。男性向けか、女性向けか、若年層か中年層かなどが企画のポイントになるでしょう。また、ユーザーの**悩み・課題**も分類の指標になります。簿記の知識なら、確定申告がわからない人と月末処理がわ

からない人で動画を分けると、効果的です。これらの指標を参照したり、組み合わせたりすることで、ユーザーの求めていることとズレない動画が作れます。他にも職業や地域、視聴時間帯など、共感の視点はさまざま考えられます。

▶ チャンネルで集客の戦略を考えよう！

　YouTubeでの集客・プロモーションを行う場合、制作する動画の本数は1本ではなく複数でしょう。そして、それら複数の動画を束ねて、1つのチャンネルとなっているはずです。ユーザーはチャンネルで公開されている動画の数々を見て、チャンネル登録をするかどうか判断します。そのとき、**チャンネルの動画に統一感があれば、ユーザーは「このチャンネルではこういう動画が見れるんだ」とイメージしやすくなります。**

　チャンネルの動画が「あれもこれも」とばかりに統一感に欠けると、ユーザーは今後どんな動画が公開されるか見通しが立たず、チャンネル登録される確率は低くなってしまいます。つまり、逆に考えれば、ユーザーは現在公開されている動画から今後公開される動画を期待して、チャンネル登録を行うのです。

　チャンネル全体に統一したテーマを打ち出すためには、ある大きなテーマを複数の動画で取り扱い、さらに類似する別の大きなテーマを複数横展開していくことがおすすめです（下図）。

プロモーション

143

「大きなテーマ」とは、例えば税理士ならば、税法に関する解説を行う動画のほかに、経営者や管理職が実務でつまずくポイントをテーマにした解説動画が考えられるでしょう。そして集客へつなげるための、会社紹介の動画などがテーマの大分類として考えられます。

▶ メーカー企業のチャンネル運用

商品を製造するメーカー企業が、集客やブランド認知の向上を目的にYouTubeを活用する場合も、チャンネル全体の統一感は重要です。ただし企業の場合は、士業やコンサルタントのように1つの事業を主体として行うのではなく、事業内容が複数にわたるケースがほとんどです。

例えば、家電メーカーの場合は、冷蔵庫、洗濯機、掃除機などによって扱うテーマが異なります。アパレルメーカーであれば、メンズやレディースのほかに、トップス、パンツ、ジャケットなど体の部位単位の分類もあります。このような企業の場合は、1つのチャンネルで公開する動画の切り分けについても検討する必要があります。

メーカー企業の場合、前提が大きく2分類あります。1つは**一般消費者に販売する場合**（いわゆるBtoC）で、もう1つは**企業が企業に販売する場合**（いわゆるBtoB）です。一般消費者向けの商品を販売する企業は、専門知識を伝える動画であれば、ユーザーの日常や生活などから生じる疑問や課題をテーマに動画を作ればいいでしょう。また商品をプロモーションするなら、ユーザーの環境や状況に応じて選び方を提案し共感を誘う、などの切り口が思いつきます。

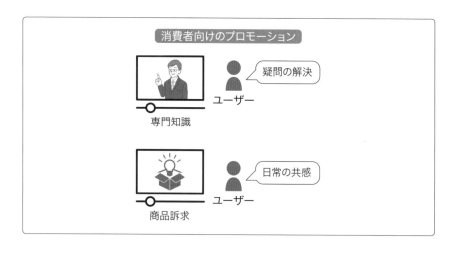

　企業から企業への商品（例：業務用プリンター）の場合も、ユーザーが抱える疑問や課題をテーマとすることに変わりはありません。しかし大きな違いは、一般消費者向けの商材よりも、テーマの専門性が高く、内容が高度になりがちなことです。こういった場合、その商品が技術的に優れている点を訴えていくのが効果的です。

　しかし、企業向けの商品の場合、商品や業界によって違いはあるものの、YouTubeで動画を探していることは少ないでしょう。ただし、動画の需要がないということではありません。このような商品の場合、YouTube検索ではなく、Googleや外部メディアからの流入を狙うのが効果的です。

Point

1. 「ユーザーの共感」を軸に、動画の切り口を検討する。

2. チャンネルの動画に統一感がないと、チャンネル登録者が伸び悩む。

3. チャンネル全体で考えると、いくつかの動画によって構成される大きなテーマを、複数横展開するとよい。

プロモーション

Googleの検索結果にも動画を表示させる

▶ 動画を検索するユーザーの特徴はこれだ！

Googleなどの検索エンジンを利用するとき、人には何か知りたいことや気になることがあり、その疑問への答えとなる**情報全般**を求めて検索しています。

YouTube検索もこの点、疑問への答えという意味で変わりありません。ユーザーは求めている情報や視聴動機が明確な傾向にあります。新作スマートフォンを買うかどうか迷って商品レビューを検索したり、PC操作でトラブルが起きて、その対処方法について知るために動画を検索したり、という用途です。

しかしYouTubeは、本来動画を共有するためのプラットフォームです。そのため、YouTubeで検索するユーザーは、**動画**という形式でのみ、疑問への答えを探していると言えます。

動画をビジネスに活用する場合も、この前提を意識することが大切です。**動画の内容がユーザーの知りたいことと合致しているか、疑問への答えが具体的でわかりやすいものであるか**、などを検討して動画を作る必要があります。

▶ 動画はYouTubeだけでなくGoogleにも表示させる

YouTubeに動画を公開しても、YouTube利用者にしか届かないという印象がありますが、必ずしもそうではありません。Googleは検索結果画面にWebページだけでなく動画を表示することもあります。つまり、YouTubeだけでなくGoogleのユーザーにも自分たちの動画を届けられる可能性があるのです。また、キーワードにもよりますが、**ニッチなキーワードほど、それに該当する動画がある場合、表示される傾向にあります**。

Googleの検索結果画面に動画が表示されると、Webページの検索結果のようにテキストのみの表示ではなく、サムネイル、動画のタイトル、チャンネル名が表示されるため、Webページの検索結果の表示よりもユーザーの目を引きやすいと考えられます。

▶ 動画は具体性が高いものにしよう

ユーザーは自分が知りたい「**具体的な情報**」を求めてWebサイトを巡り、動画を視聴します。ぼんやりとした情報を求めてはいないでしょう。特定の商品の情報を探しているユーザーであれば、GoogleやAmazonで商品名を検索キーワードとして入力し、既購入者のレビューを確認したり、あるいはYouTubeで同じく商品名の動画検索をして、使用感や感想、メリット・デメリットがわかる動画を探す、というようなイメージです。

このようなニーズに応える動画を制作する上で気をつけるべき点は、当然、**その動画の内容が具体的であり、かつユーザーにとってわかりやすいこと**です。「具体性」と「わかりやすさ」とは、単に専門用語を避ける、モノを見せる、例を出すといった編集・制作上の工夫だけではなく、**1本の動画内で説明する内容を限定し、対象とするユーザーを明確にして絞る**ということでもあります。

「具体性」は、**ユーザーとの接点を作ること**を目的とします。「これは自分のための動画だ」と思ってもらえる状態を目指して、ユーザーの日常や悩みとその動画がいかに関わってくるかを表現します。ユーザーを動画へと引き込むために

147

は、① テーマが明確であり、② 誰に向けた動画であるかを明示し、③ ユーザーを限定する必要があります。「忙しい主婦が3ヶ月でFP2級に合格する方法」などは好例でしょう。

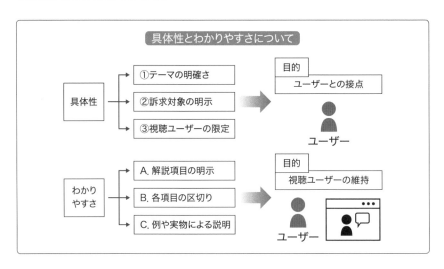

　「わかりやすさ」とは、動画を視聴するユーザーを維持することを目的とします。離脱防止策とも言えるでしょう。A.解説項目を明示したり、B.各項目を区切ったり、C.例や実物による説明が効果的です。

　例えば、「川釣り人が海釣りデビューする際の3つのポイント」と言われると、自分が聞いている話は全体の今どこに位置するのか見えやすくなります。ユーザーは、あてもなく話をされるより「最後まで見よう」という気になりやすいでしょう。またせっかく動画という表現媒体を使うのですから、商品の実物を見せたり例を交えて話す、あるいは動画のテーマとなるロケ地を選び臨場感や説得力を示す、などが考えられます。

Point

1. ニッチなキーワードほどGoogleなど外部検索エンジンに動画が表示されやすい。

2. ユーザーに動画をクリックしてもらうためには、動画のタイトルやサムネイルを「具体性」の高いものとする。

3. ユーザーの動画からの離脱を防ぐためには、「わかりやすさ」を意識して、話を組み立て、台本を作る。

ターゲットとなるユーザーを
4種類に分類する

▶ まずはユーザーが商品を購入する理由を考えよう！

　ビジネスでYouTubeチャンネルを運用する場合、その目的を説明しないといけない場面があるでしょう。広報やマーケッターにとってYouTubeはPR施策であり、企業やブランドの認知度向上や、商品の魅力を伝えることによる販促が基本的な目的です。

　ユーザーは何か商品を購入するとき多くの場合は理由があります。今使っているPCが突然故障したので買い換える、などはわかりやすいです。その他にも、スマホなどの商品は、壊れてはいないけれど、最新型を使いたいといった買い替え需要もあるでしょう。あるいは、普段使っているスーツケースが使いにくかったり、子どもの学力テストの成績がどうすれば上がるのかわからないのかもしれません。

▶ これまでWebサイトでやってきたことを
動画で行うだけ

　企業がWeb上で一般的に行うプロモーション施策の1つとしては、これまで主に企業の公式サイト、およびオウンドメディアを使うアプローチがありました。

　企業公式サイトでは、商品の詳細な情報やスペック、仕様、取扱説明書などを掲載し、またランディングページやキャンペーンサイトなどといった特設ページを設ける場合もあります。あるいは「沿革」「環境への取り組み」など企業活動をアピールしたり、働く社員の声などを記載しています。

　企業公式サイトだけでなく、オウンドメディアと呼ばれるメディアを運用する企業も多くあります。オウンドメディアにおける情報発信は、「企業の伝えたいこと」ベースというより、「ユーザーの知りたいこと」ベースです。ユーザーが抱えそうな課題や業界の最新情報などを扱います。また、企業が運用しているため、ユーザーは情報ソースとしての信憑性も感じられるでしょう。

　企業の経営者や広報・マーケッター、営業企画の方が、いざYouTubeをはじ

プロモーション

149

めようとなると、動画をどういう位置づけで捉えたらいいのか迷うかもしれません。しかし、実はとらえ方はシンプルです。**これまで企業が公式サイトやオウンドメディアでやってきたことを、同じように動画で行えばいいのです。**動画だからといって、特別な運用方針を考えなければいけないわけではありません。

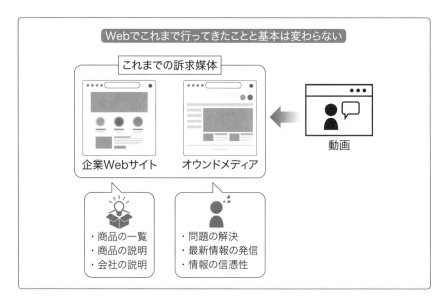

▶ 企業のYouTubeプロモーションのとらえ方を考えよう

とはいえ、YouTubeでのプロモーションは動画であるがゆえの特徴もあります。YouTubeはキーワード検索だけでなく、関連動画やトップページなど、Googleをはじめとする検索エンジンからではない流入も期待できます。同時に動画ならではのクセもあり、Webメディアとは少し違うユーザーニーズの捉え方をしないといけません。ではYouTubeにおいて、どのようなニーズが考えられるでしょうか。ここでは、**ユーザーの商品・企業に対する認知度の段階別で、4つの企画コンセプトに分類してみます**（次頁図）。

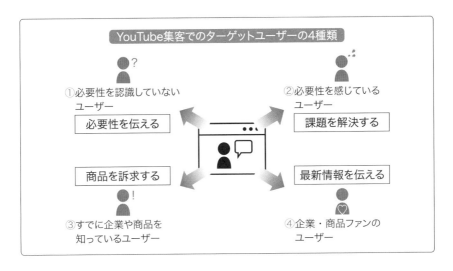

　企業や商品の認知度の向上のためには、まだ必要性を感じていないユーザー（①）へのアプローチが必要です。そういったユーザーは商品の魅力を伝える前に、そもそも商品の必要性を感じていません。もし商品を紹介したとしても購入してもらえる可能性は低いでしょう。この場合の適切なアプローチは、興味や共感を引く動画で訴えかけることで、必要性を感じるユーザー（②）へと変わってもらうことです。必要性や課題を感じるユーザーに対しては、その課題を解決するような専門知識を提供できたら喜ばれるでしょう。すでに企業を知っているユーザー（③）には、直接商品をおすすめしてもいいはずです。また、企業や商品のファンのユーザー（④）に対しては、YouTubeは企業とユーザーのコミュニケーションの場であるとも言えます。コカ・コーラやアップルのような強いブランド企業は、このようなコミュニケーションを図っていると言えます。YouTubeは、ユーザーからの認知度に応じて展開するコミュニケーションツールとしてとらえることも大切です。

Point

1. YouTubeは、企業の公式サイトとオウンドメディアの動画版として考えればいい。

2. ユーザーの認知度や興味の深さに応じて、発信するメッセージを使い分ける。

集客の公式

25

コンテンツ動画と動画広告の違いを知る

▶ 動画広告の特長

　一般的な動画広告は15秒や30秒程度のものが多いです。テレビCMとして制作されたものがYouTubeでも利用されるというケースも多々あります。ただし、YouTubeユーザーは、基本的に自分が知りたいことや見たいものを視聴するため、宣伝目的で作られた動画を進んで視聴することはあまりありません。あえて広告動画を視聴するユーザーは商品への興味ではなく、起用された芸能人やユーモア表現など、別の興味から見ている傾向があります。

▶ ユーザーからの視聴で動画の表示が変化する

　YouTubeでユーザーへ表示される動画は、「検索結果」の画面から見つけるだけでなく、「関連動画」や「トップページ」でのおすすめなど別の経路が存在します。このことは、動画広告を検討する上でも重要になってきます。

　ここでは、企業の動画プロモーションとして制作される動画を、①商品の宣伝動画、②有名人が紹介する動画、③専門家が解説する動画という3種類に分類した場合（次頁図）の、それぞれの特徴を考えていきます。

　動画広告は①に該当します。商品の宣伝を中心とした動画は、公開当初、広告として配信すると視聴回数は激増します。しかし動画広告の配信を停止すると、動画の表示が激減する傾向があります。動画広告は15秒など短いことが多いため、累計再生時間は短くなりがちです。再生時間を重視するYouTubeでは、結果として外への関連表示が増えづらい傾向にあります。

　②有名人が紹介する動画は、その芸能人（またはインフルエンサー）が出演する他社の動画に関連表示が集中することがあります。これはその芸能人を見たいユーザーからの視聴が多くなるためです。そのため、商品の宣伝が本来の目的だったのに、ユーザーの興味が商品から芸能人へと移り変わり、当初の目的からズレてしまうことがあります。

　③専門家が解説する知識や情報を中心とした動画は、他の類似する動画に表示されやすくなる傾向があります。これは「人」ではなく「情報」についての興味

からユーザーに視聴されるため、ある人から別の人へと、人の軸を飛び越えて、関連動画へ表示されやすくなるためです。この点、知識や情報など内容を主軸に置くことで、届けられるユーザーの母数を広げることができます。

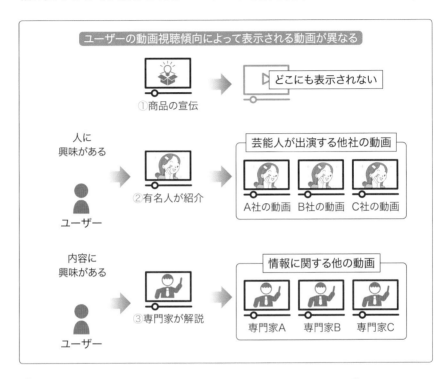

▶ 動画広告とコンテンツ動画のメリット・デメリット

　動画広告のメリットは、手っ取り早く、確実なことです。ある一定期間に限定されますが、しっかりユーザーに表示されます。表示回数は広告予算によって幅がありますが、関連動画表示と違って、一定のユーザーに必ず表示される確実性から、短期間にプロモーションしたい場合に多く採用されます。

　ただし、動画広告のデメリットは、出稿費用がかかることと、関連表示が期待できないことです。広告期間内はユーザーから多くの視聴を獲得できますが、広告を停止した瞬間、視聴回数はほとんど増えなくなります。

　コンテンツ動画、つまり、広告せずにチャンネルに投稿する動画の最大のメリットは、配信費用が必要ないことです。また、前述のように人ではなく内容をウリに動画を作れば、チャンネルの垣根を越えて新たなユーザーに

動画を届けられます。視聴データが蓄積されるほど、より興味が強いユーザーへ高精度で表示されますが、その表示にも費用は一切かかりません。また、比較的安定して動画を露出し続けられるというメリットもあります。

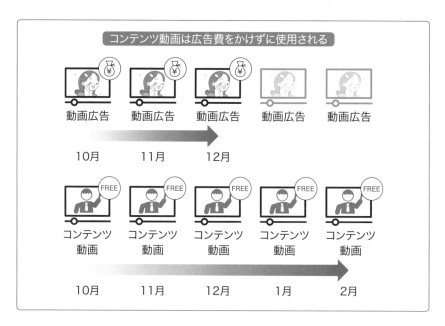

デメリットは、やはり即効性や確実性に欠けることです。短期的に売上を立てたい、盛り上げたい場合には向かないでしょう。このようなメリット・デメリットを踏まえて、広告配信をするのか、コンテンツとして動画を展開していくのか、検討していくのがおすすめです。

Point

1. 動画広告は、限定された期間ではあるものの、大きな露出が期待できる。

2. コンテンツ動画は即効性に欠けるものの、広告費用の投下が要らず、長期的にユーザーからの視聴が期待できる。

集客の公式

26 すでにあるテキストメディアを 動画化する

▶ 動画広告とコンテンツ動画の内容の違いを知ろう

　一概に「YouTubeのビジネス活用」と言っても、商品の製造元企業の広報の方々と、教えることが本職となる講師業の方々とでは、少しアプローチが違います。どちらも集客を目的としていることに違いはありませんが、動画広告とコンテンツ動画では、それぞれのもつ役割の意味が違います。

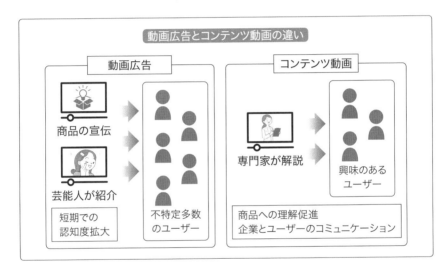

動画広告とコンテンツ動画の違い

動画広告
- 商品の宣伝
- 芸能人が紹介
- 短期での認知度拡大
→ 不特定多数のユーザー

コンテンツ動画
- 専門家が解説
→ 興味のあるユーザー
- 商品への理解促進 企業とユーザーのコミュニケーション

　動画広告では、芸能人が出演し、ブランドイメージに沿った映像表現がされ、主に15秒や30秒など短い尺で制作されます。不特定多数のユーザーから確実な視聴が期待できるため、短期間で認知度を拡大することに適しています。期間限定のキャンペーン展開や新商品の告知となれば、動画広告が向いていると言えるでしょう。

　コンテンツ動画は、専門的な知識をもった士業や講師、コンサルタントの方々がユーザーへ情報提供するような動画です。個人のイメージがありますが、必ずしも個人に限らず、技術や専門知識をもった企業も含まれます。「情報提供」なので、企業にとっては商品の理解を深めるための内容であったり、教える仕事の

方々にとっては、ユーザーが抱える悩みを解決するための情報提供を行います。これらの動画は商品やサービスの認知だけでなく、ユーザーとのコミュニケーションという側面ももちます。

▶ YouTubeとGoogleの検索キーワードを比較しよう

　人や会社によっては、Webサイトやオウンドメディアをもっていて、そのコンテンツをうまく再利用できないか考えているかもしれません。しかし一般的に、YouTubeはエンターテイメントのイメージが強いです。教育・ビジネス系のコンテンツやGoogleからの検索流入を前提に作ったWebサイトを、うまくYouTube動画に変換できるのでしょうか。実は、検索キーワードの視点から見ると、YouTubeとGoogleに大きな違いはありません。

YouTubeとGoogleの検索キーワード比較

YouTube検索 キーワード	平均検索量	Google検索 キーワード	平均検索量
インフルエンザ	658,000	インフルエンザ	673,000
インフルエンザ 症状	132,000	インフルエンザ 潜伏期間	135,000
インフルエンザ検査	72,400	インフルエンザ 症状	135,000
インフルエンザ 検査	72,400	インフルエンザ 検査	74,000
インフルエンザ a型	39,600	インフルエンザ a型	40,500
インフルエンザ 2019	32,400	インフルエンザ 予防	40,500
インフルエンザ 致死率	32,400	インフルエンザワクチン	40,500
インフルエンザ 流行	26,500	インフルエンザ 脳症	40,500
インフルエンザ 今年	26,500	インフルエンザ ワクチン	40,500
インフルエンザ 熱	17,700	インフルエンザ 薬	33,100
インフルエンザ 感染	9,700	インフルエンザ 致死率	33,100
インフルエンザ ロキソニン	7,900	インフルエンザ 流行	27,100
インフルエンザ 年間死者数	7,900	インフルエンザ 今年	27,100
インフルエンザ 出勤	6,500	インフルエンザ 予防接種 値段	18,100
インフルエンザ 最速で治す	6,500	インフルエンザ 熱	18,100

　上図は「インフルエンザ」についてYouTubeとGoogleの検索キーワードを比較したものです。両者ともに「インフルエンザ」というキーワードで、月平均の検索"量"にそれほど大きな差はないことがわかります（「インフルエンザ 症状」や「インフルエンザ 検査」などの検索量に多少の違いはありますが）。また、検索キーワードの"中身"にも大幅な差はないことがわかります。YouTubeは、映像になりやすいテーマで検索がされやすいですが、一般的な情報収集において、Googleで検索されるキーワードとは大幅な差があることはあまりありません。そのため、Web記事を動画にすることに、大きな問題はありません。

▶ オウンドメディアを動画化しよう

　情報が氾濫する昨今、どんな検索キーワードであっても、その情報を解説するWebサイトや記事は大量に存在します。検索結果画面に表示されるページはその一部であり、ユーザーから閲覧されるページはさらにその一部です。つまり、ほとんどのコンテンツは未発見のまま埋もれている状況です。

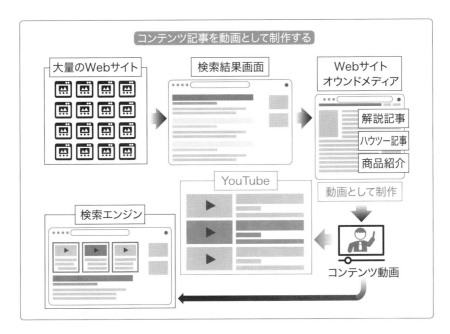

　しかし、コンテンツを動画化しているメディアはまだ少ないでしょう。これまで個人や企業がテキストで発信してきた情報を、動画として再生産することで、省エネしながら高品質の動画が作れます。これによりYouTubeユーザーだけでなく、Googleユーザーの流入が期待でき、かつGoogleの検索結果にもYouTubeの動画が表示される可能性が高まります。このような相乗効果で、これまで出会わなかった層へのリーチも可能になるのです。

Point

1. **YouTubeとGoogleの検索キーワードには、量・中身ともに大きな差はない場合が多い。**

2. **オウンドメディアを動画化することで、小さな労力で動画を作成でき、新たな顧客との出会いもある。**

157

27 ◀ ユーザーの興味の変化をとらえ、商品を買ってもらうテクニック

▶ ユーザーの興味は関連動画をきっかけに移り変わる

YouTubeの視聴者は、基本的に類似した動画を見続ける傾向があります。類似した動画とは、言い換えるとテーマが同じ動画のことです。しかし、1つの動画内で複数のテーマが取り上げられることがあります。また、類似した動画から他のチャンネルの動画を表示する「関連表示」という仕組みがあることによって、自分では検索しようと思わなかった動画と出会うことがあります。このようにして、ユーザーの興味関心はスライドし、移り変わっていきます。

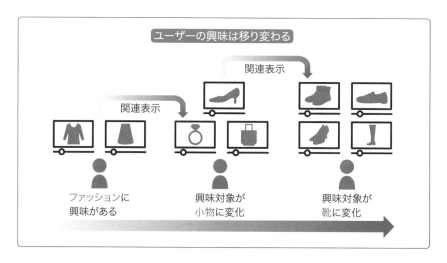

ユーザーの興味は移り変わる

関連表示

関連表示

ファッションに
興味がある

興味対象が
小物に変化

興味対象が
靴に変化

例えば、**ファッション**に漠然とした興味があるユーザーを想定してみましょう。そのユーザーは、コーディネートや服装をお洒落に見せるためのポイントについての解説動画を見ています。そのうちに、動画内で紹介されたアクセサリーやバッグなどに興味をもつこともあるでしょう。するとユーザーはそういった、**小物全般**を扱っている動画を探すようになります。そうするうちに、小物の中から靴に興味をもつと、今度は靴を扱った関連動画をぐるぐると視聴し続けるでしょう。このような流れで、ユーザーの興味の対象は、徐々に変化していきます。

▶ 商品ではなくユーザーの興味に合わせた動画を作ろう！

　コーディネートやファッションの解説動画は、いわゆるYouTuberやインスタグラマーなどのクリエイター、あるいはコーディネーターやデザイナーなどの専門家から配信されていることが多いです。しかし、個人だけではなく企業もこのような動画を制作することができます。

　例えば、靴のメーカーのプロモーションを考えてみましょう。パッと思いつくのは、自社の靴を主体とした商品紹介動画を展開していくアイデアです。直接的な販売や集客につながりますから、そのような発想が生まれるのも無理はないでしょう。しかし、このアプローチは問題があります。それは、靴に興味のあるユーザーからの視聴しか獲得できないことです。前述の通り、ここでのポイントは、あくまで靴は「ファッション」という、ユーザーの興味関心の集合体を構成する、1つの小さな要素でしかないということです（下図）。

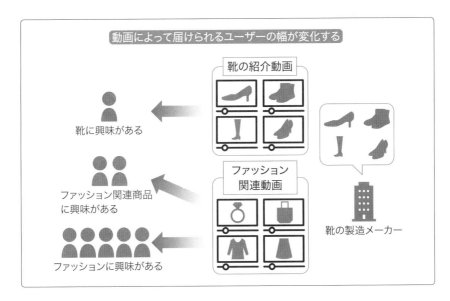

動画によって届けられるユーザーの幅が変化する

靴の紹介動画

靴に興味がある

ファッション関連動画

ファッション関連商品に興味がある

ファッションに興味がある

靴の製造メーカー

　動画の視聴者を「ファッション関連商品に興味があるユーザー」と再定義した場合、ユーザー数もテーマの幅も広がります。これは靴を動画の内容に組み込まないということではなく、動画のメインテーマを「ファッション全般」に設定し、その動画の内容の一部（サブテーマ）として靴を設定するという意味です。このようにテーマの階層を1つ上がることのメリットは、**ユーザーの自然な興味関心の移ろいを利用して、「ファッション」に興味があったユーザーを、**

「靴」という興味に連れてくることができるということなのです。

▶ 動画でユーザーの商品購入を後押ししよう！

ファッションのように形があり触ることのできる商材であれば、一般的に消費者は店舗に足を運び、店頭で実際に触ったり身につけたりすることで、具体的な使用感・イメージをつかめます。しかし、取り扱う店舗が近くになかったり、ショッピングの前にあらかじめどのような商品かアタリをつけておきたいといったニーズも考えられるでしょう。

Webサイトは画像や文字情報を伝えることは得意ですが、商品の使用感や身につけた姿、大きさや重さなどのイメージを伝えることは苦手です。動画を用いるメリットは、出演者がその商品を身につけたり、立体感を映像に収めることで、Webサイトが苦手とするイメージの伝達を補完することができる点にあります。限界はありますが、店頭で商品を見ている感覚に近い状態を再現することができるのです。

なお、ここではファッション商品という形あるものを取り上げましたが、Webサービスなどの無形商材についても同じことが言えます。Webサービスやソフトウェアを使用している様子を動画にすることで、ユーザーが具体的にどのようなことができるのかわかりやすくなります。

実店舗での販売や委託を使わず、自社でオンラインショップから商品を販売する企業にとっては、動画活用には相当大きなメリットがあるでしょう。実際に、購入検討中のユーザーは、他のユーザーがどのような感想や使用感をもっているかを検索し、参考にする傾向があります。商品イメージが伝わる動画は、そのような人々の商品購入を後押しすることも考えられます。つまり、動画の役割は、単に認知してもらうだけでなく、消費者の購入を後押しするという側面もあるのです。

Point

1. 動画を見ているうちに、ユーザーの興味関心は移り変わる。

2.「商品」ではなく「興味関心」を軸に動画を作り、テーマの範囲を広げることで、より広い層からの流入を期待できる。

3. 動画の役割は、イメージを伝え、商品購入を後押しすることでもある。

集客の公式

28 動画企画のさまざまな切り口

▶ ターゲットが曖昧な動画は誰にも見られない

　動画を企画・制作しているときに、その動画を誰に向けて作っているかが漠然としてしまうことがあります。これは「より多くの人に見てほしい」と願うあまり、あれもこれもと詰め込んだり、曖昧な言葉を使ってしまうことによります。結果、ターゲットユーザーの幅が広がるものの、誰からも「自分のための動画だ」と思われない動画になり、クリック率は下がってしまいます。

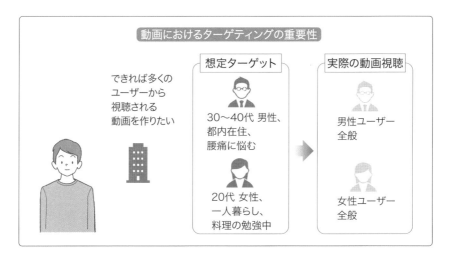

動画におけるターゲティングの重要性

できれば多くの
ユーザーから
視聴される
動画を作りたい

想定ターゲット

30〜40代 男性、
都内在住、
腰痛に悩む

20代 女性、
一人暮らし、
料理の勉強中

実際の動画視聴

男性ユーザー
全般

女性ユーザー
全般

　そのため、**ターゲットを絞る**というのは非常に大切です。商品によって違いはありますが、例えば、男性向けと女性向けはメジャーなターゲットの分け方になります。これはさまざまな商品やジャンルにおいて、求めるものが男女で違う場合が多いからです。「男性ユーザーも女性ユーザーも」と欲張って作ると、ぼんやりとした切り口となってしまい、結果双方の心をつかまないケースが多々あります。このように、視聴回数が伸び悩む動画の原因は「その動画が誰に向けて作られたのかわからない」というものです。

　そもそも「ニーズがない」というケースもあります。例えば、検索量のボリュームがないキーワードだったり、テーマが漠然としていたり、商品や企業の

イメージを伝えようとするあまり具体的な情報が少ない、などです。アメリカの大手企業のCMで馴染みがあるように、企業PRにおいてブランドイメージを広げるための動画が作られることもあります。しかし、YouTube上でユーザーが積極的に調べるのは、概して「具体的な情報」です。

▶ ユーザーが動画を視聴する理由を明確化しよう

ビジネス用途のYouTube動画にはいくつかの種類があります。まず多く見られる動画が前述の「ブランディング動画」です。例えば、ジュエリーやバッグなどがわかりやすいですが、企業が複数のブランドを展開する場合、それぞれのブランドイメージを訴求することがあります。綺麗な映像表現によって世界観を訴えかけますが、具体的な情報をあまり含まないため、視聴されにくく、よほど強いブランド企業でない限り扱いにくいものです。しかし、うまく作れば、企業や商品のイメージを浸透させ、ファンを作ることができます。

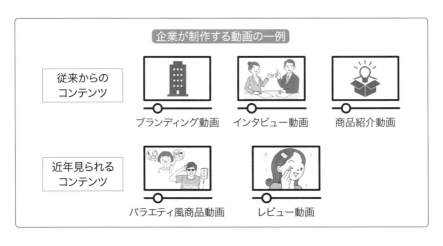

次に「インタビュー動画」もメジャーな選択肢です。商品購入者やサービス利用者のインタビューは、その商品・サービスを知っているユーザーの購買を後押しする効果はあります。しかし、商品を知らなかったり、その時点で興味をもっていないユーザーには響かないため、「内向き」であり、拡散には向きません。社員インタビューなども考えられ、人材採用などに使えるでしょう。

「商品紹介動画」も多く見られる動画の種類の1つです。近年見られるコンテンツとしては、テレビ番組などを模した「バラエティ風の商品紹介動画」なども挙げられます。芸能人が出演する場合もあれば、社員が出演して商品を解説す

る場合もあります。

　また、商品の「レビュー動画」を自作する企業もあります。商品の使用を動画で実演し、使用感や身につけた様子、デザイン性などを伝えます。

▶ 具体性を意識して動画を作ろう！

　いずれの動画を採用する場合も、動画には「具体性」が重要です。動画のテーマが具体的であるほど、ユーザーは自分ごととして捉えやすくなり、動画が最後まで視聴される可能性も高まります。

　具体性とは言っても、「見せる動画」と「教える動画」（集客の公式17、19）でアプローチが変わります。ここでは一例として、鍼灸院のプロモーションを事例に、内容を掘り下げていきましょう。両者とも「腰痛を治す方法」という具合に具体化しますが、見せる動画と教える動画で少し表現が変わります。

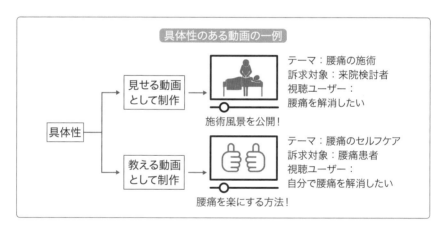

具体性のある動画の一例

見せる動画として制作 → テーマ：腰痛の施術／訴求対象：来院検討者／視聴ユーザー：腰痛を解消したい　施術風景を公開！

教える動画として制作 → テーマ：腰痛のセルフケア／訴求対象：腰痛患者／視聴ユーザー：自分で腰痛を解消したい　腰痛を楽にする方法！

　見せる動画を作るならば、「患者を施術する様子」の動画などが考えられるでしょう。対象視聴者は、まだその鍼灸院に行ったことのない人や、何か身体に異変や調子のよくない部位があり、鍼灸院に通うことを検討している人が考えられます。彼らはその鍼灸院でどのような施術がされるかを具体的・視覚的に知りたいという動機でしょう。それならば、同じように腰痛で悩むユーザーが、実際に施術されている様子を動画に撮ることで、ユーザーは自分がどのような施術を受けられるのかについてイメージしやすくなり、お金を払うことの不安もなくなります。

　また、教える動画においては、視聴者は鍼灸院に通う前に、身体の痛みをまず

は自分で解決したいと考えているかもしれません。このようなニーズを考えると、「セルフケアのノウハウ」などがテーマとして考えられます。ユーザーのコアとなる動機は「腰痛を治したい」であるため、「施術する様子」の動画と同じチャンネルにあっても不自然ではありません。「セルフケア」の先にあるオプションとして「鍼灸院へ通う」ことも考えられます。

Point

1. 「誰のための動画であるか」を明確にして、動画を作るほうがよい。

2. 企業が公開する動画には、「ブランディング動画」「インタビュー動画」「商品紹介動画」などさまざまな切り口がある。

3. 「見せる動画」と「教える動画」に分けて、動画の内容の具体性を高めていく。

集客の公式

29 キーワードごとの検索傾向を 正しくとらえる

▶ ユーザーの検索傾向について知ろう！

　YouTubeの検索キーワードは、使われやすい・使われにくいなどの傾向があり、これを知らずにタイトルや動画のコンセプトを考えるのは効率が悪いです。例えば、一般消費者向けの商品であれば、「おすすめ」や「ランキング」といったキーワードが含まれがちです。商品の使い方や知識に関する検索であれば「**方法**」や「**使い方**」といったキーワードが含まれる場合が多々あります。

　動画を制作する前に、ユーザーがどんなキーワードで検索を行うかを調査することが必要です。これによって、ランキング動画やノウハウ動画など、企画アイデアにもつながっていきます。

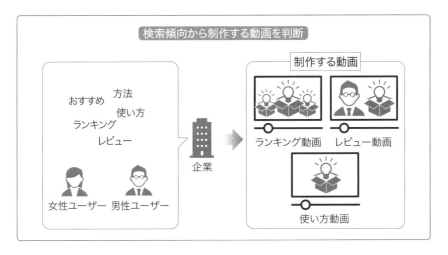

とはいえ、キーワードの検索傾向はテーマによってさまざまで、**キーワードがユーザーに連想させる単語やイメージ**については、Keyword Tool（p.103）で検索量を調査することで把握できます。また、p.105で紹介したように、キーワードによっては本来の意味と異なる用途で使用されている場合もあります。そのためYouTube上でユーザーがそれぞれのキーワードをどのよう

に使用しているのか、そのキーワードに対してどのような印象を持っているのかを知っておきましょう。まずは具体的な方法を解説します。

▶ Keyword Toolでユーザーの検索傾向を知ろう！

ユーザーの検索傾向を、キーワードからどのように調べるかを実演します。ここではベビー用品を製造するメーカー企業のプロモーションを想定して、調査してみましょう。

ベビー用品に関する検索において、まずは全体像を把握する必要があります。あるジャンルにおけるキーワード検索の地図感をつかむためには、まず単語の定義が広いぼんやりとしたキーワードを調べ、それらと一緒にどんな単語が登場するかを眺める、というテクニックがあります。

「ベビー用品」と「赤ちゃん」の検索量比較

キーワード	平均検索量	キーワード	平均検索量
ベビー用品	108,000	赤ちゃん	440,000
ベビー　用品	108,000	赤ちゃん　寝る	360,000
ベビー用品　レンタル	7,900	赤ちゃん　名前	48,400
ベビー用品　収納	4,300	赤ちゃん　笑う	39,600
ベビー用品　手作り	1,900	赤ちゃん　かわいい	32,400
ベビー用品　準備	1,300	赤ちゃん　生まれ	32,400
ベビー用品　おすすめ	700	赤ちゃん　生まれる	32,400
ベビー用品　手作り　簡単　手縫い	700	赤ちゃん　可愛い	32,400
ベビー用品　収納　ニトリ	470	赤ちゃん　英語	26,500
ベビー用品　必要なもの	380	赤ちゃん　服	21,700
ベビー用品　収納　100均	380	赤ちゃん　おもちゃ	21,700
ベビー用品　新生児	380	赤ちゃん　オルゴール	17,700
ベビー用品　100均	310	赤ちゃん　音楽	14,500
ベビー用品　ハンドメイド	250	赤ちゃん　お風呂	14,500
ベビー用品　いつから	250	赤ちゃん　歌	11,800

まずは「ベビー用品」を含む検索キーワードについて調べていきます。上図左のように「ベビー用品」（スペース含む）という単語は、月平均で約10万件強の検索がされているようです。次に「ベビー用品 レンタル」で約8000件、検索されていることがわかります。このデータから、**ベビー用品をレンタルしたいユーザーが少なからず存在することがわかります**。そのほかにも、「ベビー用品 手作り」「ベビー用品　ハンドメイド」など、自作需要の検索がされているようです。「ベビー用品　収納」からは家具などの需要が読み取れますし、「100均」という単語から、安く買いたい需要も一定数あることが推測できます。

「赤ちゃん」の検索キーワード（上図右）も見てみると、「赤ちゃん」では意外に

もベビー用品に関する検索はあまりされておらず、単に赤ちゃんの映像を見たいユーザーから検索されているようです。また、ここから読み取れるのは、ベビー用品がほしいと思い立ったとき、人は「赤ちゃん」という単語をあまり使わないという傾向です。一部「赤ちゃん 服」も含まれていますが、全体的にベビー用品を売る単語としては、それほど向かないことが考えられるでしょう。

▶ 検索キーワードをさらに狭めてみよう！

　さらに対象を限定して「ベビー服」の検索を見ていきます（下図）。すると「ベビー服 女の子」や「ベビー服 男の子」という性別の検索がされているようです。ベビー服で検索を行うユーザーからは、子どもの性別を中心に検索を行う傾向が伺えます。また、「ベビー服 通販」の検索量が月間8000件あることから、オンラインショップなどを展開している企業にとっては、ベビー服のEC販売も検討できるでしょう。

「ベビー用品」と「赤ちゃん」の検索量比較

キーワード	平均検索量	キーワード	平均検索量
ベビー服	161,000	赤ちゃん 服	21,700
ベビー服 女の子	26,500	赤ちゃん 服 サイズ	6,500
ベビー服 男の子	21,700	赤ちゃん 服 収納	2,800
ベビー服 通販	7,900	赤ちゃん 服装	2,300
ベビー服 サイズ	6,500	赤ちゃん 服 種類	980
ベビー服 収納	4,300	赤ちゃん 服 手作り	700
ベビー服 韓国	3,500	3ヶ月 赤ちゃん 服	580
ベビー服 新生児	3,500	赤ちゃん 服 作り方	470
ベビー服 可愛い	1,900	6ヶ月 赤ちゃん 服	380
ベビー服 手作り	1,600	赤ちゃん 服 洗濯	380
ベビー服 水通し	1,300	4ヶ月 赤ちゃん 服	380
ベビー服 作り方	980	赤ちゃん 服 着せ方	380
ベビー服 リメイク	980	赤ちゃん 服 リメイク	310
ベビー服 80	980	5ヶ月 赤ちゃん 服	310
ベビー服 夏	860	赤ちゃん 服 夏	210

　「ベビー服」を含む検索についても、「ベビー用品」と同様に、「ベビー服 手作り」や「ベビー服 リメイク」など、**ユーザーが自分自身で作るといったニーズがある**ことが伺えます。DIYの動画企画などは、このキーワードと相性が良さそうです。また、服だけでなく他のベビー用品の検索傾向を調べると、手作りしたいもの、そうでないものが見えてくるでしょう。

　「赤ちゃん 服」についてもベビー服と同様に、手作りやリメイク需要が見てとれますが、そもそもの検索量が全体的に少ないことがわかります。

プロモーション

167

このように同じ意味をもつキーワードでも、ユーザーがキーワードにもつイメージによって、検索量や使われ方、連想される単語が異なります。

Point

1. Keyword Toolを使って漠然とした大きなキーワードを調べることで、その検索市場の地図感がつかめる。

2. あるキーワードとセットで登場するキーワードを見ていると、ユーザーの本当の需要が見える。

3. 同じ意味のキーワードでも、検索量に大小があり、連想される単語も異なる。

30 プライバシーモードを有効活用して動画と動画の関連を見つける

▶ ユーザーがどのような動画を視聴するかを知ろう

　YouTubeには関連動画の仕組みがあるため、ユーザーは類似動画をぐるぐると視聴する傾向にあります。しかし、どの動画同士が関連するかは、外部ツールを用いても調査が難しいです。

　YouTubeはユーザーに動画を表示するときに、その動画に設定されているタイトルやタグ、概要欄などを参照しますが、同時にその動画がどのようなユーザーに視聴され、動画への反応がどうであったかについても分析した上で、それぞれのユーザーに最適な動画を表示しています。

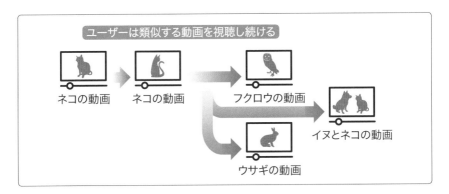

ユーザーは類似する動画を視聴し続ける

ネコの動画　ネコの動画　フクロウの動画　イヌとネコの動画　ウサギの動画

　ここでヒントになるのが、動画と動画の関連性です。「この動画を見る人はこんな動画も見る傾向にある」ということがわかれば、独自のユーザーの流入経路を設計し、つなげることができます。例えばネコに関する動画には、フクロウやウサギ、イヌやネコに関する動画が関連付けられ、表示される傾向にあります。つまりネコの動画が好きな人は、動物全般の動画を好むのです。

▶ プライバシーモードが便利な調査ツールになる！

　YouTubeは一人ひとりのユーザーに対して、そのユーザーが視聴しそうな動画や興味をもちそうな動画を提案します。彼／彼女が過去に検索したキーワードの履歴や視聴動画の履歴、登録しているチャンネルなどの傾向を総合的に判断し

プロモーション

ています。つまり、個人個人の嗜好が反映されてしまうということです。そのため、普段から使用しているアカウントで関連動画の調査を行った場合、そのアカウント特有のバイアスがかかってしまいますし、新しくアカウントを作っても調査を行う数が多いほど履歴が蓄積し、調査の目が濁ってしまいます。

そこで役立つのが**プライバシーモード**です（上図ではGoogle Chromeを使用しているため、名称が「シークレットモード」となっています）。過去の履歴をリセットした状態で、初期状態のまま調査し続けられます。プライバシーモードを使うと、過去の履歴がクリアされるだけでなく、以降そのモードで検索した履歴を残さなくなります。そのため、自分が過去に検索した履歴や視聴履歴が含まれない状態でYouTube検索や関連動画を眺められます。そのため、そこで関連動画として紐付けられているものは、YouTubeユーザー全体の総意であり、現代人のコンテンツの消費傾向であるとも言えるでしょう。

Point

1. ある動画とある動画の関連性を調べると、ユーザーの興味関心のつながりが見えてくる。

2. 関連性を知ることで、独自の流入経路を考えることができる。

3. プライバシーモードでは過去の検索傾向が反映されないため、関連性の調査に有効。

コンテンツ

本項は「コンテンツ」と題して、個々の動画のより細かい作り込みと、それらの動画をシリーズ展開していく最適な流れを考えていきます。本書では、YouTubeのビジネス活用において作りやすい動画のフォーマットを、「会話形式」「日常業務」「商品紹介」「商品解説」「知識解説」の5パターンに分けています。これらの形式に、自分（自社）がもっているネタを掛け合わせていくことで、たくさんの企画アイデアが湧き出てくることでしょう。

▶ ユーザーは類似する動画を視聴することを知ろう

YouTube上でユーザーは似たようなテーマの動画を見続ける傾向があります。これはそれぞれの動画の内容が少しずつ違うためです。特にお役立ち情報のような動画の場合は、他の動画と内容が全く同じというケースはあまりありません。ユーザーは、それぞれの動画がカバーしきれていない細かい視聴ニーズを、動画を順々に巡りながら満たしていると考えられます。そのため、**このような流れの中にどうやって自分の動画を入れ込むかが重要なポイントです。**

何か購買などの意思決定をするためにインターネットで情報収集を行うとき、1つのWebサイトだけではなく、複数のWebサイトを閲覧して意思決定を行うのが普通でしょう。なぜなら、各解説記事の内容や範囲がそれぞれ違い、1つの情報ソースだけで判断することが難しいからだと考えられます。

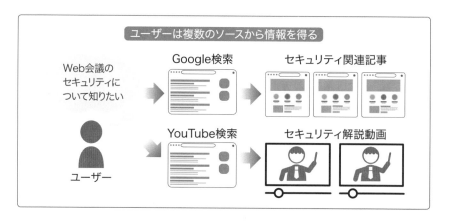

YouTubeにも同じことが言えます。ユーザーが何らかの意思決定をするとき、1つの動画で解説されている内容だけでなく、似たほかの動画をいくつか視聴します。そのため、すでに似たような動画が存在するとしても、新たに作った自分の動画がユーザーから一緒に視聴される可能性は十分にあります。

▶ 知識を得ることで疑問が具体化されることを知ろう

　記事であれ、動画であれ、Webコンテンツの内容は全く同じものではありません。しかし、仮に内容が同じだったとしても、動画に出演し解説する人が誰かによって変わってくるでしょう。**同じトピックでも、解説者のテーマに対する視点が異なることで、視聴者に提供する価値も違うものになります。**

　例えば、セキュリティ対策ソフトを制作する企業のプロモーションを想定しましょう。ユーザーが「Web会議のセキュリティ」について調べているとします。ユーザーはWeb会議に必要なアプリケーションや会議を行う方法については知っているものの、セキュリティに関する知識がないために、どのようなことに気をつけるべきかわかりません。こういったユーザーの場合は、専門的な情報よりもまずはWeb会議におけるセキュリティについての概要や全体像について知りたいと考えるでしょう。

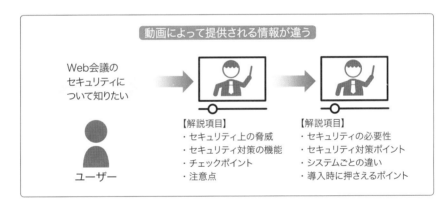

まずユーザーはYouTubeでキーワード検索し、1本目に視聴した動画では「Web会議でのセキュリティ対策をしなかった場合に起こりうること」が解説されていたとします。そこでは、セキュリティ上の脅威、対策ソフト全般の機能や確認すべきポイント、注意点などが解説されていました。ユーザーは、万が一に被る損失や脅威について認識し、どのような機能がセキュリティ対策に使えるのかや、導入時に気をつけるべきポイントについても理解したとします。

　そういった事前知識を得たユーザーが、2本目の動画を視聴したとします。そこでは、セキュリティ対策の必要性や対策ポイントの他に、対策ソフトウェアごとのシステムの違いや導入を検討する上で押さえるべきポイントが解説されていたとします。このとき、2本の動画を視聴し終えたユーザーは、さらなる意思決

定の材料を得て、自分の状況と照らし合わせながらソフトウェア導入を検討する
かもしれません。そうなると、次にそのユーザーはWeb会議でのセキュリティ
対策について、「おすすめソフトウェア」や「導入事例」など、より具体性の高い
動画を探しはじめるでしょう。このように、ユーザーは動画をぐるぐると周り、
少しずつ知識を深めながら、興味の具体性を高めていくのです。

▶ 他の動画と異なる項目を解説しよう

　これから動画を作るにあたって、他の動画がどのような解説を行って
いるかを把握することが必要です。例えば2本の動画が主にセキュリティ対
策の有無で被る損失や必要性、または対策ソフトの機能やシステムの違い、注意
点や押さえるべきポイントについて解説していたとします。

　これら競合となる動画に対して全く同じ内容をあてても、ユーザーは「すでに
知っている」という形で自分の動画に入ってくる可能性が高くなり、視聴されに
くくなってしまいます。そこで、自分の動画では扱うテーマをほんの少しス
ライドさせます。例えば、セキュリティリスクを事例で紹介するなどのほか、
対策ソフトのセキュリティレベルの見分け方や、Web会議に特化したセキュリ
ティ対応の方法といったように、「Web会議に特化させたセキュリティ対応」を
解説することで、他の動画よりも具体性を出すことができるでしょう。

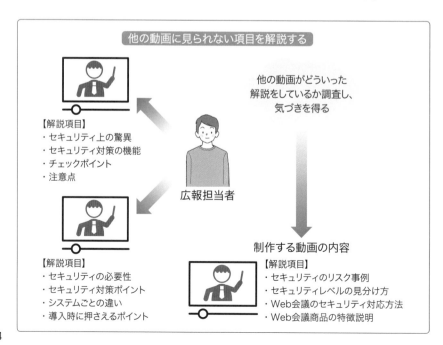

他の動画に見られない項目を解説する

【解説項目】
・セキュリティ上の驚異
・セキュリティ対策の機能
・チェックポイント
・注意点

他の動画がどういった
解説をしているか調査し、
気づきを得る

広報担当者

【解説項目】
・セキュリティの必要性
・セキュリティ対策ポイント
・システムごとの違い
・導入時に押さえるポイント

制作する動画の内容

【解説項目】
・セキュリティのリスク事例
・セキュリティレベルの見分け方
・Web会議のセキュリティ対応方法
・Web会議商品の特徴説明

　また、本来の目的はセキュリティ対策ソフトのプロモーションですから、その商品の特徴を最後に解説してもいいでしょう。「PART1」「PART2」といったように、解説項目が複数の動画にまたがる場合、動画の最後で次の項目を扱う動画へ、ユーザーを誘導することもプロモーション手段の1つです。

Point

1. ユーザーは類似する動画を複数視聴して情報を収集する。

2. 同じテーマであっても動画で解説する内容は異なる。

3. 他の動画がどのような解説内容であるかを把握し、自分（自社）の動画では別の要素を加える。

コンテンツ

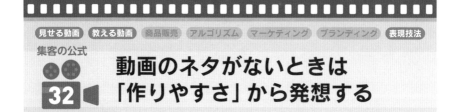

見せる動画　教える動画　商品販売　アルゴリズム　マーケティング　ブランディング　表現技法
集客の公式
32

動画のネタがないときは「作りやすさ」から発想する

▶ 動画の「作りやすさ」とは？

動画を作るときに最もわかりやすい悩みが、「ネタがない」というものです。これは企業の運用であっても、個人の運用であっても、同じことでしょう。YouTubeでは動画の数が重要となるため、慣れない一連の動画制作作業をやっと数本終えても、今後さらに継続的な動画制作が待ち構えています。このときに当たる壁が「企画が量産できない」であり、そのノウハウが蓄積されていないうちは、継続した動画制作が難しく感じられてしまいます。

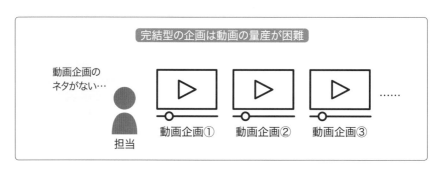

完結型の企画は動画の量産が困難

動画企画のネタがない…

担当

動画企画①　動画企画②　動画企画③　……

まず間違った認識は、「動画は1本で完結しなければならない」というものです。あるテーマを1本完結で考えた場合、1本の動画を作るために新たな企画やアイデアを、毎回ゼロから作る必要があります。特に集客を目的とする場合、動画のテーマは事業内容の大きな枠組みと関連させるでしょうから、取り扱えるテーマが動画を制作するたびに目減りしていってしまいます。

動画を継続的に制作するためには、「動画の制作のしやすさ」についても検討することがポイントです。個人や企業内チームで動画を作る場合は、動画を制作する上でのコストは時間のみとなりますが、ビジネスや事業規模が大きくなると内製ではなく制作会社などへ委託することもあるでしょう。制作する動画の内容がすべて異なる場合、動画の制作にかかるコストが抑えにくく、予算をオーバーし、動画の量産は難しくなってしまいます。

▶ 作りやすい動画の企画を考えよう

　前述の通り、YouTube集客において、動画の本数はとても重要になります。動画の本数はユーザーへリーチできる機会の多さを生み出す源泉でもあるため、1本の動画よりも10本の動画が公開されているチャンネルのほうが、より多くのユーザーの目に留まる可能性が高くなります。複数の動画企画に凝った切り口や、綿密な台本を作ったりしていると、時間とお金が膨大になる問題に加え、この「本数」においても不利になります。そこで、作りやすい動画フォーマットや量産のノウハウを蓄積し、浸透させていく必要があるのです。

「企画が必要な動画」では、テーマに沿った台本を準備し、各解説項目を洗い出し、それぞれがユーザーにとって理解しやすい流れになっている必要があります。また、動画内で商品・サービスがいくつも登場したり、複数の出演者が必要となることもあります。社員、内容によっては会話の進行役やゲストを手配することもあるため、制作規模がどんどん大きくなっていきます。こういった豪華な動画も必要ですが、数多く制作することは困難です。

「量産が可能な動画」としては、「商品に焦点を当てて解説する動画」が一例として挙げられるでしょう。それぞれの商品を社員が解説する場合、動画の制作規模を抑えることができます。また、商品解説動画であれば動画編集をフォーマット化できる点もメリットです。編集の作法が統一されていれば、マニュアル化し、社内のチーム体制だけで取り組むことも可能です。商品数の多い企業であれば、商品の数だけたくさんの動画が制作できるということです。

▶ 作りやすい動画の形式について知ろう

作りやすい動画には、ほかにもいくつかの種類があります。YouTubeでは企業が制作するプロモーション動画やCM動画よりも、出演者が自分の言葉で語りかける動画のほうが視聴回数は増加する傾向にあります（集客の公式3）。また、YouTubeのビジネス活用の場合、出演者は普段カメラで撮られ慣れていないでしょうから、出演者が喋りやすい形式である必要があります。

作りやすい動画の形式

会話形式
商品やサービスについて社員が会話形式で解説。
商品に関して一般的なプロモーションでは
伝えられる機会が少ない内容を中心に会話する。
注意点として、会話参加者で完結せず、
動画を視聴するユーザーへ喋ることが大切。

日常業務を見せる
普段行っている通常業務を動画として制作する。
日常的に行っている業務であれば、
職員でも人を選ばず動画を撮影できることが利点。
動画の長さによっては視聴回数が多くなる傾向がある。

商品解説
販売商品について解説する動画。
動画の本数を増加させやすく、社内で内製化でき、
コスト面でのメリットもある。
賃貸物件や商品数が多い業種に採用される。

作りやすい動画の形式は上図の3種類に分類できます。1つは**会話形式の動画**です。2、3人くらいの社員が、商品・サービスについて会話で説明する動画です。通常の広告などでは伝わりにくい商品・サービスの特徴も、会話形式であれば堅苦しくなく、自然と伝えることができます。

　2つめの形式として、日常業務を見せる動画があります。これはカウンセラーや仲介業、コンサルタント、デイケア、クリニック、美容師などサービス業の方々が導入しやすい動画の形式です。サービスの様子を撮影するだけなので、凝った企画やシナリオも要らないでしょう。

　3つめは、商品を解説する動画です。メーカーなど商品数が多い企業や賃貸物件を扱う企業が導入しやすいでしょう。このタイプの動画は編集をフォーマット化しやすいことから手間だけでなく、コスト面でも利点の多い形式です。

Point

1. 多くの動画を作るには量産が可能な方法を考える。

2. 動画をフォーマット化すればコスト削減や内製化ができる。

3. 会話形式、日常業務の撮影、商品紹介などが作りやすい形式。

コンテンツ

33 ソフトとハードを掛け合わせて 動画企画を効率よく生み出す

▶ 動画の形式について考えよう

　YouTuberや映像クリエイターであれば、作り込んだ動画を公開するのは望ましいことでしょう。しかし、ビジネス活用となると、本来の目的は集客することであり、「効率のよさ」が重要なポイントになります。特にYouTubeはプロモーション効果が出るまでに一定の時間を要します。ビジネスでの文脈を考えると、できるだけ早く効果が表れるためにも、その効果を誰かに説明するためにも、制作効率はぜひとも確保したいものです。

　効率を上げるためには、「動画の形式」についてあらかじめ検討しておくとよいでしょう。これによって制作プロセスだけでなく、企画においても時間の短縮に繋がります。実際運用していく上で時間が余ると、中身を検討するのに労力を割けるようになるので、結果的にコンテンツの質も向上します。

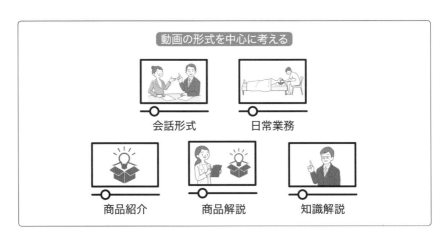

動画の形式を中心に考える

会話形式　　日常業務

商品紹介　　商品解説　　知識解説

▶ 動画の企画を効率良く生み出す公式

　動画の企画において、「ハード」と「ソフト」という考え方を持つと動画の企画が考えやすくなります（右図）。あまり馴染みのない言い方かもしれませんが、パソコンとソフトウェアの関係と同じです。例えば、MacBookがハードでExcelがソフトであるように、ハードは箱でソフトは内容物です。ハードは「形式」

を意味し、先ほどの会話形式や日常業務、知識解説などを意味します。一方ソフトとは、動画の「中身」であり、集客の公式22で説明したように、ユーザーの属性や状況、悩みや趣味など動画のテーマに関わるものです。**ソフト（取り上げるテーマ）に対して、どのハード（形式）を掛け合わせるかを考えると、動画の企画は効率よく思いつくことができるようになります。**

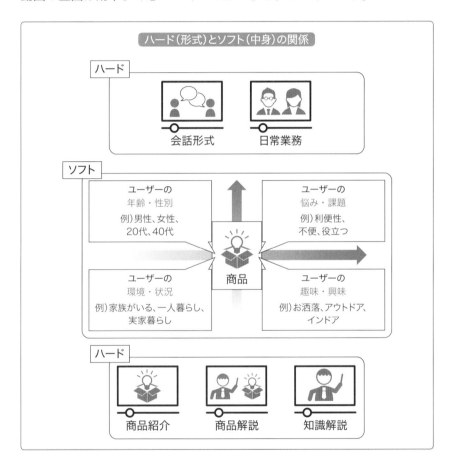

▶ ソフトにハードを掛け合わせて企画しよう！

　動画を企画するときは、まずユーザーに伝えたいコンテンツ（＝ソフト）から考える必要があります。どのターゲット層向けであるか、何に興味があるか、どんな環境で過ごしているかを洗い出すことで、伝えるべき内容が明確になります。ソフトが決まったら、どのハードでそのコンテンツを伝えるか

について検討します。社員に話してもらうか、業務風景を撮影するか、商品の紹介とするかなど、アイデアを巡らせます。

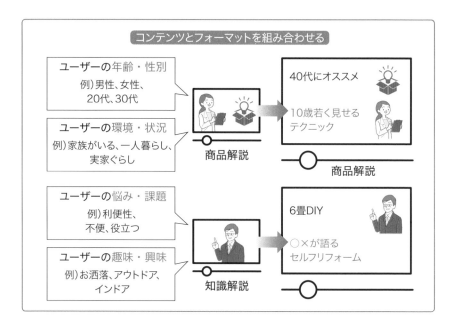

　例えば40代女性向けの商品を検討した場合、ソフトとして、年齢・性別を40代の女性と設定し、悩み・課題を想像します。ハードとしては、商品の使い方解説が考えられるでしょう。なお、企画する側としては商品の解説ですが、40代女性向けの悩みを解決する動画、というユーザーファーストな切り口です。このように「悩みを解決するための方法・テクニック」とコンセプトにすることで、商品プロモーションというよりハウツーコンテンツとして打ち出せます。

　ユーザーの趣味や興味を取り上げ、知識解説の形式を掛け合わせると、「専門家が語るセルフリフォーム」というような切り口が生まれ、難しい専門知識がぐっと身近に感じられる動画になります。このように、ソフトとハードを掛け合わせると、企画を効率よく生み出すブレインストーミングになります。

Point

1. 動画のビジネス活用においては、動画の制作効率も重視する。

2. 動画のテーマ（ソフト）と動画の形式（ハード）を掛け合わせると、動画の企画を思いつくことができる。

集客の公式

34 コンテンツ動画を売上に つなげるための考え方と戦略

▶ 動画コンテンツはどのような流れで集客につながるのか

「動画で集客」といっても、どのような流れで集客につながるかについてイメージがつかない方も多いでしょう。簡単に言えば、動画を視聴したユーザーが店舗でその商品を買ってくれたり、電話やメールなどで商品やサービスについて問い合わせにつなげるイメージです。

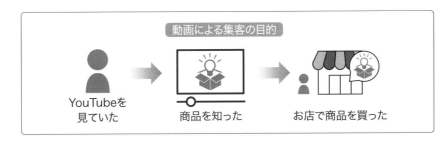

動画による集客の目的

| YouTubeを見ていた | 商品を知った | お店で商品を買った |

これまで企業はテレビCMや雑誌広告といったマスメディア、あるいはWebのリスティング広告やバナー広告などに、お金を支払うことで商品やサービスを紹介してもらってきました。そしてWebが一般化する中で、「オウンドメディア」と呼ばれ、自社で媒体を作ることによって、自前で広告していけるようになりました。

オウンドメディアでは、ユーザーに役立つ情報を記事として公開し、そういった情報提供によって、ユーザーに信用してもらい、商品購入や問い合わせにつなげていました。YouTubeを活用した集客方法も、基本的にはこれまで行ってきたオウンドメディアと、役割に大きな差はありません。これまで発信してきた情報が、文字から動画になるとシンプルに考えればいいでしょう。

しかし、唯一の違いがあるとすれば、自分（自社）以外のコンテンツを見ているユーザーに対して、自分（自社）のコンテンツを訴求できるプラットフォームであるという点です。これはWebサイトに置き換えると、他社のWebサイトに自分のWebサイトを掲載でき、かつ自分のWebサイトにも他社のWebサイトが

コンテンツ

183

掲載されるということです。つまり、ビジネスとビジネスの境界を自由にまたぎながら、ユーザーが回遊できる仕組みとなっています。ユーザーとしては情報格差が少なく、自由に比較検討できるとも言えるでしょう。

▶ 動画広告とコンテンツ動画のリーチの仕方を知ろう

集客の公式25で紹介した動画広告とコンテンツ動画の違いですが、マーケティング的な視点からもう少し深堀りしてみましょう。動画広告はテレビCMやリスティング広告など、これまで企業が活用してきた広告と近いでしょう。ターゲティングされたユーザーに対して広告を表示し、商品の販売ページや申込みフォームへ誘導するのに似ています。**短期間で多くのユーザーに配信できるため、期間限定キャンペーンや新商品告知に採用される手法です。**

対して、コンテンツとして制作された動画は、テーマや切り口などでユーザーの興味を誘います。動画広告と比べると、自ら出向くというより、反応を待って引き寄せるイメージです。動画広告ほど届ける範囲は広くないものの、内容に確実に興味のあるユーザーであるため、**広告と比べてメッセージが深く伝わり、ユーザーが受け取る情報量も多いことが利点です。**

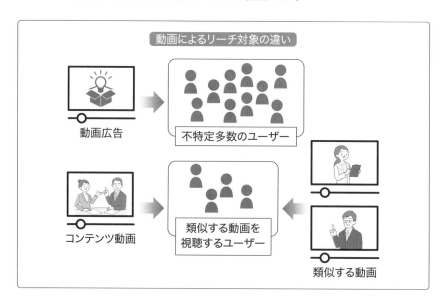

動画によるリーチ対象の違い

動画広告 → 不特定多数のユーザー

コンテンツ動画 → 類似する動画を視聴するユーザー ← 類似する動画

▶ コンテンツ動画は、トップページと関連動画に表示させるのが大切

　コンテンツ動画は、前述したような利点があるものの、「キーワードを検索してもらう」というのが大きなハードルです。あえてキーワードを能動的に検索するユーザーは、購買意欲が高く、明確な需要を感じている人が多いです。しかし、そのようなコアとなる見込み客以外に届けるには、キーワード検索だけに頼っていると厳しく、より多くの新規ユーザーと出会う機会を作れないままになってしまいます。また、本来商品の需要が高いはずの潜在ユーザーでさえも、知識がないために検索キーワードを思いつかないことがあります。

　そこで、「トップページ」と「関連動画」は、コンテンツ動画で新規ユーザーにアプローチするためのカギになります。これらは、積極的な検索を必要としないトラフィックです。つまり、類似した動画が表示される関連動画には、ユーザーが検索しようと思わなかったキーワードの動画も表示される可能性があります。また、トップページは視聴傾向に沿った動画が表示されるため、潜在ユーザーにリーチしやすいという利点があります。

　コンテンツ動画を活用していく上では、トップページと関連動画へ表示させることが、重要な目標になります。こうすることで、未知のユーザーに遭遇でき、動画広告に近い効果を期待できます。

Point

1. 動画広告は、あらかじめターゲティングされた不特定多数のユーザーに届けられる。

2. コンテンツ動画は、少数のユーザーに深くメッセージを届けられる。

3. トップページや関連動画に、コンテンツ動画を表示させることがカギになる。

集客の公式

35 まだ自分（自社）のことを 知らないユーザーと出会う方法

▶ まずは視聴実績を獲得することから！

　動画で商品・サービスを訴えかけるにあたって、そもそもまだ出会っていない不特定多数の一般ユーザーにどうやって出会うキッカケを作ったらいいのでしょうか。これからYouTubeチャンネルを開設してプロモーションを行う場合、そのチャンネルを認知しているユーザーはいないため、まずは多くのユーザーにリーチする方法について知る必要があります。

　1つの方法として、まずYouTube検索で検索結果の上位に表示されるための動画タイトルや概要欄、タグなどを設定します（p.296）。これによって、自分（自社）のファンとなりうるピッタリのユーザーと出会えます。検索して動画を見るユーザーは、そのキーワードのトピックに興味がある可能性が高いため、動画を最後まで視聴してもらえる確率も高く、平均再生率は上がります。

　自分の動画を求めるユーザーにきちんと表示されることは、平均再生率の増加だけでなく、「適切なユーザーから視聴された」という視聴実績が生まれることにも大きな意味があります。YouTubeではまず、「内容に強い興味のあるユーザー」にしっかり視聴されなければ、「まだ未視聴だけれど、動画に興味をもつ可能性のある別のユーザー」に関連していく力が弱まってしまいます。欲張って色々なキーワードを入れてしまっては、興味関心がバラバラなユーザーに届き、最後まで視聴されず、結果的に露出は限定されるでしょう。

▶ 関連動画によって外への道をつなげる

　動画に適切なユーザーに表示され、しっかり視聴されることで、その動画が誰から視聴されたのかといったデータが蓄積されていきます。男性が多いのか、女性が多いのか、それぞれのユーザーは他にどのような動画を視聴しているのかといった傾向が、自分のチャンネルに蓄積されます。

　どのようなユーザーから視聴される傾向のある動画かをYouTubeのアルゴリズムが把握しはじめると、アルゴリズムは自分の動画を、ユーザーからの視聴が期待できる他の動画へ表示します。つまり、関連動画という経路から外部への道

がつながり、関連動画トラフィックへのインプレッション数が増加します。

　関連動画への表示がはじまったときはじめて、「検索はしないものの、興味をもつ可能性の高いユーザー」へのリーチが可能となります。関連動画という窓口から未知のユーザーと隣り合わせになった瞬間、検索流入以上の視聴回数を獲得することもあり、出会うユーザーの幅が一気に広がります。

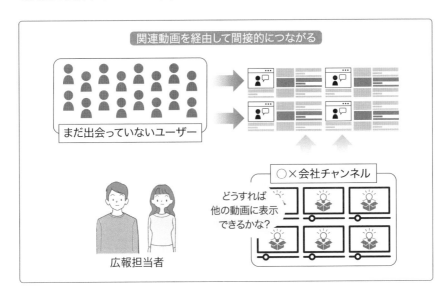

▶ トップページも攻略しよう！

　ある動画が他の関連動画と紐付けられることの意味はもうひとつあり、それは、自分のチャンネルの他の動画もまた、芋づる的に紐付けられる可能性があるということです。動画Aがあるユーザーに視聴され、別の動画と関連づけられると、YouTubeのアルゴリズムは、自チャンネルで公開していても、そのユーザーには視聴されていない、別の動画BやCが表示されるということです。そこで大事になってくるのが、**チャンネル全体のテーマの統一性**です。動画BやCをユーザーが見つけたとき、動画Aと同じように気になる内容ならば、ユーザーは視聴してくれるでしょう。逆にジャンルがバラバラであれば、スルーされてしまうでしょう。

　1つのチャンネル内で公開する動画に統一性を持たせることは、トップページからの視聴トラフィックを最大化するために必要なことでもあります。もしチャンネル全体のテーマ性が散漫でバラバラだったり、それぞれの動画の視

聴者層が全く異なる動画になっていると、自分の動画を視聴したユーザーが興味をもちづらいテーマの動画がトップページに表示されてしまいます。テーマがバラついたチャンネルが伸びにくいのはここに理由があります。

　YouTube上で全ての動画が効率よく集客ツールとして稼働するためには、それらの動画に統一されたテーマがあり、特定のユーザー層が興味をもつ可能性の高いチャンネルである必要があります。

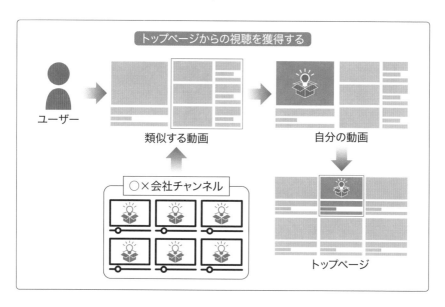

このように、自分の動画を視聴したユーザーに対して、チャンネル内で公開する他の動画が、トップページや関連動画に表示されることを前提に考えると、動画の視聴回数は自然に伸びていきます。チャンネル全体としてどのような動画を制作し、集客へとつなげるかを検討して、戦略を立てましょう。

Point

1. まずは検索表示で、適切なユーザーに動画を届け、良い視聴実績を作る。

2. 動画視聴データが蓄積されると、関連動画やトップページへ露出できる。

3. チャンネル全体の動画テーマを統一することで、関連動画やトップページでのユーザーの視聴確率を上げることができる。

集客の公式

36
競合チャンネルを分析する ポイント

▶ 競合他社のチャンネルの分析方法を知ろう

　YouTubeを広告宣伝に活用する上で、他の人や会社がどのような動画を展開しているかを調査することがあるでしょう。**すでに競合他社がYouTubeチャンネルに取り組んでいる場合、そこの動画の視聴回数や内容を分析することは、これからYouTubeをはじめるときに有益なサンプルデータになります。**分析の視点はさまざまありますが、具体的にどのような着眼点があるか見ていきましょう。

競合他社の動画プロモーションの調査

A会社チャンネル　　　B会社チャンネル

競合他社は
どう展開しているかな？

広報担当者

　1つの重要な分析対象は、「**タイトルとサムネイル**」です。YouTuberの動画からイメージしやすいように、**動画のタイトルとサムネイルは動画の中身と同じくらい重要であり、タイトル周りの表現にたっぷりと時間をかけて考えられています。**タイトルやサムネイルが動画のインプレッション数やクリック率に及ぼす影響は、YouTubeチャンネルを運営していると痛いほど実感するためです。

　また競合他社の扱う「**動画のテーマと数**」も重要な分析対象であり、そのチャンネルが何を目的にしているかの方向性が見えてきます。例えば、商品のレビュー動画が多い、ハウツーコンテンツが多い、など一定の傾向が見られるでしょう。また、「**それぞれの動画の視聴回数**」も注意して見るべきポイントです。1本の動画に視聴回数が集中している、全体的に動画は一定数再生されてい

コンテンツ

る、などの発見があります。

▶ 競合他社の再生リストを確認しよう！

　競合他社が多くの動画を公開している場合、動画の一つひとつを見ても、全体の傾向がつかみづらい場合があります。チャンネル全体でどのようなテーマの動画を公開しているか、または動画をどのような枠組みで分類し展開しているのかを知るには、**再生リストを確認すること**がおすすめです。

　再生リストとは、YouTubeチャンネル内で公開されている動画をコンテンツに応じてグループ分けするための機能です。グループ分けの方法はチャンネルによって異なります。例えば、商品にファンがついている企業であれば、**ブランド単位で再生リストを作る**場合もありますし、ハウツーコンテンツを多く公開しているチャンネルであれば**目的別に再生リストを作る**場合もあります。

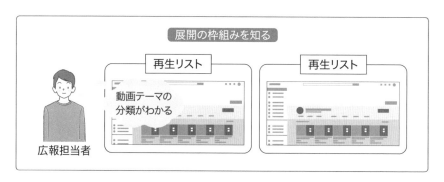

　英会話レッスンやセミナー講師など何かを教える業種の場合は、**ユーザーの悩み別に再生リストを作る**ことも考えられるでしょう。英文法など解説項目が多岐にわたる場合、その**項目別の再生リストを作成**し、視聴すべき順番を明確化することで、ユーザーにとっても利便性が向上します。

　再生リストを調べるときは、どの再生リストが動画を多く含むかについてもチェックしましょう。**動画の数が多い再生リスト**は、そのチャンネルが動画の制作に注力しているテーマであるとも言えます。各再生リストの下に「再生リストの全体を見る」という文字があります。その文字をクリックすると、その再生リストに含まれる動画の視聴回数の合計を確認することができます。ユーザーからどのようなテーマの動画がより多く視聴されているか、競合他社のチャンネルを分析することで把握することができます。

▶ チャンネル内で人気の動画を調査する方法を知ろう

タイトルやサムネイル、動画のテーマ、再生リストなどを一通り調査しましたが、さらに、自分が知りたい特定のキーワードによってチャンネル内を検索することができます。

例えば、競合他社の再生リストを眺めていたところ、タイトルに「初級」という文字を含む動画の視聴回数が多い傾向があったとします。動画の一覧には全ての動画が表示されるため、初級を含む動画をそれぞれ確認していくには時間がかかります。

そこで、チャンネル内の動画を効率よく検索するときに使えるのが、**演算子**です。タイトルに「初級」という文字を含む動画のみを検索結果に表示するには、「intitle:初級」と入力して検索することで表示されます。タイトルに「初級」という文字を含む動画のうち、どのテーマだと動画の視聴回数が多いのかをひと目で判断できます。また「-初級」と入力して検索すると「初級」という文字を含まない動画のみが表示されます。検索結果に表示される動画の数が多い場合、見る必要がない動画の表示量を減少できるため、サクサクと目当ての動画を調査することができます。

Point

1. 競合他社のチャンネルの分析ポイントには、タイトルとサムネイル、動画のテーマ、再生リストなどがある。

2. 再生リストを確認して、競合他社の分類方法を参考にする。

3. チャンネル内を検索することで、特定のキーワードを調査することができる。

視聴の多い動画を見つける方法

▶ キーワードによって視聴回数の差がある

特定のテーマに需要があるかを調査していると、キーワードによっては視聴回数が多いものと少ないものが当然見つかるでしょう。しかし、下図のキーワードBのように、同じテーマであるにも関わらず、視聴回数が動画ごとに大きく差がある場合は注意が必要です。

キーワードによって視聴回数に差がある

キーワードA

10万回視聴
15万回視聴
13万回視聴

キーワードB

50万回視聴
8万回視聴
150回視聴

その動画が情報を解説するような動画では、それぞれで視聴回数の差はそれほど大きくないはずです。しかし、商品レビューなどYouTuberも多く制作する動画の場合、それぞれの動画の視聴回数には大きな差が出ることがあります。

あるキーワードで動画を検索したときに、どの動画も概ね視聴回数が同じキーワードは、ユーザーから安定した視聴ニーズがあるテーマだと判断できます。このようなキーワードは、YouTube内での検索量もあり、年間を通して検索されている傾向があります。さらに深く調べるためには、表示されたそれぞれの動画を公開しているチャンネルまで調査します。その動画と同時期に公開されている動画の視聴回数を比較して、検索で出てきた動画のみ視聴回数が多い場合は、そのテーマは本当に視聴ニーズが高いテーマであると判断できます。

一方、特定のキーワードで検索表示された中で、動画ごとにそれぞれ大幅な差があるケースもあります。この場合、そのテーマ自体に需要があるというより、その動画のチャンネル登録者が動画を視聴している可能性が高くなります。ユーザーの視聴ニーズはそれほどなく、チャンネル登録者がその動画

に出演している出演者を見るために、動画を視聴している可能性が考えられます。

▶ フィルタを使って動画を並べ替えよう！

特定のキーワードに対して視聴回数の多い順で調査をしたいこともあるでしょう。そのようなとき「**フィルタ機能**」が役に立ちます（下図）。まず、検索結果画面左上にある「**フィルタ（①）**」という文字をクリックすると、さまざまな並べ替えのオプションが表示されます。ここで、「**並べ替え（②）**」にある項目から「視聴回数」を選択すると、視聴回数の多い順に動画が並びます。

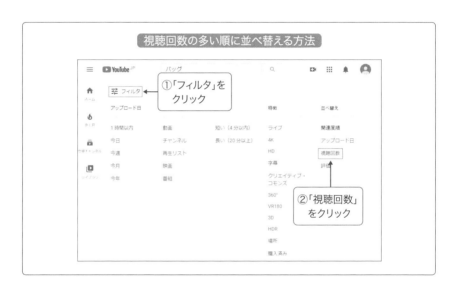

視聴回数の多い順に並べ替える方法

なお、同時に動画が公開された日付にも注意しましょう。公開日が古いものほど長い期間露出しているため、当然視聴回数は多い傾向にあります。しかし、「短期間で視聴回数が伸びている動画」のほうが今のトレンドをより的確に表します。この場合、左列「アップロード日」で期間を限定することもできます。

▶ 検索結果から関係のない動画を除外しよう

視聴回数の多い順に動画の表示順序を並べ替えると、キーワードによっては調査対象としない類の動画が表示されることがあります。調査対象と関連性の低い動画が表示されると、どのような動画の視聴回数が多いのかを把握しづらくなります。特に調査対象とするキーワードの単語の意味の幅が広いほど、目的とする動画を発見しづらくなり、調査にも時間がかかってしまいます。

調査対象と関連性の低い動画を検索結果から除外するときも、演算子を活用することで結果画面を見やすくすることができます。例えば「バッグ」に関する動画の制作を検討しており、どのような動画が視聴回数を多く獲得しているかについて調査を行っていたとします。

　視聴回数の多い順序で「バッグ」を検索すると、検索結果の多くに「バッグの中身を紹介」という内容の動画が表示されたとします。しかし、バッグではなくバッグの「中身」となると、ユーザーは出演者のファンで、彼／彼女の生活スタイルや趣味嗜好を知りたくて見ている可能性が高いでしょう。企業のプロモーションにおいては、あまり参考になりません。

　「バッグの中身について解説する動画」を検索結果から除外したいときには「バッグ–中身」というキーワードで検索すると、動画に設定されている文字列に「中身」が入っているものを全て除外してくれます。右図の上下を見比べてみると違いは一目瞭然でしょう。このように、表示される動画を絞って調査すると、そのキーワードで新たな動画を発見する機会も増えます。

Point

1. YouTube検索して出てくる動画の中で、視聴回数がまんべんなく高いテーマは、安定してニーズのあるテーマと判断できる。

2. フィルタ機能を使って、視聴回数順に表示することで人気の動画が見つかる。

3. 演算子を活用することで調査対象とする動画を絞ることができる。

特定のキーワードを除外する方法

「バッグ」で検索

「バッグ − 中身」で検索

38 ◀ ライバルとなる YouTubeチャンネルを検索する

▶ 動画ではなくチャンネルも検索対象に

　競合他社調査のように、「会社」単位ではなく、「業界」や「ジャンル」単位でYouTubeチャンネルが存在するかどうかリサーチしたい方もいるでしょう。例えば、喫茶店を経営されている方が「コーヒー」をテーマにした競合チャンネルがあるか調べたい、というイメージです。YouTubeには、それぞれの業界に特化したチャンネルも多数存在します。また、企業のYouTubeチャンネルはチャンネル自体のメタデータ設定が整備されていないことが多く、競合他社のYouTubeチャンネルを発見することが難しいケースがあります。そこで、業界全体を調べようと思い、例えば「ファミレス」と検索をすると、下図のように動画とチャンネルが混在した形で表示されます。上位は基本的に動画が多く、チャンネルが表示されることはそれほどありません。

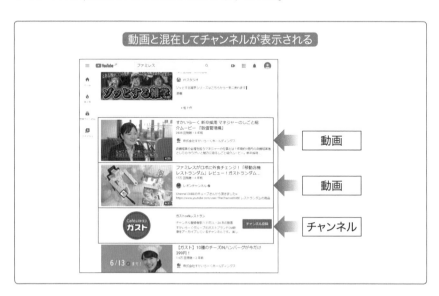

動画と混在してチャンネルが表示される

▶ YouTubeチャンネルのみを表示する方法を知ろう

　YouTubeチャンネルのみを検索結果画面に表示するためには、こちらもフィ

ルタ機能を使用します。「①フィルタ」という文字をクリックし、「タイプ」の中にある「②チャンネル」をクリックすることで、検索キーワードと合致するチャンネルのみが表示されます（下図）。

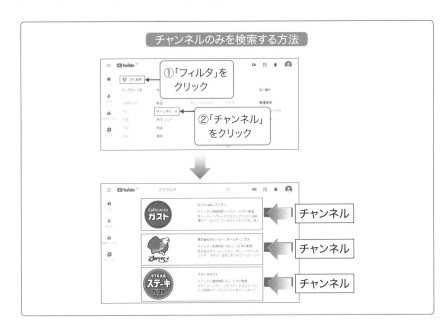

チャンネル検索は、主に業界やジャンルに特化したYouTubeチャンネルを見つけるために行いますが、そのキーワードがチャンネル名やチャンネル概要ページ、またはタグに設定されておらず、表示されないこともあります。そのため、1つのキーワードではなく、複数のキーワードで調査するといいでしょう。また、企業によっては企業チャンネル名を平仮名や片仮名、漢字ではなく英字で設定している場合もあります。競合企業の社名を調べてもチャンネルがヒットしない場合は、複数の表記方法で検索しましょう。

Point

1. 業界やジャンルに特化したチャンネルもある。

2. フィルタ機能でチャンネルのみを対象にして検索する。

3. チャンネルが見つからない場合、複数の表記方法を試す。

39　商品への興味のレベルを高める

▶ 動画で商品訴求を行う意味

　YouTube運用の最終的な目的は、商品の販売である方も多いはずです。例えば、動画が拡散されたことで翌日の販売数が大幅に上がったり、ECサイトで売上が立ったり、HPから申込の問い合わせが来るといったイメージです。いずれの場合も、販売のためには**興味をもってもらうための工夫**が必須です。

　同じ商品でもユーザーによって見え方は異なります。商品の必要性を特に感じないユーザーが商品紹介動画を視聴した場合、その商品を認知はしますが、存在を知るだけにとどまり、購入へ繋がる可能性は低いでしょう。

　しかし、商品について必要性を感じる余地のあったユーザーは、親しみのないブランドであっても、具体的な用途をイメージしたり、自身が使っている様子を頭の中で想像してくれます。

　なお、商品のターゲット層と動画視聴者が一致しないと、どのような動画であっても興味をもってもらうことは難しいです。例えば、男性向けのウェアを女性視聴者に販売することは難しいでしょう。しかし、**商品のターゲット層と動画視聴者がある程度近ければ、動画の中のメッセージや演出によって、興味を高め、購買につなげることができます**。

▶ ユーザーの興味レベルと動画の形式の関係

　集客の公式33で扱った「動画の形式（＝ハード）」は、興味レベルと密接に関係してきます。例えば、「商品説明」という形式は、すでに商品の興味レベルが高いユーザー向けのものでしょう。逆に「知識解説」は、商品の興味レベルが低いユーザーに、必要性を訴えかけるために役立つ形式となるでしょう。動画でプロモーションを行う上では、まずは興味レベルが低い人に向けて訴えかけることが必要です。

　これを図示すると、次の図のようになります。動画の形式とユーザーが商品に対してもつ興味のレベルを組み合わせて考えることで、適切な販売戦略を組み立てることができます。

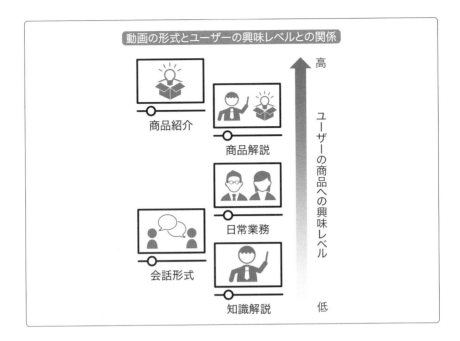

コンテンツ

▶ 商品訴求の程度とユーザーの幅

　もうひとつの考え方として、商品訴求の程度とユーザーの幅の関係があります(次頁図)。「商品訴求の程度」とは、商品を直接的にアピールするか、あるいは遠回しか、ということです。また、「ユーザーの幅」とは、興味をもってくれるであろう潜在ユーザーの母数がどれくらい見込めるかです。

　動画の切り口がユーザーの幅を広くとれるものほど、直接的に商品を紹介するよりも、間接的に必要性を訴えかけるほうがいいでしょう。また、ユーザーの幅が狭い(＝必要性をすでに感じている)場合、直接的に商品を紹介してもいいでしょう。

　こういったことを考えた上で、集客の公式33でご紹介した「動画のテーマ(＝ソフト)」を検討していきます。ユーザーの「悩み・課題」は、商品の必要性を訴えかけるときに使えるトピックです。ユーザーの「趣味・興味」「年齢・性別」は、ユーザーの幅をどこに設定するか考える材料になるでしょう。業界や商品によって組み合わせや順序はさまざまですが、動画の企画を発想しやすくなります。

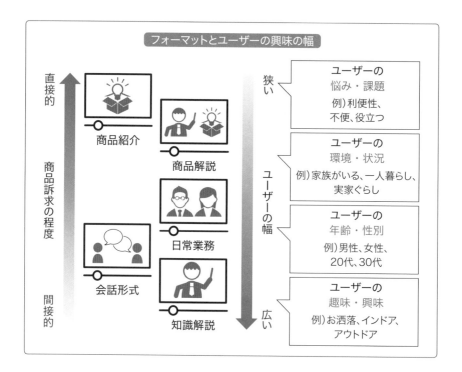

Point

1. 必要性を感じないユーザーに商品紹介をしても、販売にはつながらない。

2. 動画の形式とユーザーの興味レベルを組み合わせて、販売戦略を考える。

3. 商品訴求の程度とユーザーの幅を考えて、販売企画を立てる。

集客の公式

40 全体像を描いて プロモーションする

▶ プロモーションの全体像について考えよう

　動画をいざ作って投稿をはじめると、制作のイロハがわかってきます。しかし、「今日はこれを撮って」「明日はこれを撮る」と忙しくしているうちに、**本来の目的を忘れたり、木を見て森を見ずの状態になりがちです**。また、制作チームとなると、メンバーがそれぞれの動画を作るうちに、YouTubeの活用イメージがズレて、共有・統一ができないことがあります。

　動画の制作と投稿を繰り返すうちに視聴回数が気になってきますが、本来の目的は視聴回数を伸ばすことではなく、販売や売上につなげることです。あるいは、商品／ブランド／企業の認知度を向上させ、結果的に商品の販売数や売上につなげることでしょう。これを達成するためにも、どのように活用すればプロモーションや集客に一定の成果を上げられるのか、あらかじめ戦略を立てる必要があります。

　まず、全ての動画にまんべんなく視聴回数を求めないことが大切です。チャンネルを全体として集客ツールと考えたときに、各動画同士はチームプレイですから、さまざまな種類の動画が必要になります。

　その中で、商品紹介や商品解説の動画は視聴回数が少なくなりがちです。一方、ユーザーの興味ベースで作成する知識解説の動画は視聴回数が多くなりがちです。これは動画の形式によって集められるユーザーの幅が異なるからです。それぞれの動画がもつ役割は異なり、全てがユーザーの興味を引く動画ばかりになると、プロモーション施策全体としては成立しなくなります。例えば、コワーキングスペースの集客のためにチャンネルを立ち上げたのに、「IT業界の最新ニュース」や「仕事の生産性を高める7つの方法」というような動画ばかり作っていては、いくら視聴回数を稼げたとしても本末転倒です。

▶ 全体像をとらえる３つの視点

　動画プロモーションの全体像をとらえる上では、「トラフィック」「動画の形式」「商品に対する興味レベル」を3つの縦軸から考えます。

コンテンツ

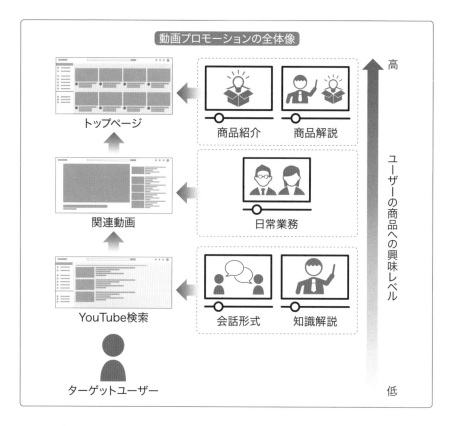

ユーザーの商品への興味度が低い代わりに、リーチできる可能性の高い知識解説や会話形式のフォーマットはYouTube検索から視聴されます。チャンネル内の動画が視聴されると、そのユーザーに対して他の動画が関連動画として表示されやすくなります。トップページ商品に関する動画が表示されることで商品への興味も高まると考えられます。

▶ トップページを通じたプロモーション施策を考えよう

YouTubeのプロモーションにおいて、重要なトラフィックがトップページです。トップページには、①自分が視聴した動画、②自分が視聴した動画を公開するチャンネルの未視聴の動画、③自分の視聴傾向に合う未視聴のチャンネルの動画、という3種類の動画が主に表示されます。③視聴傾向に合わせた未視聴のチャンネルの動画をYouTubeは表示しますが、これは競合チャンネルにとっても条件は同じのため、優位性はありません。

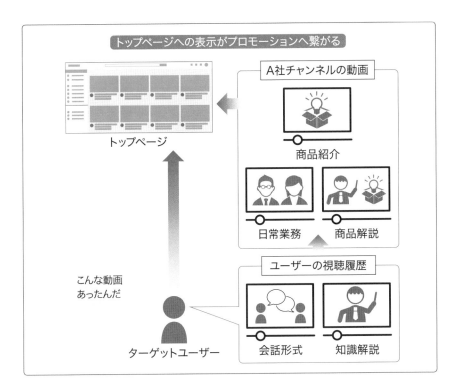

より確実性の高いものが、②自分のチャンネルで公開している未視聴の動画の表示です。自分のチャンネルの動画をユーザーが視聴したため、チャンネルの他の動画をアルゴリズムがおすすめするというものです。ただしこのとき、ユーザーの興味と全く異なる動画だった場合、トップページに表示されてもクリック率が低くなってしまいます。

これを回避するためには、チャンネル全体としてテーマが統一され、それぞれの動画が相互につながっていることが大切です。

Point

1. 全体の戦略を考え、全ての動画に均一の視聴回数を求めない。

2. チャンネル内の各動画に、テーマの統一性やつながりがあることで、ユーザーのトップページへの表示と流入が増える。

集客の公式

41 自社の商品の全体像を洗い出す

▶ まずは自社の商品展開の全体像を整理しよう！

　企業のプロモーション動画制作において、「商品」ごとに動画を制作することは一般的です。しかし、YouTubeのようにいくつもの動画を投稿するとなると、何を基準に動画を作り分けたらいいか迷う方もいるかもしれません。そんなときは、まずは自社商品の全体像を洗い出していくことがおすすめです。

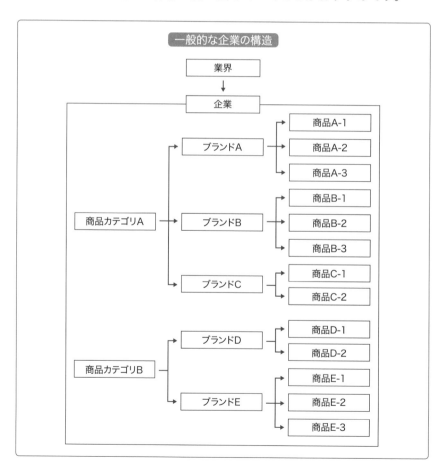

　企業の商品展開にはさまざまありますが、多いケースとしては、商品カテゴリに対してブランドがあり、各ブランドから商品が展開されています。わかりやすいのはApple社です。携帯機やタブレットというカテゴリがあり、その下にiPhoneとiPadなどのブランドが続き、最後に「iPhone ●」、「iPad ●」といった商品が続きます。

▶ 商品の全体像とユーザーのボリューム

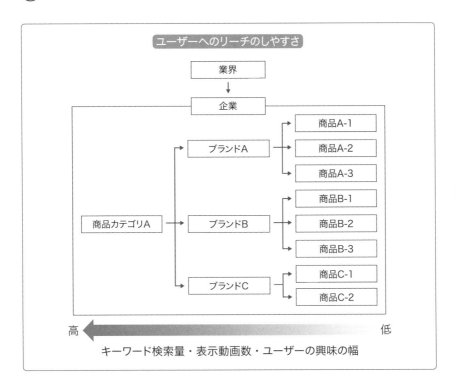

　上図のように、**商品（右）を扱う動画よりも、商品のカテゴリ（左）を扱う動画のほうが、視聴回数が伸びやすい**です。商品カテゴリは、業種・業態によって区分の仕方はさまざまですが、一例としてメーカーであれば、掃除機や冷蔵庫、洗濯機などが挙げられるでしょう。商品カテゴリの検索量は多く、「モバイル充電器　おすすめ」といった検索は一般的です。

　対して、ブランドに興味をもつユーザーは商品カテゴリよりも限定され、動画の視聴回数も少なくなります。表示動画数やキーワード検索量も少ない

です。各商品となるとさらにユーザーの幅は見込めず、表示動画数やキーワードの検索量も同様に少なくなります。

　なお、前述のように商品カテゴリを中心とした場合のデメリットとしては、特定の商品がないため具体的な情報がなく、動画の焦点や内容がぼやけがちです。商品カテゴリ動画の場合は、企画コンセプトやアイデア、シナリオ構成力や編集上の工夫が求められ、動画制作の負担が大きくなります。

　ブランドおよび商品と動画の場合は、ユーザーに何を伝えるべきかが明確となるため、内製化しやすくなります。また、商品名で検索してくれるようなユーザーは、もともと商品への興味があるユーザーのため、購買意思も高いと言えます。

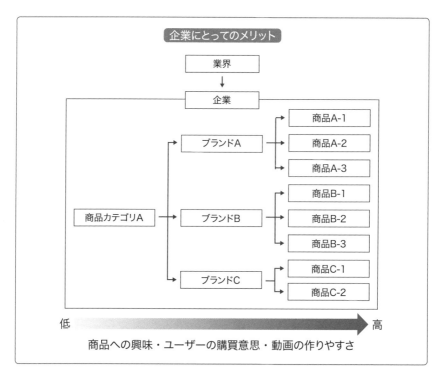

▶ 制作委託すべきか、内製すべきか

　会社によっては、動画の制作を内製化し、社員の制作チームを作ることもあります。YouTubeは動画の本数が多いほどさまざまな面で有利ですが、数多くの動画を制作会社に委託すると高いコストがかかってしまいます。YouTubeで

は動画のクオリティが高いことよりも、動画がユーザーの共感を誘い魅力的かどうかが重視されるため、内製で対応したほうがいい場合も多々あります。届けられる母数や動画制作の負担など、総合的に考えて、委託／内製を判断しましょう。

Point

1. まずは自社の商品群の全体像を洗い出す。

2. ブランドおよび商品の動画は、作りやすく具体性が高いものの、視聴回数が伸びにくい。

3. 商品カテゴリがテーマの動画は、視聴回数を狙えるが、比較的制作コストが大きい。

コンテンツ

「動画が扱う対象」×「ユーザーの共感」でコンセプトを作る

▶ ユーザーの共感を、カテゴリに分類しよう！

　プロモーションしたいカテゴリ・ブランド・商品が決まったとしましょう。ここで気をつけるべきは、制作者の一方的な情報発信にならないようにするということです。

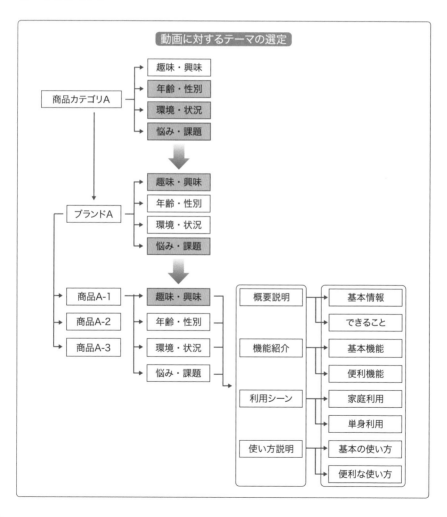

　YouTubeのビジネス活用となると、ついつい商品を紹介したくなってしまいがちですが、ユーザーは最初から「商品を買いたい」「宣伝を見たい」と思っているわけではありません。ここで重要なのが「共感」です。

　前頁図のように、「動画が扱う対象」に「ユーザーの共感と繋がる要素」を掛け合わせていくと支持される動画のアイデアが思いつきます。

　「商品カテゴリ」と相性の良いコンテンツは、ユーザーの「趣味・興味」による切り口です。例えば、休日に魚を釣って捌く人におすすめの包丁を紹介する、英会話を勉強したい人に提供サービスを比較紹介するなどがありえるでしょう。また、「ブランド」では「年齢・性別」によって区切られていることがよくあります。そのため、年齢や性別をターゲットにして、「20代女子向け」などとコンセプトを打ち出してもいいかもしれません。

▶ ユーザーの興味を商品へ向けさせよう

　ユーザーの興味関心は、「商品カテゴリ」から「ブランド」、そして「商品」へと流れていくのが自然です。

　「商品カテゴリ」と関係する趣味・興味をもつユーザーは「潜在顧客」です。動画をクリックした段階では、ユーザーは趣味・興味をフックに惹かれただけでしょう。しかし、ユーザーの興味は動画を見るごとに移り変わります。例えば、「商品カテゴリ」をテーマとした動画に「ブランドA」が登場し、ユーザーは興味をもちます。そうなるとブランドAにまつわる動画が、ユーザーのトップページや関連動画に表示されるようになります。そのうち、ブランドAの動画内で「商品A」に遭遇します。この流れであれば、ユーザーは「買いたい」と思ってくれるかもしれません。

　しかし、自チャンネル内に「商品カテゴリ」や「ブランド」の動画が一切なく、「商品」の動画しかない場合、仮にそれが前述と同じ動画であってもクリックされないでしょう。動画にたどり着くための流れが設計されていないからです。複数の動画を用いて、カテゴリから商品へとユーザーの興味を近づけていくことではじめて、「欲しい」という気持ちを自然に引き出すことができます。

▶ 作りやすさと動画の視聴動機について考えよう

　メーカー企業であれ、士業・講師業の方々であれ、YouTubeを用いたプロモーション活動を行う上では、継続した動画制作が必要です。動画は全て均一な品質であることが理想ですが、動画制作にかけられる人的リソースや予算など、さま

ざまな制約の中で制作を進める必要があります。

　前述のように、動画の作りやすさにおいて、コスト面や時間面で最も大変なのが「商品カテゴリ」です。**具体的な商品がないため、アイデア勝負になり、解説する情報を整理して見せる必要があります。**また、見られるためにはエンターテイメントの要素も必要で、分類としては「自己啓発(p.74)」に該当し、視聴者に対するテーマの案内(ガイド)までも求められます。

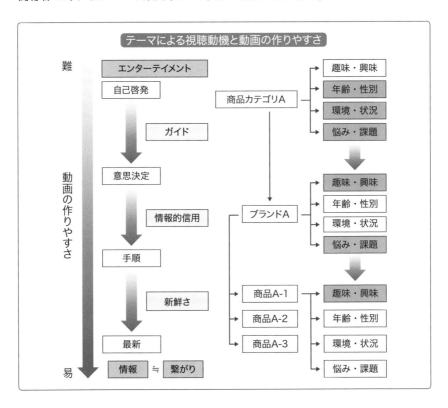

　「ブランド」を扱う動画は、作りやすさという意味では中間に位置すると言えるでしょう。商品解説ほどシンプルではなく、商品カテゴリに関する動画ほど複雑でもありません。ターゲットが明確であるため何を伝えるべきか、どのように伝えるべきかについても決定にそれほど時間がかかることもありません。ブランドから商品紹介にかけては、「意思決定」や「手順」をテーマにした動画が有効です(p.74)。動画には情報の信憑性が求められるので、情報ソースを明記したり、専門家の解説であることをウリにすると効果的です。

各「商品」の紹介動画は比較的作りやすいでしょう。**ユーザーにとって情報は最新であるほど歓迎されます。**新商品の告知はピッタリでしょう。また、日付が意識されるので「〇〇年最新版」といった言葉も有効かもしれません。

ビジネスによってまちまちかもしれませんが、扱う商品や情報が潤沢なところほど、1本の動画制作にかける工数やコストは抑える必要があります。内製化するなら、作りやすい商品紹介動画がおすすめです。

▶ それぞれの動画でユーザーを回遊させよう

ここまでご紹介したように、「動画が扱う対象」に「共感される切り口」を掛け合わせていくことで、動画がバランスよく生まれ、チャンネル内に動画の生態系ができあがります。そして、それぞれの動画がどのような役割を担っているか明確となります。また、それぞれの動画が関連性をもっていると、ユーザーはチャンネル内をぐるぐると回遊してくれるようになります。

この回遊システムができあがることは、単にYouTubeのアルゴリズムを逆手に取れるということにとどまりません。どの動画がユーザーから多く視聴され、どの動画がどの動画へユーザーを送っているか、どの動画の平均再生率が高いか、などのヒントが見えてくるからです。これにより、単なるPR施策を超えて、**企業のコミュニケーション上の本質・課題が見えてくるのです。**

コンテンツ

Point

1. 「動画が扱う対象」×「共感される切り口」で動画を作る。

2. 商品をテーマにした動画は制作コストが低く、商品カテゴリを テーマにした動画は制作コストが高い。

3. 多様な動画がチャンネル内に存在し、ユーザーが回遊する状態 が理想。

シナリオ・撮影

シナリオや撮影と聞くと、映像のプロが行うイメージがあり
ますが、難しくとらえる必要はありません。YouTubeで効果
的なシナリオの流れを押さえれば、視聴者を動画に引き込む
ことができます。また、普通のビジネスパーソンが動画にし
やすい撮り方・演出方法、あまり負担がかからない動画形式
があります。そして、本項で紹介するテクニックを使うと、
商品やサービスの様子が魅力的に伝わり、来客や問い合わせ
につながるでしょう。

43 「最初の10秒」がカギ

▶ ユーザーは動画の内容を推測して視聴している

　動画は「最初の10秒が大切」とよく言われますが、いったいなぜでしょうか。それは10秒でユーザーの心をつかむことができれば、動画冒頭での離脱を抑え、動画全体の平均再生率を向上できるからです。

　YouTubeはテレビと違い、ユーザーが自分で選択して動画を視聴するため、ユーザーには「動画を選択した何らかの理由」があります。サムネイルで目を引かれた、知りたい情報が含まれていそうなタイトルだった、などの理由が考えられます。

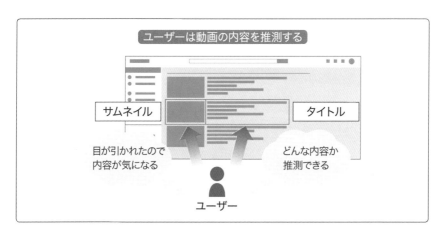

ユーザーは動画の内容を推測する

サムネイル　　　　　　　　　タイトル

目が引かれたので
内容が気になる

どんな内容か
推測できる

ユーザー

　ユーザーが動画を選択したということは、これから視聴するその動画に対して何か期待をしているということでもあります。サムネイルやタイトルは注意を引くだけでなく、「動画を視聴する前に事前にユーザーへどのような内容かを伝える」という役割があります。つまり、ユーザーは事前に動画の内容をある程度推測しており、自分の期待する内容が含まれているかは動画冒頭で判断しているのです。この前提は意識しなければいけません。

▶ ユーザーが離脱するシンプルな理由

冒頭で「この動画は自分が知りたかった内容と違う」と判断した場合、ユーザーは目的とする別の動画を探しはじめます。

よくある行先は関連動画です。ユーザーの画面では似たような動画が関連動画として表示されているケースが多いです（下図）。このような状態で動画が目的のものではなくてガッカリされてしまうと、当然ユーザーはその関連動画をクリックするでしょう。

次に多くとられる行動が冒頭シーンのスキップです。ユーザーが選択した動画は視聴ニーズとは合致していたものの、最初が見たいシーンではなかったといった場合に起きます。**これは、冒頭に動画に関する説明があれば、ある程度避けることができます（次項にて解説）。**また動画の中に、相性が悪い複数の内容（例：ビギナー向けの内容とプロ向けの内容が混在、など）が含まれているために、目的のシーンだけを目当てにスキップする、あるいは、ユーザーが視聴したいシーンが終わった段階で離脱されるといったケースもあります。

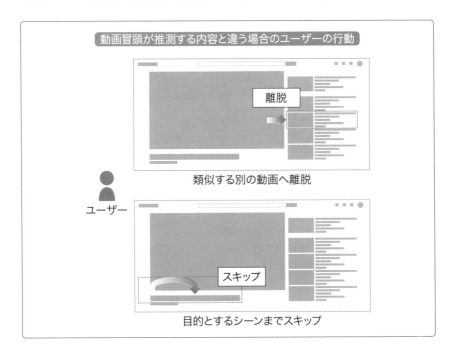

動画冒頭が推測する内容と違う場合のユーザーの行動

離脱

ユーザー

類似する別の動画へ離脱

スキップ

目的とするシーンまでスキップ

シナリオ・撮影

▶ 最初の10秒で話す内容の型を決めよう

動画の冒頭でユーザーが視聴の継続を判断するため、「最初の10秒」でユーザーに何を伝えるかが重要となります。たった10秒で動画の内容を魅力的にまとめるのは大変です。動画のシナリオライティングに慣れていない方には、非常に悩ましい問題でしょう。

そこで、動画の制作にあたって、冒頭部分の定番パターンを用意しましょう。固定化された「型」が望ましいです。とはいえ、チャンネルコンセプトや商材によって、最適な型はさまざまでしょう。そこでご紹介するのが、全てに共通する基本的な考え方です（下図）。まず、その動画で興味を喚起する「キーワード」を含めた内容を話し、次に「ユーザーの共感を誘う悩みや課題」でユーザーの心をつかみます。ここまでで10秒です。加えて最後に、「動画で得られる情報・メリット」をさらに10秒で語ります。

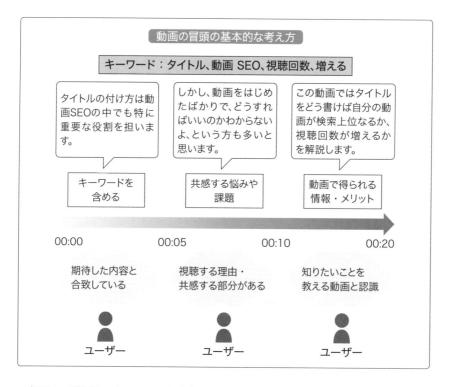

初めの5秒は、キーワードを提示します。キーワードは短い言葉で具体的なイメージを連想させるので、ユーザーの興味と内容がマッチすることを端的に

伝えられます。「YouTubeの視聴回数を伸ばしたいユーザー向けの、タイトルの付け方と動画SEO」を例にとりましょう。ユーザーの興味は「タイトルの付け方の工夫で動画SEOを改善する方法を知りたい」となるため、「タイトル」「動画SEO」のキーワードを含めるような冒頭の台本を作ります。

　次の5秒、ユーザーの悩みや課題を描写し、共感を誘う語りで興味を引きます。「視聴回数を増やしたいが、YouTubeの仕組みに慣れていないし、わからない」といったリアルな悩みや本音を描写すると、ユーザーは自分のことを言われているように感じ、心をつかまれるでしょう。

　最後に追加の10秒で、動画を見るとどんな情報が得られるか、どんなメリットがあるかを伝えます。ここではユーザーに、時間をもらうことの対価を約束をします。

　動画の内容によって色々な定型文が考えられますが、上記の基本的な考え方で動画をいくつか作っているうちに、独自のスタイルも見えてくるかと思います。まずは、基本パターンに沿った冒頭を作ってみてください。

Point

1. 冒頭で「思っていた内容と違う」と判断されるとユーザーに離脱される。

2. 最初の5秒でキーワードを提示し、次の5秒で悩みや課題を描写する。加えてもう10秒で動画を見て得られる情報やメリットを提示する。

シナリオ・撮影

44 慣れてきたら、カード機能を活用する

▶ カード機能について知ろう

自分の動画を視聴しているユーザーに対して、他の動画や再生リストを訴求したいときがあるでしょう。ユーザーを別の動画へ誘導するための仕組みがいくつかありますが、そのうちの1つに「カード」と呼ばれる機能があります。

カードを使うと下図のように、概要欄ではなく動画の画面そのものの中に、他へのリンクとなるテキストやサムネイルを表示することができます。

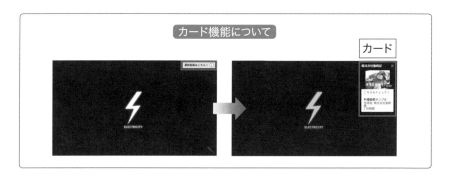

カードにはいくつかの種類があります。動画を表示させるだけではなく、再生リストやチャンネルを表示させる方法もあり、紐付けたいものに応じて適切なカードを設定する必要があります。

カードの種類	カードの機能	
動画カード	YouTubeで公開されている別の動画を表示させる。動画の内容に応じて、過去に公開した動画へ誘導できる。	
再生リストカード	YouTubeで公開されている再生リストを表示させる。チャプター化されている動画の場合、最初に見るべき動画へユーザーを誘導できる。	
チャンネルカード	他のチャンネルを表示させる。ブランド単位でチャンネルを分けていたり、コンテンツに応じてチャンネルを分けている場合、ユーザーに別のチャンネルを訴求できる。	
リンクカード ※YouTubeパートナープログラムへの参加が必要	関連Webサイトカード	動画から関連Webサイトへリンクを設定できる。
	クラウドファンディングカード	承認済のクラウドファンディングサイトのリンクを設定できる。
	商品紹介カード	ライセンスを持つ商品で、販売者URLを設定できる。

▶ カードの活用方法を知ろう

　カードの活用を考えるのは、撮影前が望ましいです。「○○の動画に興味のある方は、動画内右上のエリアをクリックしてください」というような指示がなければ、ユーザーはカードを見ても何なのかわからない場合があるからです。撮影を終えて編集段階になってしまうと、説明なしにカードが表示されると違和感が出る場合があります。そのため、動画の企画や台本作成時に、事前にカードの位置を想定しておく必要があります。

　カードのメリットはさまざまです。一連のシリーズ動画の場合、ユーザーが何本目から視聴を開始するか想定できません。全部で5本の動画があるシリーズのうち3本目から視聴を開始した場合、ユーザーは「見るべき動画を間違えた」と判断する可能性もあります。そのような場合、**1本目の動画があることをカードで知らせることで、ユーザー離脱の受け皿になります。**

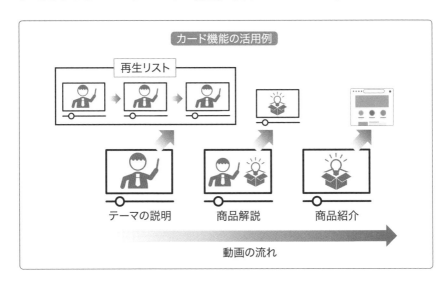

カード機能の活用例

再生リスト

テーマの説明　　商品解説　　商品紹介

動画の流れ

シナリオ・撮影

　他のメリットとしては、より詳細な動画への誘導が考えられるでしょう。動画を見るにつれて、ユーザーの興味は抽象的なものから具体的なものへと深堀りされていく（集客の公式27）ので、**自然な流れかつ、関連動画よりコントロールしやすい方法で、次の動画視聴を提案できます。**

　その他にも、YouTubeパートナープログラムに参加している場合、関連Webサイトのリンクを貼ることもできます。商品紹介の動画であれば、Webサイトを紐づけることで、公式HPや販売サイトへの訪問につなげられます。

▶ ユーザーの行動を促すためにカードを活用しよう

カードを活用するためには、過去に公開された動画やこれから制作する動画がそれぞれどのような役割をもつのかをあらかじめ決めておく必要があります。全体像を俯瞰し、どの動画を視聴しているユーザーにどの動画を表示すべきか、矢印を引きましょう。そういった関連性を意識することで、各動画で伝えるメッセージの順序を決める必要があります。

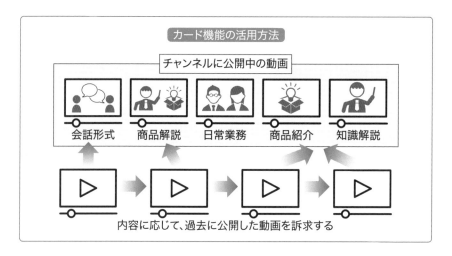

カードは、1本の動画に対して最大で5枚まで設定可能です。冒頭のシーンでは興味関心の違うユーザーの受け皿として他の動画を紹介する、商品紹介動画の途中でより詳しく解説している他の動画を紹介する、終盤では再生リストをリンクしてシリーズ全体を見せる、など複数詰め込むこともできます。

なお多くの場合、カードを表示するだけでは「これは何のリンクなのか」とユーザーを迷わせてしまいクリックされにくいようです。動画内の喋りでも補足説明を加えることで、より確実な導線を張ることができるでしょう。

Point

1. カードを使えば、別の動画へとユーザーを誘導できる。

2. カードは最大5枚まで設定でき、動画の離脱先の提案、再生リストの掲載、より詳細な情報の提案、HPへの誘導などさまざまな用途がある。

集客の公式

45 意外と使われていない 終了画面を有効活用する

▶ 終了画面について知ろう

　動画の再生終了はユーザーの他の動画への移動を意味しますから、終了時に何も工夫を凝らさないのは勿体ないです。そこで役に立つのが「終了画面」です。下図は終了画面が設定されている動画の例です。左側に表示されている縦並びの2つの画面は別の動画であり、右側に表示されている丸アイコンはチャンネル登録ボタンです。終了画面は動画の最後の5秒から20秒に追加することができ、これを設定するための動画本編の長さは、最低25秒以上必要となります。

終了画面の例

　動画での途中表示が多いカードと違い、終了画面は最後まで視聴したユーザーが見るものです。つまり、**基本的には動画の内容と興味がマッチしており、満足度が高いユーザー**だと考えられます。そのため、他の動画を見てもらうことが期待できます。

　終了画面の設定は、自分で表示させたい要素を選択して追加することもできますが、これからYouTubeを活用する場合、まずはYouTubeにあらかじめ用意されているテンプレートの中から適切なものを選択してどの要素を表示させるかを検討するほうが導入はしやすいでしょう。なお、終了画面が動画の最後に表示さ

シナリオ・撮影

れることを前提に、適切なシーンを動画終盤に入れておく必要があります。

▶ 終了画面に設定できる要素の種類

終了画面内には、「動画」「再生リスト」「チャンネル登録」「チャンネル」「Webサイト」の5種類を要素として設定することができます（下表）。

要素の種類		要素の機能
動画	最近のアップロード	最近のアップロード動画を表示する。
	視聴者に適したコンテンツ	視聴者に適した動画がチャンネルの中から自動で選択される。
	特定の動画	指定された動画が表示される。
再生リスト		再生リストを表示する。
チャンネル登録		チャンネルの登録ボタンを表示する。
チャンネル		別のチャンネルを表示する。
承認済みWebサイト ※YouTubeパートナー 　プログラムへの参加が必要		関連するWebサイト、または承認済みの販売者やクラウドファンディングのWebサイトへのリンクを表示する。

「動画」は、最近のアップロード、視聴者に適したコンテンツ、指定の動画の3種類を設定することができます。最近のアップロードは、文字通り一番新しい動画を表示することです。この要素を終了画面に設定すると、**まだ公開して日の浅い動画を告知し視聴を集めるのに便利です。**視聴者に適したコンテンツとは、YouTubeのアルゴリズムが自動でチャンネル内の動画を選択して動画を表示する機能です。どの動画を表示するかを決められない場合は、この要素を設定するのもアリでしょう。指定の動画では、チャンネル運用者が指定した動画を表示できるため、明確な狙いがあるならこちらがおすすめです。

「**再生リスト**」は、指定された再生リストをユーザーに表示するためのものです。再生リストをユーザー自身から探すことはあまりないため、動画をシリーズで見てもらいたい場合には、再生リストを設定するのがおすすめです。

「**チャンネル登録**」はチャンネル登録ボタンを表示するためのものです。これは非常に重要で、基本的にすべての動画に設定しておくといいでしょう。

「**チャンネル**」という要素は他のチャンネルをリンクします。ブランドや商品カテゴリに応じて動画を公開するチャンネルを分けているといった場合に、他のチャンネルの存在をユーザーにアピールできます。

「**承認済みのWebサイト**」はYouTubeパートナープログラムへの参加で設定することができます。関連するWebサイトなどをユーザーに知らせ、誘導できます。

▶ 終了画面のさまざまな活用方法

　終了画面を活用するためには、終了画面を想定した動画を作ることが必要です。よく見られる一般的な終了画面は、静止画や映像を背景に各要素が並ぶというものです。この形式でも一定数はクリックしてもらえそうですが、**単に表示されているだけだと、ユーザーは意味がわからず、クリックを機会損失している可能性があります。**

　単に設定するだけでなく、出演者がユーザーに対してメッセージを入れたほうがいいでしょう。終了画面といっても動画の一部であることに変わりはないため、映像を柔軟に設定できます。

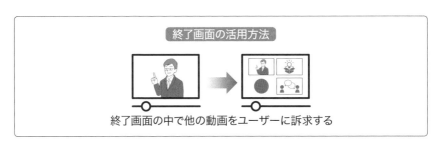

終了画面の中で他の動画をユーザーに訴求する

　例えば上図は、出演者による特定のテーマの解説動画だとします。動画本編の終盤から終了画面に切り替わる際に、レイアウトを縮小し左上に移動。その後、終了画面中でも本編の続きを話し続ける動画を作ることもできます。

　また、ナレーションも重要です。ユーザーに表示されている要素がそれぞれどういったものであるかを説明してあげましょう。

＜ナレーション例＞

　「下に表示されているチャンネル登録ボタンからチャンネル登録を宜しくお願いします。右に表示されている動画では○○について解説しています。もっと詳しく知りたい方はそちらの動画を見てください。右下の動画は最新の動画なので、新しい情報が知りたい方はぜひチェックしてみてください！」

　終了画面中でこのようなメッセージをユーザーに伝えれば、表示された各要素の意味がわかるため反応率が上がるでしょう。ただし、終了画面で何を表示させるかを想定した上で、シナリオと台本を作る必要があるため、多少面倒ではあります。慣れないうちは大変かもしれませんが、このような手段も効果的です。

シナリオ・撮影

Point

1. 終了画面は、5～20秒でさまざまな要素を表示できる。

2. 効果的に終了画面を活用するためには、カードと同じく、あらかじめ動画の終盤を調整しておく必要がある。

3. 終了画面表示中に、各要素を説明するナレーションを入れると効果的。

集客の公式

46

言葉でハッキリと
ユーザーの行動を促す

▶ Webページに来てもらうために必要なこと

　YouTubeをビジネスで活用する人たちにとって、動画やチャンネル登録者が伸びることのみが目的ではないでしょう。多くの場合、集客や売上が最終的な目的です。そのためには、動画視聴者を外部Webサイトへ招く必要があります。わかりやすいのは、商品紹介動画の後に、その商品を販売しているECサイト、あるいは詳細が載っているWebサイトにユーザーを誘導することで、商品購買につなげたり、商品への興味を強めることができます。

　ただし、基本的にユーザーは「動画を見るため」にYouTubeを開いているので、概要欄にリンクが記載されていてもクリック率はそれほど高くはありません。ジャンルによっても傾向があり、例えばゲームの実況などエンターテイメントの動画におけるクリック率は低いですが、キッチンの豆知識や融資ノウハウなどの教育・ビジネス動画の場合、URLクリックが全く期待できないわけではありません。もし動画内で商品やサービスなどの言及があれば、本当に興味や購買意欲の高いユーザーからのリンククリックは期待できます。

　ここで大事なことはシンプルで、ハッキリ言うことです。「概要欄にリンクがあるので、クリックしてください」と明確に伝えなければなりません。普段からYouTubeを使い慣れているユーザーであれば、「概要欄にリンクがあるかもしれない」と思うかもしれませんが、概要欄の意味や存在を認識していないユーザーも一定数存在します。ターゲットユーザーの年齢層などユーザーの属性に応じて、言い回しを検討する必要があります。

▶ 動画の中でユーザーの行動を促そう

　一般的にYouTubeの視聴者は、コメント欄を見ることはあっても、概要欄を確認することはあまりないでしょう。また動画の視聴中なので、リンクをクリックして動画再生が止まることを嫌います。そのため、商品・サービスについて多少興味があったとしても、視聴後にブラウザで検索をするか、後で

シナリオ・撮影

時間があるとき・思い出したときに調べる程度になる可能性が高いでしょう。

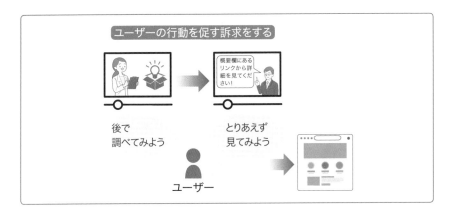

とはいえ、その情報が本当に重要であれば、ユーザーはちゃんと概要欄を確認し、動画再生を中断して、リンク先を見るでしょう。また、ユーザーが自らWebブラウザで商品名を打ち込んで検索するのは手間ですが、動画内にリンクが記載されていれば、その手間を省けることになります。一言「商品の詳細は概要欄のリンクから確認できます」と言い添える一手間だけで、手間をかけたことでHPに来てもらえなくなるという機会損失を防げます。

▶ 他のコンテンツをユーザーに訴求しよう

チャンネルオーナーや広報担当者は、自社WebサイトやYouTubeチャンネルにどのようなコンテンツが公開されているかを把握しています。そのため、「前回の動画を見ているもの」「商品は知っているもの」と思いがちです。しかし、一般のユーザーは企業のコンテンツはすべて把握しておらず、よほど興味関心がない限り、1つの企業の動画や商品をすべて知ろうとはしません。

この温度差を解消するためには、いちいち丁寧に説明することです。Webサイトの存在は、動画の中で明確に伝えないと知ってもらえないものです。ちゃんと説明してはじめて、ユーザーはWebサイトを知ったり、興味をもちます。また、終了画面で別の動画を提案することで、ユーザーがあえて古い公開日を探る作業を省略し、認知されていなかった動画の存在を認知させることができます。単に概要欄に記載するだけでなく、動画の中でユーザーに伝えることが大切です。

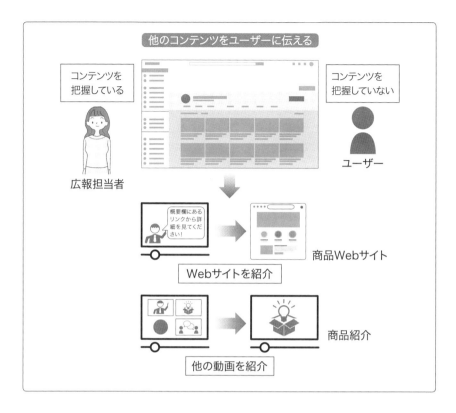

Point

1. 動画を視聴しているユーザーにWebサイトに訪れてもらうよう、ハッキリ言葉でお願いする必要がある。

2. 概要欄にURLが記載されていることをユーザーに伝える。

導入しやすい動画撮影の 4パターン

▶ 日常で人が会話をする状況について

内容にもよりますが、動画の撮影は多くの場合、出演者がカメラに向かって何か解説したり、話しかけたりといった形式がとられます。出演者が1人の場合、これまでカメラに向かって話をする経験の少なかった人は、慣れなくて戸惑うこともあるでしょう。特に「YouTubeのビジネス活用」というと講師の方々の印象が強いですから、出演者がカメラに向かって流暢に話すイメージがあります。

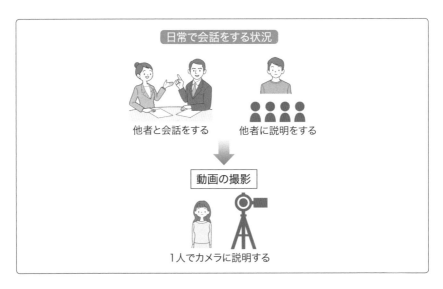

日常で会話をする状況

他者と会話をする　　他者に説明をする

↓

動画の撮影

1人でカメラに説明する

実際、私たちの普段の生活において、1人でカメラに話しかけることはありません。ビジネスパーソンは、相手と1対1で話をしたり、3人以上に何かを説明するといった状況には慣れているものの、人ではなくカメラに話しかけることには違和感を覚える方もいるでしょう。慣れるまでに時間がかかったり、人によっては上手に喋ることができない方もいます。企業の場合は社員を動画制作に長時間拘束することは難しいため、何度も撮影することは困難でしょう。

▶ 普段喋る状況を撮影しよう

　これからYouTubeをはじめるとなったら、まずはカメラを通じて喋ることに慣れる必要があります。しかし、最初は緊張などから台本の内容などを忘れてしまう人も多くいるので、撮影現場の進行は滞りがちです。

　動画の制作において大切なのは、喋りがうまいことではなく、ユーザーに情報が伝わることです。そのため、いわゆるYouTuberや芸能人の動画投稿者のように、必ず自分がカメラに映っていなければならないわけではありません。これから初めて動画を撮影する場合は、まずは自然な日常をカメラに収めたほうが出演者にとって話しやすくなります。例えば、オフィスの何気ない会話の様子を映したり、実際のプレゼンを映像に収めたり、などです。

日常の状況で動画を撮影する

会話の様子を動画にする　　　説明の様子を動画にする

　YouTubeプロモーションは、動画の本数が大事ですから、撮影の回数が増えるのは避けられません。しかし、出演者がカメラに向けて上手に喋れないと、撮影に対して消極的になってしまい、結果本数を確保できません。まずは慣れる意味で、普段喋る状況を撮影するほうが現実的でしょう。

2人の出演者による会話形式
出演者を2人にして、会話形式で情報を伝える形をとります。出演者としてはカメラに向かって話すというより、相手と会話をするという意識が強くなるため、堅苦しくない言葉で情報を伝えられます。

1人または複数人によるプレゼン形式
オーディエンスに対して、何かを説明をしているプレゼン形式も有効です。動画としては話を聞いている人たちを映しても、説明をしている出演者のみを映してもいいでしょう。

　「スタジオ代わりの個室の中にカメラと照明と撮影スタッフしかいない」という状況は緊張します。普段の会話の何気ない状況を切り取るだけで、出演者も安

シナリオ・撮影

心でき喋りやすい状況を作ることができます。

▶ キャストが出演したくない場合の撮影方法

　自分自身であれ、社員であれ「自分は動画に出たくない」というケースもあるでしょう。そして、必ずしも出演者が動画に映って説明をする必要はありません。YouTubeでは出演者の全身が映らず、一部のみを撮影して解説するといった動画も数多く公開されています。

　例えば、商品紹介であれば、**手元のみを撮影する**のもよくある選択肢です。その他にも、**画像や動画を表示しながら音声のみで解説する**といった動画もよくあります。「出演者がいたほうがいい」と思われがちですが、動画の情報や商品の種類によっては、人が映らず、商品やスライドが軸になっている動画のほうが、ユーザーの興味を引きやすい場合もあります。

出演者を映さない動画を撮影する

手元を撮影する　　　　　商品を中心に撮影する

　個人のビジネス活用、あるいは企業が社内スタッフで動画を制作したい場合、商品を中心に撮影し、後からアテレコで解説をする形式のほうが導入しやすいでしょう。出演者にとっても自分が動画に映るよりも、自分ではなく商品が中心に動画に映るほうが負担も少ないです。「誰をキャストにするか」を考えるよりも、「ユーザーに情報をわかりやすく伝えるためにはどのような撮影方法を選択すべきか」ということを中心に検討することが大切です。

Point

1. 必ずしも、出演者がカメラに向けて1人で話す必要はない。

2. 普段の社内コミュニケーションを撮影することで、出演者が話しやすくなる。

3. 手元のみ、音声のみなどでも、十分に有効なプロモーションができる。

まずは動画撮影に慣れる

▶ 動画制作にかかる準備

動画制作は、撮影までに準備することが多く、撮影後も編集作業が必要です。通常の業務と平行してYouTubeを担当する場合、制作にかけられる時間は限られてくるでしょう。**動画の本数を増やすためには、動画の企画を立て、構成を決め、台本を準備し、撮影を行い、編集をする、という一連のステップを何度も繰り返す必要があります。**

また、中でも知識を提供するような動画（＝「教える動画」、p.128）の場合、台本の段階で「説明がわかりやすいか」「解説項目は適切か」など検討しますし、順序立てて話をするための練習もあるため、動画制作には時間がかかります。また、撮影場所や出演者の予定を確認して撮影日を調整する必要もあります。

撮影が終わると今度は動画の編集が必要となります。解説内容のハイライト部分へのテロップだけでなく、理解を補助する図や画像などを入れる必要もあります。ユーザーを飽きさせないようエフェクトを入れたり、BGMや効果音などを入れて動画に抑揚をつけることも必要です。これらの作業を通常業務と平行して行うには、あらかじめ時間を確保しておく必要がありますが、担当者としてはなるべく時間のかからない方法で動画を制作したいものです。

▶ 「見せる動画」は準備がラク

「教える動画」の制作には解説項目などの手間がかかる一方で、「見せる動画」は、比較的ラクです。**はじめての動画プロモーションにあたって、まずは動画制作の一連のタスクに慣れ、ルーチンワークにしていくことが必須です。**慣れるためには、撮影の場数を増やす必要がありますが、「教える動画」は負担が大きいため、場数を確保するのが厳しいでしょう。

撮影前までにかかる一連の準備を最小限に抑えられる「見せる動画」の撮影からはじめることがおすすめです。内容はサービスを提供している様子を、固定されたカメラで撮影するといったものが考えられます。このような動画は、顧客の来店を必要とする業態では導入しやすいでしょう。例えば、鍼灸院や美容室などは施術の様子や髪の毛のカットをしている様子を撮影することで、手軽に動画を

シナリオ・撮影

撮影することができます。

　また、賃貸マンションなど不動産業にも効果的です。内見をオンライン化できるからです。テロップなどを過度に入れなくても、部屋へ上がり、それぞれの部屋の様子や雰囲気などを映像に収めるだけで、情報が伝わるでしょう。他にも多々ありますが、例えば、BtoBで機械を販売する業界は導入しやすいでしょう。機械が稼働する様子を知るには、本来現場を見に行く必要がありますが、稼働している映像を撮ることで、ユーザーへ使用感が伝わります。

「見たい動画」のコンテンツ例

サービス提供の様子 　部屋の様子 　機械の稼働の様子

▶「見せる動画」は企業にもユーザーにも嬉しい

　「見せる動画」は、企業にとってもユーザーにとっても、双方にメリットがあります。例えば、店舗ビジネスの場合、ユーザーは来店する前にサービスの内容を確認できます。自分が実際にお店へ行ったときにどんなサービスを受けられるかは、はじめて行くお店の場合、特に不安に感じるものです。店内の雰囲気や接客の様子、サービスの内容などは、写真や文字だけでは伝わりづらい場合もあります。「見せる動画」はそのようなユーザーの不安を解消するため、来客数の増加にもつながるでしょう。

　企業の制作でもメリットが多々あります。まず1つめは「台本の制作が不要である」という点です。日常業務を動画として収めるだけなので、綿密なセリフの準備などは必要ありません。施術の様子や、美容室などで顧客の髪の毛をカットするといった場合、動画を撮影する際に顧客の許可が必要となりますが、もし撮影許可を得ることが難しければ、社員やマネキンなどで行うことも可能でしょう。

「見せる動画」の利点

サービス提供の
様子がわかる!

・台本の準備が不要
・出演者が作業に慣れているという安心感
　を与える
・動画の編集は不要なシーンのみカット
・長尺でも平均再生率が下がりにくい

ユーザー　　　　サービス提供の様子　　　広報担当者

　さらに「言葉にできない情報を伝えられる」というのも大きなメリットです。美容エステやマッサージなどは、いくら長文で描写してもテキストではなかなかリアルな体験を伝えられません。また、業務効率化ソフトウェアなどの商材の場合、実演販売と同じ効果があります。展示会への出展で新規顧客を開拓している企業の場合、実物が稼働している様子こそが、顧客への一番の説得材料ともなります。

　上述したように、「見せる動画」はさまざまな利点があり、「教える動画」だけでは制作ペースが上がらないときに、有効活用できるでしょう。いずれの場合も、まずは制作過程に慣れるのが大事です。YouTubeにおいては動画の本数が重要ですから、まずは自分たちが最も取り組みやすい形式の動画を作り、場数を踏むことを目指しましょう。成果が現れはじめると、モチベーションの意味でも、周りに費用対効果を説明する意味でも、ビジネス現場に良い影響が生まれてくるでしょう。

Point

1. まずは動画の制作に慣れる必要がある。

2. 「見せる動画」は制作者側の負担も小さく、視聴者にもさまざまなメリットがある。

シナリオ・撮影

49 作りやすい動画を適度に混ぜる

▶ 制作者の視点から考える「見せる動画」

　動画制作を行う担当者にとって、「見せる動画」のほうは大きな手間の削減につながります。編集作業に慣れている必要はあまりありません。**不要なシーンをカットしBGMをつけるだけで、動画として成立しやすいためです。**例えば、アパレルメーカーであれば、新作のセーターを着ている様子を撮影し、魅力が伝わる部分以外をカットし、必要に応じてBGMをつければいいでしょう。

　外部の業者に発注したり、マニュアル化して内製にしやすいことも、「見せる動画」のメリットです。なお、外部の業者に制作を頼むというのはあくまでも選択肢の1つです。凝った編集や映像技術があっても、「素人による雑な作りだけれど共感を誘う動画」に勝てなかったりするのがYouTubeです。内製・外注を検討する際に押さえるべきポイントは、**ユーザーの知りたいことが伝わるか**です。編集もユーザーが本当に知りたいことを補助するような方法でなければ、高度な映像技術も宝の持ち腐れになります。

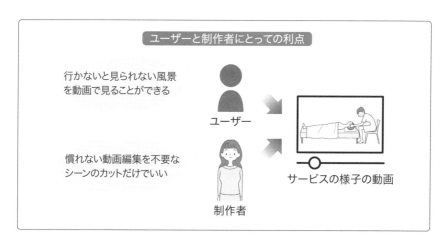

ユーザーと制作者にとっての利点

行かないと見られない風景を動画で見ることができる

ユーザー

慣れない動画編集を不要なシーンのカットだけでいい

制作者

サービスの様子の動画

　また、制作者の作りやすさは重要なポイントですが、最低限ユーザーの視点を前提にしないと失敗します。そもそもなぜ、ユーザーは「見たい」のかのツボは押さえておくのが大事だということです。

リフォーム業者が施工の様子を動画に収めるのは、その企業にユーザーがリフォームを依頼した場合にどのような施工を行ってくれるのか、イメージを伝えるためです。Webサービスを提供する企業が、そのサービスにおける各機能の操作を説明する動画は、導入を検討する企業の不安を取り除けるでしょう。

▶ 具体例：ASMR

なお、ここまで語ってきた「見る動画」ですが、YouTubeに馴染みがない場合、具体的にどんなものであるか想像しにくいかもしれません。

YouTube動画の人気ジャンルの中に「ASMR」と呼ばれるものがあります。「Autonomous Sensory Meridian Response」の頭文字を取ったもので、直訳すると「自律感覚絶頂反応」となります。「焚き木がパチパチと燃える音」「野菜を包丁で切る音」など、ゾワザワとする感覚やリラックス効果を呼び起こす音を提供するコンテン

「asmr intitle:髪」の検索結果画面

ツで、大手広告代理店や大手鉄道会社もYouTubeコンテンツとして採用しています。

右上図はASMR動画の中でも、動画のタイトルに「髪」という文字を含む動画の検索結果画面です。ASMR動画の視聴動機はあくまで「音」にありますが、収録したものをすぐに使える点で「見せる動画」と同じです。企業の業界に合わせて検索キーワードの「髪」の部分を別の単語に変えることで、自社の業界と近い動画があるかどうかを探すことができます。

Point

1. 視聴回数が伸びやすい「教える動画」ばかりではなく、制作負荷の少ない「見せる動画」を活用するといい。

2. 制作の視点から「見せる動画」は魅力的であるものの、ユーザーの視点を前提に考える必要がある。

シナリオ・撮影

動画制作プロセスを表にする

▶ 具体的な動画制作プロセスを考えよう！

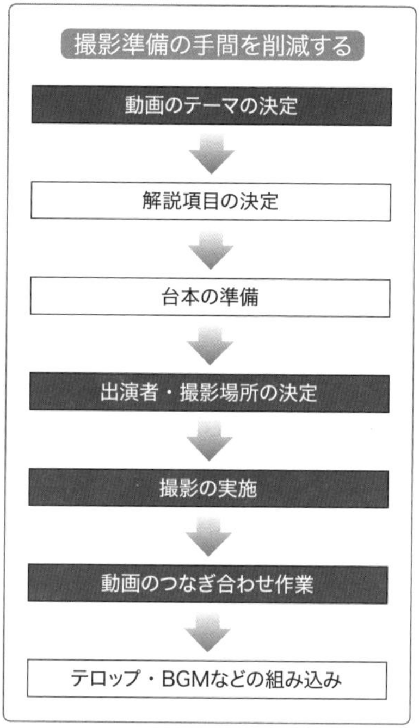

「さぁ、動画を公開しよう」と意気込んでも、動画制作にまつわる業務にどのようなタスクがあり、どのような順番で進めるのがいいかを知らないと、なかなか見通しが立たないものです。

そこで役に立つのが右図です。YouTube動画の制作プロセスには、このような一連の作業が発生します。まずは動画のテーマを決め、そのテーマをわかりやすく解説するために必要な項目と順序を洗い出します。項目が決まれば、それをもとにして台本が作れるようになります。

そこから、その台本を読み上げる出演者および適切な撮影場所を決め、そして動画の撮影になります。

撮影が完了するとそれぞれの動画をつなぎ合わせる作業で動画を編集していきます。最後にユーザーを飽きさせないような工夫としてテロップ・BGM・効果音などを動画に組み込んでいき、1本の動画が完成します。

撮影準備の手間を削減する

- 動画のテーマの決定
- 解説項目の決定
- 台本の準備
- 出演者・撮影場所の決定
- 撮影の実施
- 動画のつなぎ合わせ作業
- テロップ・BGMなどの組み込み

▶ 動画の形式ごとに必要な手間を知ろう

動画制作には一定の手間はかかりますが、内容によってはそれほど手間をかけずに制作できる動画の種類もあります。大手企業がよく行うような、商品の世界観を伝えるハイクオリティなプロモーション動画は簡単に真似できません。しかし、商品の使い勝手やサービス過程が伝わる映像で、ユーザーニーズとピッタリ合致していた場合、クオリティが高くなくても視聴回数を多く

獲得でき、大手企業のプロモーションの視聴回数を超えることが頻繁にあります。

　形式ごとの「動画の作りやすさ」を横軸に、「制作工程」を縦軸に、関係性を表すと下図のようになります。最も作りやすく、また企業でも内製化しやすいものはサービスなどの様子を撮影した動画です。工程としては、動画のテーマと出演者、撮影場所さえ決まればすぐに撮影ができ、編集も動画をつなぎ合わせるだけで完成させることができます。

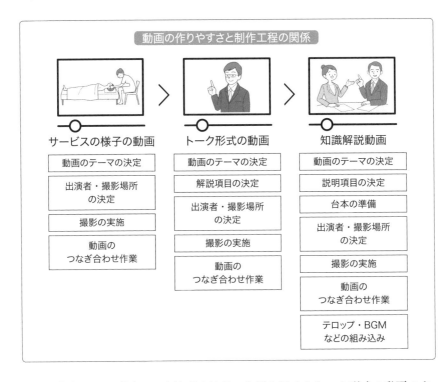

次に作りやすい形式は、出演者や社員の会話を見せるトーク形式の動画です。まず動画のテーマを決定します。台本は必須ではありませんが、どんな話の流れで進めるか、解説項目を打ち合わせする必要はあるでしょう。解説項目が決まれば、会話を撮影し、動画をつなぎ合わせて作業完了です。

　手間が多いのは、知識解説の動画です。テーマを設定し、項目を出します。この際にリサーチなども必要になるでしょう。そして台本をあらかじめ準備し、出演者や撮影場所を決めます。撮影後、動画をつなぎ合わせるだけでなく、テロップを入れて情報に緩急をつけたり、内容によっては画像や図式を挿入することも

必要となります。また、ユーザーを飽きさせないためにBGMや効果音を入れるなど、プラスアルファの工数が発生する場合もあるでしょう。

▶ それぞれのプロセスに慣れる

　これから動画集客を本格的にはじめる場合、まずは撮影の「プロセス自体」に慣れる必要があります。1本目から知識解説の動画を撮影することは、慣れていない場合に大きな負担がかかります。まずは作りやすい、サービスの様子を伝える動画などから作成するほうが現実的です。

　次に必要なことは、動画で話すことに慣れるということです。カメラに向かっていきなり1人で話すことは困難であっても、ゲストを呼んで対話したり、2、3人の社員で他愛ない話をする企画であれば、カメラを意識せずに動画の撮影に取り組むことができます。このような形式で動画を制作することで、自分または出演者が、動画で話すことや撮られることに慣れていきます。

　最後は知識解説動画に挑戦し、カメラに向けて話すことに慣れましょう。YouTubeにおいては、ユーザーとの心理的な距離の近い動画のほうが共感をつかめるため、このような1対1のコミュニケーションで語りかけることは1つの目標になります。また、ゆくゆくは毎回の制作において、情報を事前に整理し、ユーザーにとってわかりやすい解説ができる、という動画制作プロセスを確立したいものです。そのために、まずはカメラに向かって話すことに慣れることが大切でしょう。

Point

1. 動画の制作には企画から編集までさまざまな工程がある。

2. 「サービスの様子の動画」「トーク形式の動画」「知識解説動画」の順で、制作の負担が上がっていく。

3. まずは、動画の撮影に慣れ、次に動画で話すことに慣れ、最後にカメラに話すことに慣れる。

集客の公式

手間をかけない台本作り

▶ 台本の制作には一定の時間がかかる

　動画を制作するにあたって台本が必要となりますが、はじめての動画制作となると、台本を書く作業は面倒に思えるでしょう。1分程度の動画の台本であれば、それほど時間をかけずに作成できますが、動画が長ければ長いほど、ユーザーに伝えるメッセージをきちんと整理しながら記載していく必要があります。この台本を作るという作業をすべての動画で行うと膨大な時間がかかってしまいます。

　台本は「セリフが書かれているもの」というイメージが強くあります。しかし、出演者が台本をベースに話をしたにも関わらず、映像確認時に棒読みに思えたり、ニュアンスが文字のイメージと違って聞こえたりします。そのような場合には撮り直しもできますが、撮影時間が長引き、心理的な負担が大きくなってしまう原因にもなります。

台本に対するイメージ

人物A：みなさん、こんにちは
人物B：こんにちは
人物A：今日はこの商品を実際に使ってみよう！という企画です。
人物B：おお〜、実際に使ってみないと分からないこととかもありますもんね！
人部A：そうなんです。というわけで、今回はこの商品を実際に使ってみて、どんな便利機能があるかということを、皆さんにお伝えできればと思っています。

台本

▶ 情報を整理・共有するために台本を作ろう！

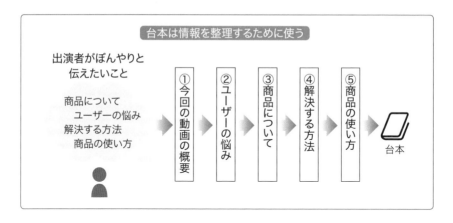

　動画を制作する目的は、制作者がユーザーに伝えたい情報やメッセージを、自分の口から、あるいは出演者を通じて伝えることです。そのためには、ユーザーに伝える情報を整理する必要はありますが、必ずしもセリフの全てを台本に記載しなければならないわけではありません。

　例えば、特定の商品をおすすめする動画を制作する場合、出演者として伝えたいことは、「その商品が解決できるユーザーの悩み」や「商品の情報」、「商品の使い方」などが考えられます。それらを事前に整理せずに撮影を行うと、話が着地しなかったり、言うべきことを忘れてしまうといった事態になります。

　「台本は情報を整理するために使うものである」と考えると、台本の作成にそれほど時間をかけずに済みます。台本によってどの順序で何を話すべきかが決まると、出演者も話をしやすくなります。よくある流れは（上図）、①まず冒頭で動画のテーマや概要を話し、②次に視聴ユーザーが持っているであろう悩みについて話をします。③その後に商品について解説し、④悩みの解決方法を解説して、⑤使い方を説明する、といったものです。全てのセリフを細かく書き込むのではなく、順番を決めるだけでも台本としての役割を十分に果たすことができるのです。

▶ 初めて台本作りに取り組む手順を知ろう

　初めて台本に取り組むときは、通常の文章とは異なり、話し言葉を書くため、最初は戸惑ったり時間がかかってしまいます。

　台本のイメージをつかむために、まずはこれから作ろうとしている動画に近い動画を1つ見つけて、その動画で話されている言葉を文字として書いてみると、イメージしやすくなるはずです。動画で音声を聞いている印象と、紙に書き起こされたテキストを読む印象は大きく違うことに気づくでしょう。文字に起こす動画は短くても構いませんが、なるべくセリフらしくない、自然な会話をしている動画のほうが参考になるでしょう。

　似ている動画を文字に起こした後に、その動画で話をされているポイントをまとめることで、どのような要素に分解できるのか、どんな順序で語りを展開していけば効果的に伝わるのか、などが見えてきます。そのような資料から得たポイントを、自分が動画で伝えたいメッセージに最適化し、台本に落とし込んでいきましょう。台本を作成することで、イメージのまとまった動画を作ることができます。

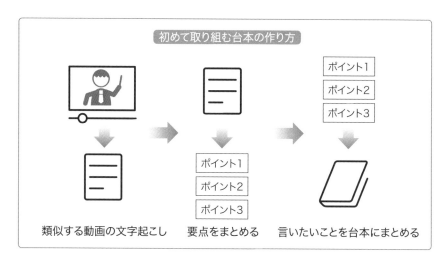

初めて取り組む台本の作り方

類似する動画の文字起こし　　要点をまとめる　　言いたいことを台本にまとめる

シナリオ・撮影

Point

1. 台本は、情報を整理するために作る。

2. セリフの全てを台本に書く必要はない。

3. 類似する動画内のセリフを書き起こし、ポイントを抽出することで、自分の台本に転用できる。

見せる動画 | 教える動画 | 商品販売 | アルゴリズム | マーケティング | ブランディング | 表現技法

集客の公式

52 ▸ 出演者のイメージ戦略

▶ 出演者自身の訴求の重要性を知ろう

　知識が主体となる動画の場合、「その情報を誰が発信しているか」という点が重要となります。YouTubeには同じトピックに対して、数多くの動画が存在するため、どの動画の内容を信頼したらいいか、ユーザーは迷っています。そういう状況下において、「**解説している人は何者なのか**」について語ることで、切り口の差別化や信用度UPにつながります。

出演者の信頼性が重要

YouTubeクリエイター　　美容関係者　　医師

肌荒れの治し方

　例えば、「肌荒れの治し方」と検索したときに、上図のように3人の動画投稿者が表示されたとします。1人は**YouTubeクリエイター**で、普段行っている手入れや使っている商品とその使い方などを解説しています。その女性のファンは動画を見つけたときに視聴する確率が高いですが、もし知らない場合はスルーされてしまうかもしれません。語り口が身近である可能性が高いため、共感をつかむでしょう。ただし、あくまでユーザー目線で主観的なため、内容自体は参考程度にとらえるかもしれません。

　次に表示された動画には、**美容関係者**が出演しているとします。ユーザーとしては、日頃の業務で美容に携わっていることから、その領域に詳しい人物であると想像するでしょう。

　最後に**医師**が出演する動画が表示されたとします。「医師が解説する冬の肌荒れ対策」といった内容で、ユーザーは内容に信憑性を感じるでしょう。また、ユーザーが知らない人物であったとき、YouTubeクリエイターのように親近感

こそ感じないかもしれませんが、肩書や権威によって無条件に信用する可能性も高いです。

このように、**同じテーマであったとしても、出演者によって印象が異なってきます。特に、明確に解決したい問題や具体的な疑問がある場合、ユーザーは動画に正しく信頼性の高い内容を求めます。** もし情報が正しかったとしても、出演者が明示されていなければ信頼を得にくいのです。この場合、肩書の明示や情報ソース、そしてキャスティングが重要になってきます。

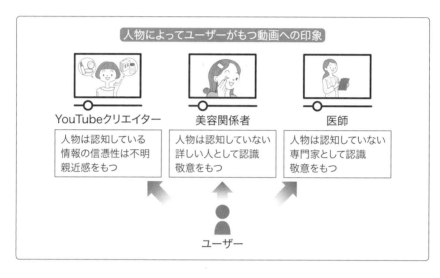

YouTubeクリエイターとなると顔や人柄が知られている場合も多いです。ただし、内容の信憑性はその人物がどう認識されているかに左右されます。また、知らない人物ならば、画面に表示されてもユーザーはすぐには信用しないでしょう。

美容関係者が出演する場合、人物の認知がされていなかったとしても、美容に詳しい人物であることは想像ができます。この場合「**美容部員がおすすめする肌荒れ対策**」というような打ち出し方が効果的です。

医師が投稿している場合、ユーザーは彼／彼女を直接的に知らなかったとしても、ユーザーは信憑性が高いと受けとります。共感を誘わないかもしれませんが、専門性に敬意は払うでしょう。この場合、「**医師が解説する正しい肌荒れ対策**」という切り口は、非常に効果的な見せ方だと言えます。

シナリオ・撮影

▶ 衣装や撮影場所で出演者の人物像を暗示する

「出演者がどのような人物であるか」を訴求することは重要です。「その内容を誰が語るのか」は、たくさんの動画がある中で差別化要因になるからです。

出演者がどのような人物であるかを伝えるコツは、主に2つあります。1つめは「自分の言葉で、自身が誰であるかを明確に伝える」ということです。その人をはじめて見たユーザーの場合、「出演者が誰であるか」を名前や内容、共演者から想像することは困難です。毎回毎回自己紹介をしていると当人としては飽きてしまうものですが、はじめてへの配慮を常に行うことが重要です。

もうひとつは、「衣装や撮影場所（またはバーチャル背景）によって出演者のイメージを暗示する」というテクニックがあります。場所や衣服は出演者の人物像を間接的に表現する手段でもあるため、動画制作においても重要な要素と言えます。

例えば右図のように、上下2種類の動画があるとします。両者とも医師が出演し、医師であることを明かしていますが、衣装および動画が撮影されている場所の2点において異なります。

人物に対する印象訴求

言葉で伝える
衣装：私服
場所：自宅

言葉で伝える
衣装：白衣
場所：診察室

上の動画は、自宅を撮影場所にして、私服を着て語る様子が撮影されています。言葉では医師であることを伝えていても、背景の自宅と私服が、権威の演出を邪魔しています。一方、下の動画では、出演者は病院の診察室におり、白衣を着用したまま語っています。背景と衣装が説得力を高め、医師であることが直感的に伝わります。このように、暗示の効果を活用することで、言外に多くのことが無意識レベルで伝わります。

Point

1. 出演者のタイプによって、ユーザーへの印象や信憑性が変わる。

2. 「出演者が誰であるか」は、本人が自己紹介した上で、衣装や撮影場所を活用することで、さらに効果的に伝わる。

集客の公式

53 ◀ 台本を読むより 自分の言葉で喋る

▶ 台本通りに読むのは危険！

　演劇や芸能などのプロであればセリフを自分の言葉のように話すことができますが、YouTubeのビジネス活用において、スタッフは経営者や会社員となるでしょう。しかし決してプロである必要はありません。商品・サービスについて語る上で、リアルな関係者が自分の言葉で話すことで説得力が増します。

　無理に台本を作ることはおすすめできません。なぜなら、私たちは普段の生活の中で決められたセリフを喋る機会も、喋らされる機会もそれほどありません。そのため、台本内に固定されたセリフを決めてしまうと、書かれている説明文や表現方法にとらわれてしまい、記憶をたどりながら喋ることとなります。また、動画を視聴しているユーザー側も、出演者の喋りに対する違和感から「その人の言葉ではない」と感じて、正しい情報を伝えているにも関わらず、情報の信頼性が低下する危険もあります。

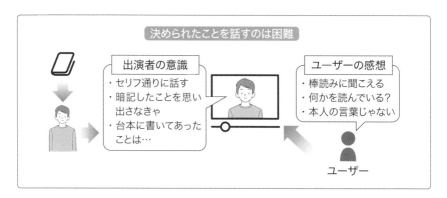

決められたことを話すのは困難

出演者の意識
・セリフ通りに話す
・暗記したことを思い出さなきゃ
・台本に書いてあったことは…

ユーザーの感想
・棒読みに聞こえる
・何かを読んでいる？
・本人の言葉じゃない

ユーザー

シナリオ・撮影

▶ 出演者の目線に注意して撮影しよう

　撮影に際し、カンニングペーパー（通称カンペ）を用意するのもいいですが、考えた内容を話すことと文字を読むことには違いがあるため、違和感につながります。どうしてもセリフが必要なときは、出演者がいる形式ではなく、ナレーションの音声を組み込むほうが賢明でしょう。

カンペを使うときは、カメラ目線を意識する必要があります。手元や貼り付けた紙を読んでいるときだけ目線が外れ、自分の言葉で喋っているときは目線が合っているという状態になります。これは不自然に感じられるでしょう。

下図は目線がユーザーの正面をとらえているものと、目線が少し上を向いているものの比較です。左側のようにしっかりと目線が合っていると、視聴者は出演者と1対1で話している感覚になり、自然に親近感をもちます。

逆に右側のように、**目線が落ちたり、あらぬ方向へ向いていると、視聴者は違和感や心理的に遠い印象をもちます。**

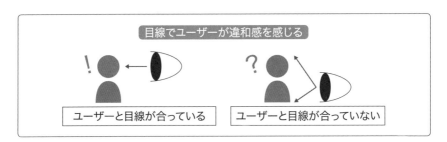

目線でユーザーが違和感を感じる

ユーザーと目線が合っている　　　ユーザーと目線が合っていない

▶ 出演者からの理解と協力を得る

もし動画を投稿するのが企業ならば、社員の理解・協力が不可欠となります。それぞれの動画や役割に適した人選が必要です。企業による動画ですが、ユーザーと直接的にコミュニケーションをとるのは動画に出演しているキャストのため、出演者の動画に対する理解が動画全体のイメージを左右します。

まずは、出演者に動画の目的や狙いを説明する必要があります。「これから制作する動画がどんな役割を持つのか」「視聴者層はどんな人たちなのか」などを認識してもらう必要があります。

Point

1. YouTubeではセリフを読むよりも、自分の言葉で話す動画が好まれる。

2. 出演者の目線が動画の違和感につながる。

3. 出演者に動画の目的を説明し、認識をすり合わせる必要がある。

54 人が出ない動画の3パターン

▶ 人物は映らなくても動画は成立する

　動画のプロモーションを行う上で、「人物を映さない動画」を検討することがあります。「自分が動画に出たくない」あるいは「社員に出演を嫌がられた」といった場合もあるでしょう。果たして、出演者がいない動画だったとしても、視聴回数を狙っていくことはできるのでしょうか。

　YouTubeは「YouTuber」と呼ばれる動画クリエイターのイメージが強いです。そのような動画は、出演者のキャラクター性、動画の内容、喋り方など、視聴動機が「個人」に依存する傾向がありますが、**企業や事業主の場合は期待されている内容として、「情報」が主体となるケースが多い**です。ユーザーが求めているのは「信頼できる情報」であり、必ずしも出演者が映っている必要はありません。

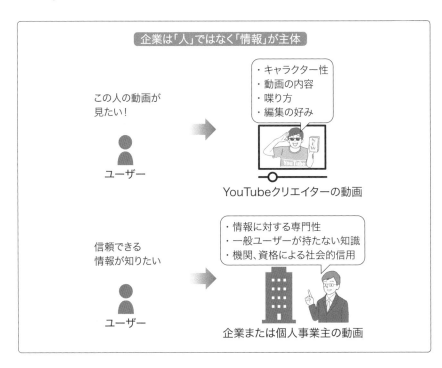

企業は「人」ではなく「情報」が主体

この人の動画が
見たい！

ユーザー

・キャラクター性
・動画の内容
・喋り方
・編集の好み

YouTubeクリエイターの動画

信頼できる
情報が知りたい

ユーザー

・情報に対する専門性
・一般ユーザーが持たない知識
・機関、資格による社会的信用

企業または個人事業主の動画

シナリオ・撮影

▶ 出演者が映らなくても動画は成立する

　企業の商品・事業プロモーションにおいては、動画に人物が登場しなければならないというケースはほとんどありません。商品を主体に撮影し、テロップやアテレコ形式で解説を追加すれば十分です。Webサービスの場合、それを使用している状況を画面キャプチャーで実演するのがいいでしょう。

　弁護士や税理士、コンサルタント、カウンセラーといった業種の場合、人物との契約の形が取られることが多いため、信用を作るために出演者が映ることが理想的ではあります。しかし、人を映さないとしても、深い知見や専門性のあるわかりやすいスライド解説があれば、信用を獲得できるでしょう。

　個人がYouTubeを使っていくとなると、一般的には「話し手が誰であるのか」を明らかにしたほうがユーザーに信用されやすいです。しかし、企業によるYouTube活用となると、出演者はその会社に所属している人物であることがわかるため、必ずしも身の上を明かす必要はありません。これは個人情報を明かすことに抵抗のある出演者がいるときに、利点になるでしょう。

▶ 出演者が映らない動画の形式を知ろう

　出演者がそれほど映らずに撮影ができる動画の形式として、主に3種類が挙げられます。まず1つめが手元で商品を中心に撮影する動画の形式です。商品の種類を問わず企業にとっては導入しやすい動画の形式です。お菓子やインテリアのように見栄えするものは相性がよく、あるいは工具のように手で使う商品であれば、利用シーンを実演できます。ユーザーとしては商品をアップで見ることができるため購入を検討しているユーザーの迷いを払拭する可能性があります。ネットショップを営む方には直接的な販促効果があるかもしれません。

　次に、Webサイト・スライドを映して解説する形式もあるでしょう。スクリーンキャプチャのソフトを用いて、画面を録画しながら音声を入れます。ただし、商品や出演者が出る動画よりも、映像に動きが少なくなりがちなため、ユーザーを飽きさせない工夫が必要になります。スライドに動きをつけたり、Web画面を複数推移したり、近年では動的なアニメ映像を自動生成するホワイトボードアニメーションツールも頻繁に利用されています。

人が出演しなくていい動画形式

商品を手元で解説する形式の動画。企業チャンネルで公開されていることから、出演者が企業に所属することは認識される。複数人での会話形式がいい。

Webサイト・スライドを映して解説する形式の動画。Webサービスを展開している企業・個人などを想定。ユーザーを飽きさせない工夫が必要。

出演者をイラストで表現する動画。商品を手元で解説する動画と併用することで、出演者のイメージをユーザーに訴求できる。複数の表情をしたイラストを切り替えることで動画に緩急を出すこともできる。

　出演者をイラストで表現する形式では、ユーザーは親近感がわき、動画制作者あるいは声の出演者をイメージしやすくなります。商品の情報や知識のみでは無機質になりがちですが、イラスト化された人物を登場させることで、共感や親近感がわくものになります。ユーザーとのコミュニケーションや距離の近さを重視する場合に有効な方法です。

シナリオ・撮影

Point

1. 「情報」を得るために視聴される動画は、必ずしも人が登場する必要はない。

2. 出演者が要らない動画の種類として、商品を手元で解説するもの、スライドやWebサイトを映すもの、イラストで人物を表現するもの、の3種類がある。

ナレーションを上手に活用する

▶ 出演者が登場しないほうがいいケースもある

　動画を作るとき、多くは撮影者と出演者が同じ場所で行いますが、企業が属する業界によっては、動画の撮影対象となる商品が複数の土地に点在することもあります。このような制約は、例えば観光地や店舗、不動産にまつわる動画テーマだと生まれてくるでしょう。

　そのため、**撮影者と出演者が毎回それぞれの土地に赴く、というような方法をとっていると負担が大きくなってしまいます。**例えば賃貸マンションを売り出したい場合、部屋が各地に点在するため移動のコストがかさむでしょう。ジュエリーや工具など移動可能なものであれば、1つの場所に集めてそれぞれ複数の動画を撮影できますが、大きな家具や設備など商品を移動させることができない場合、撮影者自身が移動する必要があるでしょう。

出演者が動画に出演する場合

物件Aでの撮影　　物件Bでの撮影　　物件Cでの撮影

　賃貸マンションの例で見ると、1軒目の物件Aで撮影者と出演者が撮影を終えた後に、2軒目の物件B、そして3軒目の物件Cへと移動する必要があります。移動を伴う撮影の場合、スタッフの負担は大きなものとなります。また、外部の制作会社に委託する場合、撮影日数が多くなるためコストが増加します。こういったケースでは、現実的に見ると、出演者が登場しないほうが動画の継続的な投稿が行いやすいでしょう。

▶ ナレーションを活用しよう！

　動画でプロモーションを行う上では、動画の内容について検討することも重要

ですが、その動画を継続して制作できるかを検討することも重要です。これを検討する上では、動画として継続的に制作できる企画を立案できるかどうかの他に、制作コストの見立てができるかどうかを考える必要があります。

　賃貸マンションのケースで考えると、出演者を動画に登場させず、複数人の撮影者がそれぞれのマンションの部屋を撮影するのが望ましいです。

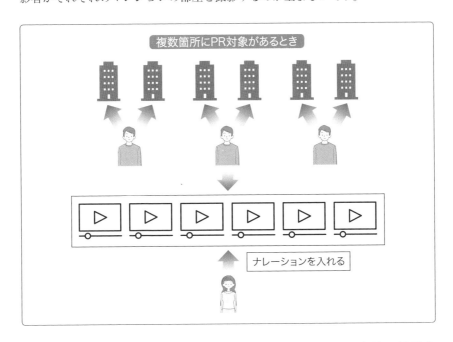

複数箇所にPR対象があるとき

ナレーションを入れる

　ここで役に立つのがナレーションの活用です。上図のように、各地で撮影された動画素材を一箇所に集約し、編集する段階でまとめてナレーションによる解説を吹き込み、統一感をもたせます。

▶ ナレーション動画に適している内容

　YouTubeではこのように編集された動画に対して、ナレーションを当てている解説動画は数多く存在します。商品の映像や使っている様子を撮り、その画面画面の絵に応じて、アテレコがなされています。撮影場所で出演者が解説する場合は、必要となる全ての情報をその場で説明する必要があるため、事前の準備を十分に行わないといけません。しかし、後からナレーションを入れるのであれば、事前準備の手間が省け、後からじっくりと内容を考えることもできます。企業として導入しやすい動画形式です。

シナリオ・撮影

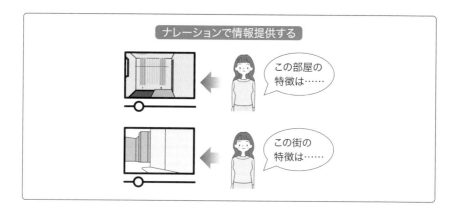

　では、ナレーション内容の実例を考えていきましょう。賃貸マンションの例では、部屋だけではなく、立地や近隣施設に関する情報を伝えることで、ユーザーにその部屋への興味をもってもらいやすくなるでしょう。

　他にも観光施設を紹介したり、街の道案内をする動画にもナレーション解説が適していると言えます。実際の街を見ながらその街に詳しい人の話を聞いているような視聴体験をすることができるでしょう。街を案内するためには撮影者がロケ地に出向く必要があるため、地域数が限定されてしまいます。しかし、複数人がそれぞれの都合で撮影し、後からナレーションで統一すれば、負担が減ります。また、出演者や撮影者にとっても「街中で話す」ということの恥ずかしさを避けられるでしょう。動画というと「出演者はどうするか」という疑問が浮かびますが、「ナレーションを何に活用するか」という視点をもつことで、制作できる動画の幅を広げることができます。

Point

1. PR対象の商品が移動できないものの場合、ナレーションを検討する。

2. 別の場所で撮影されたいくつかの映像を、後からアテレコのナレーションでつなぎ合わせる。

集客の公式

56 テロップで感情や臨場感を伝える

▶ テロップのみでも動画として成立する

映像にナレーションなどを含めずに、テロップ
をつけるだけの編集で、動画を展開していきたい
方もいるでしょう。しかし、動画に出演者が登場
せず、ナレーションによる解説もないとなると、
その動画はユーザーから視聴されるのか疑問をも
つかもしれません。

テロップのみの動画

新搭載のタイマー機能
を使えば、うっかり寝て…

実際のところ、YouTubeにはテロップのみで進
行する動画が数多く存在します。メーカー企業による商品の使い方解説動画によ
く見られる形式です。テロップによる動画だけでなく、テロップすらなく映像の
みの動画もあり、YouTube上ではそういった動画が多くの視聴回数を獲得でき
ている場合も多々あります。ナレーション追加はあくまでも選択肢で、運用の方
針や動画内容によっては、テロップのみの動画のほうが適切な場合もあるでしょう。

▶ テロップの有無による注意点や工夫

テロップのみで動画が進行する動画には、動画投稿者の心情などをテロップで
表現することで共感を誘ったり、ユーザーを飽きさせない工夫をしているものも
あります。言い回しや表現の独特さなどから、その動画投稿者のキャラクターを
表現するYouTubeクリエイターも存在します。

またテロップのため、その言葉自体は当然重要ですが、**フォントやレイアウ
ト、エフェクト**についても注意して編集を行う必要があります。フォント
によっては喜びや悲しみといった感情を表現することができ、その感情の種類や
強さは、フォントの種類や大きさで表現することができます。テロップは単に理
解を助ける補助的役割のイメージが強くありますが、エフェクトの使いように
よっては、ユーザーを飽きさせない工夫にもなります。

テロップすらもない動画もあります。とはいえ、このような素朴な動画が人気
になるケースは限られます。例えば、その被写体が珍しいものだったり、

シナリオ・撮影

一部の人だけが見られる貴重な映像である場合には効果的です。わかりやすい例としては、プロ野球中継での主審のカメラが挙げられます。主審につけられているカメラは主審の視線に近いものを映像として映し出しますが、主審から見えるものは一般客には通常見ることができません。この映像自体がユーザーの興味を引くため、テロップがなくても動画が視聴されます。

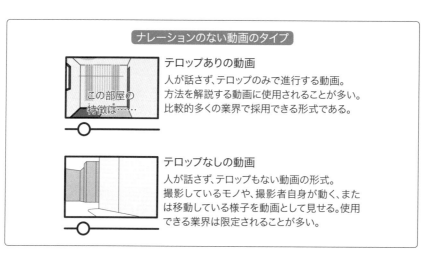

ナレーションのない動画のタイプ

この部屋の特徴は……

テロップありの動画
人が話さず、テロップのみで進行する動画。
方法を解説する動画に使用されることが多い。
比較的多くの業界で採用できる形式である。

テロップなしの動画
人が話さず、テロップもない動画の形式。
撮影しているモノや、撮影者自身が動く、または移動している様子を動画として見せる。使用できる業界は限定されることが多い。

　また、テロップのない動画では「音」も重要となります。視覚情報としては、出演者が登場せずナレーションも含まれないため、ユーザーの興味を引くための「音」を活用するといいでしょう。
　例えば、動画が撮影されている場所で聞こえる環境音です。YouTubeには街を歩いている様子を主観視点で撮影している動画が多くありますが、それらは環境音をあえてBGMで上塗りせず、マイクが拾った音をそのまま利用しているものが多くあります。映像の臨場感を環境音によって引き立たせ、ユーザーがその場所を歩いているような視聴体験を与えることに成功しています。

Point

1. テロップで投稿者の心情を表現したり、フォントやエフェクトで注意を引く方法もある。

2. 被写体が珍しい／貴重な映像ならば、テロップは必要ない。

3. テロップのない動画は「音」も有効活用する必要がある。

集客の公式

57 営業の流れに動画を組み込む

▶ 営業の流れにおいて動画のもつ役割

　動画を撮ってみたものの、いざ作ってみると、本当に「サービス提供の様子を撮影しただけの動画」が集客に効果があるのか疑問に思う方もいるでしょう。

　この疑問を晴らすためには、営業の流れにおいてどのように動画が関係してくるのかを考えてみる必要があります。ユーザーにとって動画の利点は、購入を検討していたり、サービスを受けるか迷っているときに、実際に赴いたり、サービスを受けずとも事前にイメージできることです。

動画で見られるユーザーの利便性

この商品の特徴は……

この商品の特徴は……

自宅で商品や説明が見られる　　　店頭で説明を受ける

　ある商品の特徴を知るためには店頭のスタッフに話しかけ、その商品にどのような特徴があるのか、類似する商品は何で、その差はどんな点かという疑問を投げかけるでしょう。この疑問の解決に、動画が補助的な役割を果たします。

▶ 動画を使って意思決定の後押しをしよう！

　ユーザーは動画を自宅などのプライベートな空間で視聴する傾向にありますが、それだけでなく、店頭で商品を購入しようとしている最中にも動画を視聴することがあります。自宅で視聴した動画を店内で改めて確認するのは、最終的な購入を決めるための材料になっているのです。

　Google/Ipsos[*]の調査(Think with Google, How online video empowers people to take action：Google)によると、**55％の買い物客は実際に店内に訪れているときに動画を使用する**と報告しています(次頁図)。自分の欲しい機能が

シナリオ・撮影

確かに入っているかについて確認するためです。

　また、「見せる動画」はビジュアルで直感的に訴えかけるため、集客や購買の意思決定に影響を及ぼします。一般的に、「欲しい」と思う商品はWebサイトを繰り返し訪れ、「欲しい」という気持ちがさらに高まるものです。同じように動画を繰り返し見ているうちに、購買意欲が高まることも十分に考えられるでしょう。

▶ サービスの様子を見せる動画の上手な撮影方法

　サービスを提供している様子などの動画を撮影するときは、カメラがユーザーの目線であることを意識することが大切です。2種類の方法があり、どちらかの形式を選択するといいでしょう。

カメラをユーザーの視点として考える

固定位置での撮影
カメラを固定された位置から撮影。
来店を必要とする業界に向いている。ユーザーがサービスを受けるイメージを訴求する。

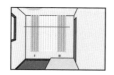

主観視点での撮影
カメラをユーザーの視点に見立てて撮影。
ユーザーは自分自身が体験している感覚を得られる。出演者が必要となるケースが多い。撮影者はユーザーが見たいものを撮影する。

1つめの形式は、固定視点から撮影する方法です。サービス提供の全体図が収まるようにカメラを配置し、サービス提供の開始から終了までを録画する形式です。店舗があって、来店が必要なサービスには向いているでしょう。まだその店に行ったことのないユーザーにとって、事前に動画を視聴できることで、初来店の不安を払拭できます。

2つめは、カメラをユーザーの目に見立てて、主観視点で撮影する方法です。ユーザーは動画を通じてその場所に実際に訪れたような感覚になります。主観視点の動画は、テロップやナレーションを使わない場合が多く、その場の環境音など、「音」を重視した動画が多い傾向にあります。観光施設やホテルといったユーザー自身が訪れなければ確認できない、体験や感覚を訴えかける場合に非常に相性がいいです。

このように、動画を単なるPRとして位置づけるのではなく、営業活動全体の中でどのような役割をもたせるかを本質から検討すると、色々な発想やアイデアが浮かんでくるはずです。

Point

1. ユーザーは商品の購入前や購入中に、疑問を解決するために動画を見る。

2. サービスの様子を見せる動画は、その場でしか体験できない臨場感を伝えるように作る。

シナリオ・撮影

集客の公式

58 視聴者を巻き込みながら話す

▶ 1対1のコミュニケーションを心がけよう

　集客の公式03でご紹介したように、ユーザーに1対1で話しているような感覚で伝えることは、YouTubeにおいてとても大切です。YouTubeはプライベートな空間で視聴されることが多いため、複数人で1つの動画を一緒に見るといった状況よりも、1人で動画を視聴している状況のほうが多いです。

ユーザーの動画視聴について

動画はユーザーのプライベート空間で視聴される

　ただ実際問題、「ユーザーに話しかけるように話す」と言われても、そのような撮影方法に慣れていない方であれば、イメージがわかないかもしれません。

▶ ユーザーを意識した発言をしよう

　このことは、「出演者が1人でカメラに向けて話す」というような映像を作る場合だけに当てはまる話ではありません。2人の対話、あるいは3人以上の出演者の会話においても、ユーザーを意識した会話とユーザーを意識していない会話では、動画を視聴するユーザーが受け取る印象は大きく変わります。特にこれから動画プロモーションをはじめるのであれば、「自分はカメラに向かって話すことに慣れていない」あるいは「慣れていないスタッフが出演者になる」というケースが多いでしょう。そのため取り掛かりとしては、不慣れでも動画が成立しやすい、「複数人のトーク形式」が採用されがちです。

　ここで、例えば3人がトーク形式で解説する動画を検討してみます。右図の上

段は、**3人の輪の中だけで会話が完結してしまっている状態**です。視聴者への問いかけなどは特になく、テーマについて3人が普段どおりに話をしています。このような状態が続くと、ユーザーは「会話の様子をただ見ているだけでつまらない」といった感覚を抱きやすくなります。

　対して、下図の下段は、**出演者が動画を視聴しているユーザーを意識して会話をしている状態**です。同じように特定のテーマについて3人で話をしているものの、ユーザーを意識した発言を行うことで、ユーザーは「自分に向けて話をしている」と、輪の中に入っているような感覚をもちます。

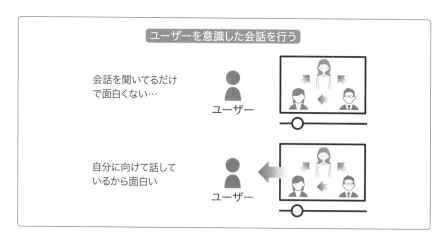

　動画撮影にまだ慣れていないとき、出演者はセリフや事前に打ち合わせした段取りで頭がいっぱいになってしまうことが多いため、「ユーザーに向けて情報を解説している」という意識を忘れがちです。また、出演者同士で話がはずむこともよくあります。そもそもの目的に立ち返れば、**一番大切なのはユーザーへの知識提供で、会話はあくまでもその手段です**。ユーザーを置き去りにしてしまうのは避け、むしろ積極的に巻き込んでいく必要があります。

▶ 動画を通じてユーザーに話しかけよう

　「ユーザーに向かって話しかける」という話し方にピンとこない場合、まずはYouTubeクリエイターの動画を見るといいでしょう。さまざまなジャンルや扱っているテーマがありますが、彼らは動画を「ユーザーとのコミュニケーションツール」として捉えており、その点で非常に参考になります。実際にYouTubeクリエイターの動画を一視聴者として見て、ユーザーとのやりとりのセリフをメ

シナリオ・撮影

モしたり、視聴後に得られた感覚を覚えておくと、撮影時の話し方や撮影前の台本作りにおいて役立つでしょう。

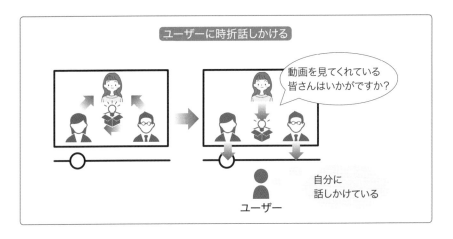

　すぐに視聴者を巻き込むテクニックとしては、「定期的に問いかけを挟む」という方法があります。複数人で会話をしているとどうしても、出演者たちの中で会話のパスが回ってしまいます。しかし、このときに「動画を見てくれている皆さんはいかがですか？」という問いかけを、各トピックの開始時や終了時に挟んでいきます。これを一定間隔で行えば、ユーザーは心理的に取り残されません。

　また、会話の中で生じる驚きや笑いといったリアクションを、カメラ目線で行うことによって、共感や親近感が伝わります。小さな違いに思えるかもしれませんが、このような「ユーザー目線」を意識すると、動画への反応がよくなるはずです。

Point

1. 出演者同士がただ会話している状態を避け、適切に視聴者を巻き込む。

2. ユーザーに向けて問いかけをしたり、リアクションを見せると、ユーザーは出演者に親近感を抱きやすくなる。

集客の公式

59 シナリオと尺の考え方

▶ 適切な動画の長さを考えよう！

　いざ動画を作るとなったら、その動画を何分程度にすればいいか悩みどころでしょう。ベンチマークとしているチャンネルの動画の長さを参考にするのも手ですが、そのチャンネルとは商材が違ったり得意とする専門領域が違ったりして、自分（自社）にとって本当に適切な時間の長さまではわかりません。

　忙しい現代人に最後まで動画を見てもらうために、2分程度の短い動画企画もあるでしょうが、内容によっては短くしないほうがいいものもあります。

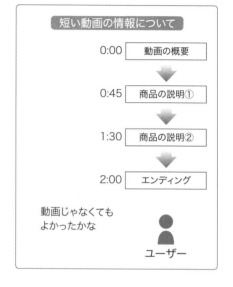

　YouTubeのビジネス活用となれば、テーマの多くは「エンターテイメント」よりも「情報」が主体となります。このような文脈において、ターゲット層は何らかの知識を得たいユーザーであるため、商品や専門領域について詳しい説明を聞きたいと思う傾向にあります。

　短い動画となると、時間内に説明できる内容も短くなります。例えば、冒頭で動画の内容の大枠を解説し、次にPRしたい商品の1つめの特徴を説明し、さらに2つめの特徴を説明したとします。ここまでで、1分30秒程度は経過しているかもしれません。すると2分で想定していた場合、残りの30秒程度でエンディングとして動画の内容をまとめなければなりません。これでは、表面的な情報を伝えるだけでタイムリミットがきてしまいます。概要程度の情報であれば、ユーザーも自分自身で検索し、Webサイトから発見することができます。時間を縛る必要がないのであれば、むしろ、伝えたい内容を先に構成案に詰め込んで、そこから所用時間を算出するほうがいいでしょう。

シナリオ・撮影

261

▶ 10分を想定したときの効果的な動画シナリオ

10分など一定の尺を確保できるのであれば、伝えたい情報を十分に組み込むことができるでしょう。長くなったぶん、構成についてはバリエーションが生まれ、より緻密に考える余地が出てきます。狙うテーマの競合動画の解説内容を考慮して、差別化する必要もあるでしょう。しかし、動画の長さによる制限を気にしなくてよくなります。

一例ですが、冒頭の30秒程度で**動画の概要**について解説をします。ここでユーザーにこの動画がどのような内容を解説するものであるかを伝えます。次に動画を視聴している**ユーザーの悩み**（あるいは視聴動機）に触れます。ここでは、ユーザーが共感する話で「つかみ」を行い、ユーザー自身がその動画を視聴することで得られるメリットを提示します。そして、その悩みに対する**解決方法を提案**します。ここまでで少なくとも3分程度が経過することが多いでしょう。

この約3分のつかみによって、ユーザーの視聴動機を明確にできれば、その後続く本題である解決方法の掘り下げにもついてきてくれます。なお、本題は**ポイン**

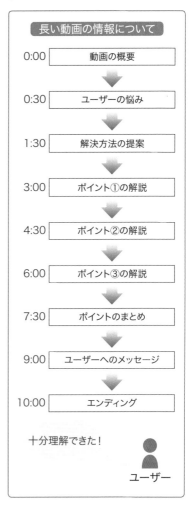

長い動画の情報について

0:00	動画の概要
0:30	ユーザーの悩み
1:30	解決方法の提案
3:00	ポイント①の解説
4:30	ポイント②の解説
6:00	ポイント③の解説
7:30	ポイントのまとめ
9:00	ユーザーへのメッセージ
10:00	エンディング

十分理解できた！

ユーザー

トを区切って解説したほうがわかりやすいです。右図では仮にポイント①〜③とし、それぞれの解説を行い、総括として**ポイントのまとめ**を伝えて本題を締めくくります。その後、「みなさんもこの知識を生活に生かしてみてください」というような、**ユーザーへのメッセージやエンディング**を挟む場合もあるでしょう。

2分の短い動画ではなく、10分でしっかり内容を整理して伝えると、情報を求めていたユーザーは「見てよかった」と満足してくれるでしょう。このような満

足度の高い状態であれば、ビジネス・企業に対する信用につながり、商品を紹介してもモノが売れやすくなります。

▶ 動画は少し長めに撮影しよう！

　動画を撮るとき、2分なら2分、10分なら10分と、長さピッタリに撮影する必要はありません。**動画は撮影後に編集するのが前提であるため、不要な情報や沈黙、上手に解説できなかった部分は、カットして外すことができます。**

　そのため、想定時間よりも若干長めに撮影を行います。また「長さ」だけでなく、扱う情報の「量」についても同様です。撮影後に尺が余り、追加が必要になった場合、改めて撮り直すのは難しいことが多いでしょう。そのため、「もしかしたら使わないかもしれないシーン」も撮っておくことがおすすめです。撮影された動画の情報量が多かった場合、捨てることは簡単ですが、逆に動画の情報量が少なかった場合、不足部分を作ることはできないので撮り直しになってしまいます。

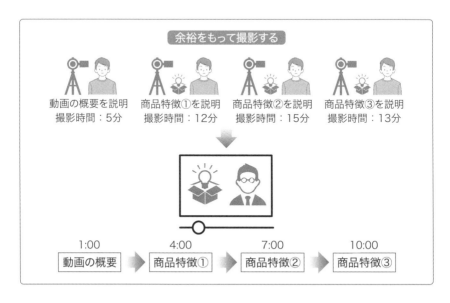

　上図のように「動画の概要」は**1分程度**の予定ですが、撮影時は5分程度話を行い、その中で採用するシーンを厳選しましょう。同じく「商品の特徴①～③」についても、**3分程度**の予定ですが、撮影時には12分など少し余裕を見て撮影

します。このようにして、編集を前提にした撮影時間の確保を行うと、手
戻りなく動画編集に入れます。

Point

1. 動画の長さからではなく、伝えるべき情報から考えて動画の長
   さを決める。

2. 撮影時は、実際の尺よりも少し長めに動画を撮影する。

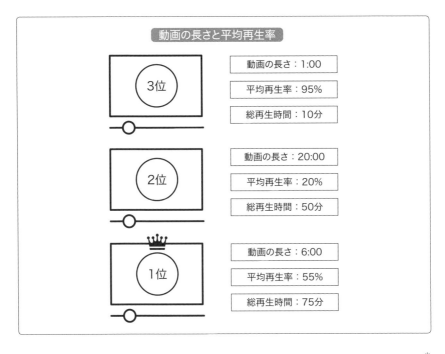

適切な長さで動画を作る

▶ 動画の適切な長さはどれくらい？

「動画はある程度長いほうがいい」という意見を聞いたことがあるかもしれません。そのように言われる理由は、YouTubeのアルゴリズムにあります。

動画の長さと平均再生率

3位
- 動画の長さ：1:00
- 平均再生率：95%
- 総再生時間：10分

2位
- 動画の長さ：20:00
- 平均再生率：20%
- 総再生時間：50分

1位 👑
- 動画の長さ：6:00
- 平均再生率：55%
- 総再生時間：75分

シナリオ・撮影

YouTubeのレコメンドシステムに関する論文の中で、Paul, Jay, Emre (2016) * は、Expected Watch Time per Impression（＝インプレッションあたりの期待視聴時間）が動画のランク付けのベースになるとしています。これはシンプルに言えば、「総再生時間」がランキングにおいて重視されるということです。例えば、もし「クリック率」を重視した場合、サムネイルやタイトルと動画の内容が一致しない、いわゆる「釣り（クリックベイト）」的な動画の蔓延を助長してしまいます。そのため、YouTubeは「画面に表示された回数に対して、どれだけ長く再生されたか」を重要視しているということです。

前頁図の3位は、長さが1分と短いため、再生数は稼げたとしても、総再生時間が蓄積されにくいです。逆に前頁図1位は、長さが6分のため、平均再生率はあまり高くなくても、総再生時間を75分にまで伸ばせています。ただし、動画は長ければ長いほど、ユーザーから最後まで視聴される確率が低くなってしまいます。前頁図2位は、20分と非常に長いため、平均再生率が著しく下がり、総再生時間の足を引っ張ってしまいます。

▶ ユーザーの状況に応じて動画の長さを決めよう

　このようなアルゴリズムは目安となりますが、あくまで長さに対する一番大切な判断基準は、その動画の内容がユーザーにとってちょうどいいと感じられるかどうかです。例えば、緊急でユーザーが情報を求めている場合、20分の動画を見せられたら、まどろっこしく思われて離脱されてしまいます。「エアコンが壊れた」「インターネットがつながらない」といったユーザーに対して、長い動画を制作することは、アルゴリズムとは関係なく適切ではありません。

　一方で企業が日々の悩みに関する情報提供をするような動画で、複数人で話をしたり、サービス提供の様子を公開するような動画であれば、緊急性は高くないでしょう。時間のあるときに思い出したように動画を探し、視聴している可能性も考えられます。そういった場合、ユーザーは時間に余裕がある状況にあるため、長い動画でも最後まで視聴されやすいはずです。

　またユーザーの「学習動機」も動画の作り方に影響を及ぼします。例えば、「会計」「学び直し数学」といったテーマで、何かを基礎からしっかりと学びたいと考えているユーザーがいるとします。そのような場合、断片的に解説されるよりも、動画がシリーズ化されていて、その動画の全体における位置づけやつながりを示すと長く再生されやすいでしょう。逆に、「余った玉ねぎの活用方法」「LINEのギフト機能説明」などちょっとした情報を手軽に知りたいテーマでは、その情報のみを端的に解説したほうが最後まで視聴されやすいでしょう。

▶ 動画として映っているものに変化をつけよう

　長い動画となる場合、解説項目を複数に分割することで見やすいものとなります。例えば、ラベルプリンターの特徴解説というテーマで項目立てをする場合は、特徴を3つなどに区切り（「自動カット」「QRコード読み取り」「スマホ転送」）、各項目を1分30秒などに抑えることで、ユーザーが飽きにくくなります。

　他にも動画の被写体を一定間隔で切り替えるという方法もあります。

YouTubeで公開される動画は1シーンあたりに充てられる時間が、テレビなど他のメディアと比べて非常に短いことが特徴です。ターゲットとするユーザー層によっても異なりますが、基本的には1つのシーンを長時間映しているとユーザーは飽きてしまいがちです。

例えば、出演者が商品の解説をする動画を想定すると、**出演者のみを映した後に、商品のみを映し、次に商品と出演者をセットで映す**など、ユーザーが見ている被写体を切り替えることで、動画の印象に変化を与えることができます。

この手法を使うには複数のカメラで撮影しますが、通常どおり一連の流れを撮影した後に、「商品のみのシーン」を後から追加撮影することで、編集段階でその追加シーンを組み込むこともできます。同じような映像を流すのではなく、被写体に変化をつけ、ユーザーの興味を保ち続けるという工夫も必要です。

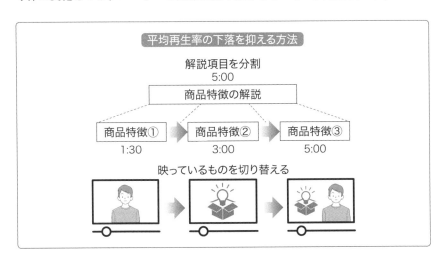

Point

1. **YouTubeの動画は一定の長さがあったほうが、アルゴリズム的に優位。**

2. **扱うテーマに応じて「ユーザーにとって適切な時間は何分か」を考える。**

3. **被写体に変化をつけると、動画の単調さを解消できる。**

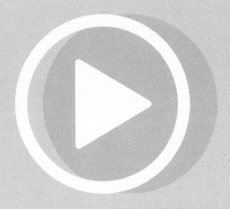

編　集

「編集」と聞くと、難しそうなイメージをもつ方がいるかも
しれません。しかしYouTubeでは、映像美や高い編集技術が
満載の動画が伸びているわけではありません。あくまで編集
の役割は、「情報を伝わりやすくする」ことです。基本は、要
らないシーンをカットし、一番よく伝わるように順番を並べ
替えること。その上で、テロップやBGM、効果音といった
補助的なエフェクトが登場します。本項では、ビジネス活用
において必要な「編集」の考え方をまとめました。

61 動画編集の5つのステップ

▶ 動画編集に対する一般的なイメージ

　これから動画プロモーションを行うとき、外部の制作会社に依頼するのではなく、自分で、あるいは内製ではじめることを検討する方も多いでしょう。はじめての動画編集となれば、基本的な作法を知っておきたいものです。

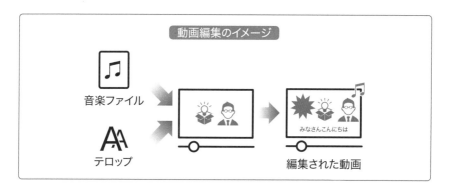

動画編集のイメージ

音楽ファイル

テロップ

編集された動画

みなさんこんにちは

　「動画編集」と聞いて彷彿させられるイメージは、テレビ番組のように「BGMが流れ、テロップは効果音とともに表示され、エフェクトやアニメーションが凝っている」といった印象の方も多いでしょう。このようなイメージから、動画の編集は難しいといった先入観があります。

▶ 動画編集は「情報を整理する作業」である

　しかし実際のところ、動画編集の基本的な役割は、「撮影された動画素材を順番に並べ替えること」です。BGMや効果音、テロップなどをつける以前に、ユーザーが見たときに、内容がわかりやすい順番で並べられているかどうか、が一番重要です。
　動画は台本の内容に沿って進みますが、撮影は必ずしも台本の時系列通りに行われるわけではありません。撮影対象や環境によっては、ラストのシーンをまとめて撮影した後に、本編のシーンをそれぞれバラバラに撮影することもあります。台本どおりに説明される場合でも、論理展開を考え直して、順序を入れ替えるこ

とも多々あるでしょう。

　それぞれのシーンを適切に並べ替えたり削ったりしながら、一連の流れで動画を視聴したときに、「この流れが一番伝わりやすい」という状態を目指す。それが編集作業です。音楽ファイルやテロップ、アニメーションを組み込んで、華やかな印象をもたせることはあくまで「おまけ」と捉えておきましょう。それらがなくても動画をきちんと見ることができれば、そういった編集は特に必要ありません。

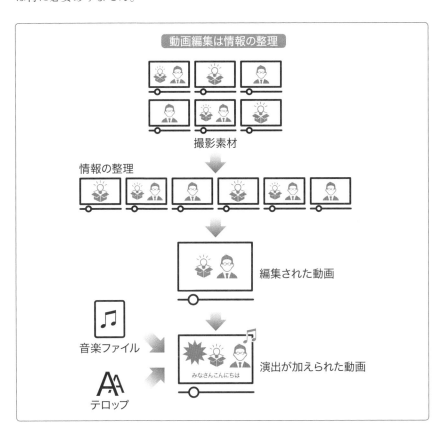

▶ 動画編集の工程を分類して考えよう

　動画編集に必要となる労力は、動画に組み込む要素の多さによって決まります。ここでは、5段階に分けて考えてみましょう（次頁図）。どの動画においても必ず必要なのが、ここまでご紹介した動画の順番を整理するタスク、つ

まり動画編集です。サービスの様子を見せるだけの動画であっても、不要と感じるシーンはカットが必要です。情報を解説する動画であれば、ユーザーに伝わりやすい順序で各シーンを並べ替える必要があります。

　動画編集にBGMを加えることで、動画の印象に変化を与えることができます。落ち着いた雰囲気のBGMやテンポの速いBGMを加えることで、動画を視聴しているユーザーの気分に影響を与えられます。BGMに加えてテロップを入れたり、効果音を追加することでユーザーに伝える情報の質や量を調整することができます。必要に応じて、映像内に動画や画像を追加することもあるでしょう。全ての要素が必要なわけではなく、必要な要素が何かを考えることが大切です。

動画編集の順序

動画編集
動画が整理された順序で編集された状態。
内容によってはこの状態でいいものもある。

動画編集+BGM
順序が整理された動画にBGMが追加された状態。
音が重要な動画ではBGMは不要である。

動画編集+BGM+テロップ
BGMが追加された動画にテロップが組み込まれた状態テロップには複数の種類がある。

動画編集+BGM+テロップ+効果音
テロップが組み込まれた動画に効果音が追加された状態。効果音はテロップと組み合わせて用いられることが多い。

動画編集+BGM+テロップ+効果音+動画/画像
BGM、テロップ、効果音などが組み込まれた状態に、動画の画面内に動画や画像が組み込まれている状態。
動画では撮影しづらいことを説明する際に用いられる。

Point

1. 動画編集の基本は、撮影された素材を順番に並べ替えること。

2. BGM／テロップ／効果音／アニメーションは必須ではない。

3. 動画編集に必要な工数は動画に組み込む要素の多さで決まる。

集客の公式

62 シーンを上手にカットする

▶ ユーザーにとって不要なシーンはカットしよう

　撮影された動画を見返すと、「せっかく撮ったから…」とどのシーンも組み込みたくなるものです。しかし、全てを無条件に採用すると冗長になりかねず、ユーザーはシーンをスキップする可能性が高まります。スキップされたシーンは視聴された秒数としてカウントされないため、結果として視聴者維持率や検索結果の表示ランキングが下がる原因となります。

動画の基本的な不要要素

視聴動機と異なるシーン
ユーザーが動画に期待する内容と違うシーンはカットの対象となる。ユーザーが見たいと思われるシーンのみを見せる必要がある。

意味をもたないシーン
出演者の沈黙や言葉を選んでいるシーンなどは意味を持たないのでカットの対象となる。こういったシーンを削除することで動画のテンポがよくなる。

出演者の説明が長いシーン
商品などに対する出演者の説明が長い場合、ユーザーが見ている画面に変化が見られないことが多いためカットの対象とする。ユーザーが見ているものに変化をつける必要がある。

編集

　カットが必要なシーンとは、**ユーザーの視聴動機と異なるシーン**、あるいは特に**意味をもたないシーン**などです。前者は例えば、ユーザーが「アクセサリーを身に着けている様子を見たい」と思ったのに、ファッションデザイナーが解説をしているシーンがあったら、ニーズにマッチしません。この場合、その解説は音声のみとし、映像ではアクセサリーを身につけた女性を映す、といった編集が適切かもしれません。

後者の「特に意味をもたないシーン」とは、出演者が沈黙や不要な間、あるいはセリフを思い出している様子などです。これらもカットの対象となります。

　またそれ以外にも、出演者の説明が長いシーンなどがあれば、解説内容を要約するように短くカットすることが必要です。

▶ 複数のカメラで撮影することで 編集の選択肢を増やそう

　理想を言えば、動画素材は多ければ多いほどいいでしょう。削ることはいくらでも可能ですが、撮影されていないものは編集で後からどうにかできません。編集中にたびたび起こる問題として、「**動画の単調さを回避したいのに、他に使える動画素材がない**」というものがあります。そのため、カメラは複数設置するのがおすすめです。

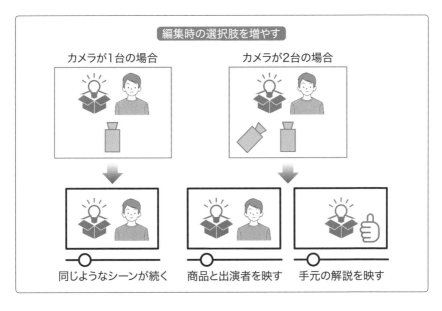

　上図は、カメラの台数によって編集できる動画素材の選択肢を増やしている例です。図の左側のように、1台のカメラで撮影した場合、そのカメラに収められた動画のみを編集することになります。この場合、同じアングルからの解説が続くため、視聴者に飽きが生まれ、それを回避するために効果音やエフェクトの追加など労力がかかるでしょう。カメラが1台だと、出演者の音声の問題でカットされたシーンの映像が使えなくなることもよくあります。該当箇所の出演者の音

声のみを取り出すことはできますが、前後の文脈や映している映像と合わせるために余計な時間がかかります。

対して、図の右側は2台のカメラで撮影した例です。1台目のカメラでは商品と出演者を撮影し、2台目のカメラでは商品を解説している手元をアップで映しています。このように2台のカメラで撮影することで、編集時に使用できる動画素材の選択肢を増やせます。**単調さからくる飽きを回避するために、一部を別アングルからのシーンに差し替えることができます。**ただし、カメラの台数が増えるほど、編集時に確認すべき動画素材の数が増えるため、多ければ多いほどいいというものではありません。

▶ カットすべきシーンについて考えよう

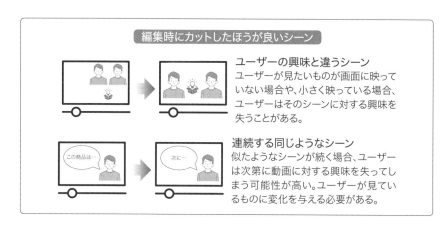

編集時にカットしたほうがいいシーンとしては、**画面に映っているものがユーザーの興味と違うシーン**が挙げられます。例えば、タブレットPCの紹介の動画で、2人の出演者が商品解説をしている様子を撮影していたとします。ユーザーにとっては「商品を見たい」と思う可能性が高く、2人がカメラ内に入るよう遠くから映された場合、そのシーンはスキップされがちです。

また、**同じようなシーンが続く**場合も、ユーザーが飽きてしまうため、カットが必要です。これは、セミナーの映像を収録した動画に見られます。スライドと出演者が会場後方から映されているシーンがひたすら続くと、内容に強い興味がある視聴者だとしても見続けるのは辛いものです。一部スライドを大きく映す、出演者の表情を映すなど、動画に変化や動きを与えることが大切です。

Point

1. 動画がスキップされると視聴者維持率が下がるため、不要な
シーンのカットを行う。

2. 複数のカメラを使って、編集素材の選択肢を増やす。

3. カットすべきは、ユーザーの興味と違うシーンや連続する同じ
ようなシーン。

集客の公式

63 ◀ テロップの役割と 効果的な3つの使い方

▶ 情報を伝わりやすくするためにテロップを使おう

　テロップの基本的な役割は、口頭説明に加えて、より確実に情報を伝えることです。また、特定の場所に文字が表示されることによって、視聴者は「ここがポイントなんだ」と感じるので、情報に緩急をつけるという意味合いもあります。これらが基本的なテロップの役割ですが、その他にも色々な効果があります。

　テロップには、情報の伝達経路を2つに増やす効果があります。ユーザーは必ずしも音声を完全に聞き取れる状況にいるとは限りません。自分の部屋でリラックスして動画を見ているのであれば音声も聞き取りやすいですが、例えば外や電車の中では、音声が聞き取りづらい、あるいは無音声で見ている状況も多々あります。こういった状況でテロップがあることによって、ユーザーは視覚でも楽しめるようになります。

　さらに、映像に動きを吹き込み、単調さを回避する効果もあります。テロップがなく、解説している様子だけが続くと、ユーザーが動画に飽きる原因にもなります。人間は動くものに注意を払うので、画面上にテロップが表示されたり、目次代わりに切り替わることで、画面に変化を与えることができます。

▶ テロップの使い方の3種類

　テロップは、いくつかのメジャーな使い方に分類できるでしょう（次頁図）。

　YouTubeの動画で一般的なのは、出演者の話し言葉をテロップとして組み込む使い方です。出演者が喋るセリフをそのままテロップ化し、喋っている内容によっては文字を大きくして感情を表現したり、フォントやカラーに変化を与えることでユーザーを飽きさせないように工夫されていることがあります。

編集

出演者の話し言葉を組み込む
出演者の話し言葉をそのままテロップとして組み込む
ことで、出演者の感情表現を強めたり、動画の雰囲気
を表現することができる。

要点や補足説明を組み込む
口頭で説明する必要のない情報や、口頭では説明が
長くなる情報については、説明を目的としてテロップで
組み込むほうが良い。商品スペックなどが該当する。

エフェクトを組み込む
動画に強弱をつけたり、解説する情報のうち重要な内
容がどこであるかをユーザーに伝えるために強調とし
て組み込む。ユーザーの飽きを解消することもできる。

テロップの種類

　情報伝達を目的とした動画では、**説明の要点や補足をテロップとして組み込むこともあります**。これは情報整理が目的です。商品スペックを図表にしたり、重要な固有名詞や数字については、音声だけでなく文字でも同じ情報を載せたりします。

　重要な情報を強調したり、賑やかな雰囲気を変化させたりと、**エフェクトをテロップとして組み込むこともあります**。場面場面に抑揚をもたせたり、単調さを回避するために、一部テロップが視覚的な演出効果を担います。

Point

1. テロップの基本的な役割は、確実に情報を伝えること。

2. 他にも、単調さを回避したり、雰囲気を作ったり、強弱をつける効果がある。

集客の公式

64

テロップでユーザーと コミュニケーションする

▶ まずは話し言葉をテロップとして打ち込んでみる

　はじめて動画を編集するとき、テロップとして何をどう入れればいいか悩ましいでしょう。出演者の話し言葉を入れるにしても、どの部分を拾ってテロップ化すべきかの判断基準が難しいものです。

　テロップ入れの作業に慣れ、情報の取捨選択の勘所をつかむためには、まず話し言葉をそのまま文字に起こしてみることが練習になります。動画の編集はいつでも変更できるため、まずは出演者のセリフを多めに入れてみて、その後動画として再生したときにどのように感じるかを確認すると、選択と削除の判断ができます。「セリフ文」として起こしてみたものの、「単語だけ」「結論部分だけ」といったように、コンパクトに表示したほうがいい場所にも出くわします。このような判断をするためにも、まず画面にテロップを表示させて、どのように映るかの確認作業に慣れる必要があります。

▶ 情報の要点を押さえたテロップを作ろう

　実際のところ、ビジネス目的やプロモーション目的で公開する動画は、「エンターテイメント」ではなく「情報」を主体とすることが多く、テロップの使い方はおのずと「話し言葉のポイントをまとめる」「表で情報を整理して伝える」などです。つまりどちらも、情報の要点を表現する使い方です。

　出演者の話し言葉をそのまま全てテロップにすると、画面上の情報量が増え、ユーザーは何が要点なのかを認識しづらくなることがあります。中には、聞いた情報を頭の中で整理して要点をまとめる、アクティブな視聴者もいます。しかし、その要点のまとめ方で合っているかについてはユーザーが確認する手段はありません。そのため、出演者が解説している内容を要点だけ抜き出して箇条書きにする方法も有効です。

　その他にも、解説している内容を表にしたり、図式化することも重要です。商品を紹介する場合、「価格」「重さ」「大きさ」「バッテリー駆動時間」「使用頻度」「利用期限」など、細々とした情報が入り乱れることがあり、そのときに浮かん

編集

では消える切り替えのテロップでは、ユーザーが比較検討できなくなってしまいます。

　また、何かの仕組みや順序、関係性について解説する場合は、画面に図式化された画像を表示させ、その画像を前提にして出演者が解説をすることで、情報が伝わりやすくなります。

説明を中心としたテロップ

情報の解説や出演者が話す重要なポイントの訴求を中心とするが、ユーザーを飽きさせないためのものという役割も大きい。

商品スペックなど情報として表示しなければならない場合に使用される。

▶ テロップを通じてユーザーと　コミュニケーションをとろう

　情報伝達が目的のテロップの場合、伝えたい情報や要点はユーザーに届きます。しかし、それらは客観的な事実や情報が多く、内容がお堅くつまらないものになってしまいがちです。ユーザーが飽きてしまう危険もあります。こういった場合の選択肢として、**動画制作者や出演者、ユーザーの心情を代弁するテロップを組み込む方法**もあります。

　例えば、家具を持ち上げた女性の下に「軽いっ！」というテロップを入れることで、その場では発言していない心情を補足するだけでなく、ユーザーの共感を誘うことができます。商品によって、あるいは動画のテーマによって、切り口がエンターテイメントに近い場合は、動画制作者の心情を表すようなテロップを使って、面白みを加えることもできます。

　このようなテロップを作るときに意識すべきことは、テロップは「**ユーザーとのコミュニケーションツールである**」ということです。動画を見ているその瞬間にユーザーが思っていることが、テロップで代弁されれば、ユーザーはその動画に親近感を感じるでしょう。テロップで効果的にユーザーの

共感を誘うことができれば、出演者はおろか、商品やチャンネル、動画制作者にまで興味をもってもらえるかもしれません。また、SNSなどで拡散されるためのエネルギーにもなるでしょう。

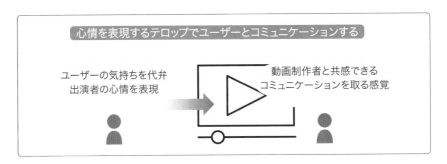

テロップの使い方にこれといった決まりはありませんが、基本的には「情報を確実に伝えるための手段」です。その上で、ユーザーの飽きを防ぐための演出として表示させる、情報整理のために箇条書き／表／図式のテロップを表示させる、といったことを行います。あるいは、動画の編集に慣れてきたときには、試しにユーザーとコミュニケーションを取るために、共感を誘うようなテロップを入れてみるのもいいでしょう。

Point

1. テロップの組み込みに慣れるためにまず話し言葉を入れてみる。

2. 解説の要点をまとめたり、情報を整理するテロップを入れる。

3. 心情を表すテロップは、ユーザーとのコミュニケーションツールとしてとらえる。

編集

見せる動画　教える動画　商品販売　アルゴリズム　マーケティング　ブランディング　表現技法

集客の公式

65

「教える動画」では 解説項目を区切る

▶ 知識解説でよく見られる動画について

　教える仕事に就いている、資格講師やインストラクターの方々を中心に、セミナー形式の動画がYouTubeに多数公開されています。その他、企業向けの商品を開発するメーカー企業やIT関連のサービスを提供する企業なども、セミナー形式と類似した動画を公開していることがあります。

　このような知識解説の動画は、おおむね長くなりがちです。動画には一定の長さが必要ですが（集客の公式60）、ユーザーが飽きて他の動画に飛んでしまうことがあります。平均再生率や視聴者維持率を確認することができますが、そういった指標が低い場合は、動画の中身を改善する必要があるでしょう。

▶ 区切りをつけることでユーザーの飽きを防止する

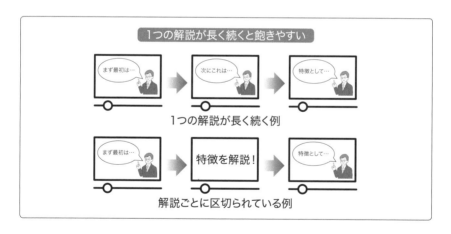

1つの解説が長く続くと飽きやすい

まず最初は…　次にこれは…　特徴として…

1つの解説が長く続く例

まず最初は…　特徴を解説！　特徴として…

解説ごとに区切られている例

　知識解説の動画は、出演者が固定されたカメラに向かって解説するものが多く見られます。知識を解説する形式になると、カメラの台数を増やしたとしても、映っているものに大きな変化を与えづらいため、ユーザーは似たような画面を視聴し続けることになりがちです。実際のところユーザーが動画に飽きる原因は、内容がつまらないのではなく、同じような画面を見続けて

いることが考えられます。

編集で大事なのは、ナビゲーション、つまり視聴者が「自分は今どこにいるのか」をわかることです。上手な動画は、見ている内容が定期的に切り替わったり、全体の位置づけを示す目次が進行していくことで、ユーザーが現在の位置がわかるよう作られています。こうすれば、画面に変化がないことで生まれる「いつまで動画が続くのだろうか…」というユーザーの疑問を払拭し、その先に待っている内容を期待させて、興味の継続を引っ張ることができます。そのためには、動画を項目で区切りましょう。

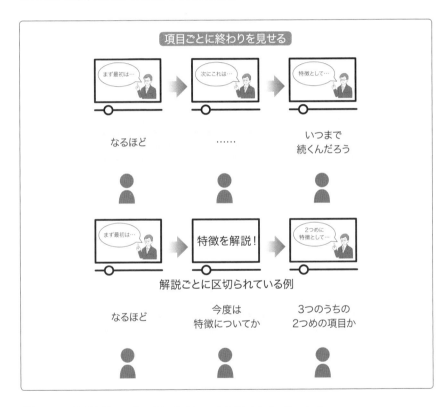

▶ 90秒単位で解説項目に区切りを作ろう

各項目では90秒程度を基準として項目を細分化するのがおすすめです。なお、台本を制作する時点から、区切りについて考えておく必要があるでしょう。

次頁図は、視聴者の悩みや課題を解決するための商品を紹介している動画の流れです。動画を見始めたユーザーは、その動画が知りたい情報を提供してくれる

かどうかという判断を行います。動画の冒頭では、「こんな状況ありませんか？」とユーザーと動画との接点を作る内容を、項目として区切っています。

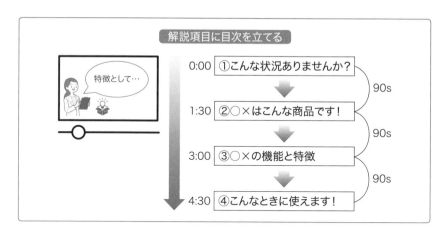

次に「○×はこんな商品です！」と商品概要を解説し、動画の全体像を伝え、「○×の機能と特徴」など企業側として伝えたい情報を訴求します。最後に、「こんなときに使えます！」といった具合で、ユーザーが置かれている状況に役立つための具体的な説明を行います。これにより、ユーザーが実際に使用している様子や得られる未来をイメージできます。

台本の段階で解説項目を区切っておくことで、ユーザーに何を伝えるかのアウトラインが明確になり、さらに編集後もメリハリのついた動画になりやすいです。

Point

1. セミナー形式の動画は、画面に変化を与えづらいため、編集の工夫が必要。

2. 解説項目を短く区切ることで、ユーザーの飽きを防ぐ。

集客の公式

66　セミナー動画に「動き」を与える

▶ セミナー動画は固定カメラで撮影されることが多い

　教える仕事に就く個人の方々の提供する動画で、よく見られる形式が「セミナー動画」です。これは実際のセミナーを撮影する場合と、動画のためにセミナーを行う場合があります。主にPowerPointなどのスライドを使用してユーザーの知りたい情報を解説します。スライドで解説しているため情報はわかりやすく伝わりますが、映っている映像に動きや変化がないため、動画を視聴しているユーザーに飽きられやすいという側面があります。

セミナー動画のよくある事例

　上図のように、セミナー形式はスライド自体が変化し、かつ講師も身振り手振りなどを含めて解説されます。しかし、それ以外の被写体がないため、画面全体の変化はそれほど大きくなく、地味な印象を与えがちです。出演者の話術や構成が上手であれば、それだけでユーザーを動画に引きつけることも可能ですが、多くの人にとって難しいことでもあります。ここで重要になるのが、編集によって加える画面の動きです。

▶ セミナー動画の強弱の付け方

　セミナー形式の動画でよく見られるものが、次頁図のようにスライドと出演者それぞれの画面を占める割合が半々であるものです。画面の左側にはスライドが映されており、画面の右側には出演者が解説している様子が映し出されています。

　専門知識をちゃんと学びたいユーザーにとっては、出演者よりもスライドのほうが見たいでしょう。そのとき、スライドと出演者がそれぞれ同じ大きさで

編集

映されていては、ユーザーにとって情報を与えてくれるスライドが小さくなり、結果としてユーザー的には「なんだか見にくい」という感想になってしまいます。

　まずはスライド全体を大きく映し、出演者を小さく映すことで、スライドの概要を見えやすくします。

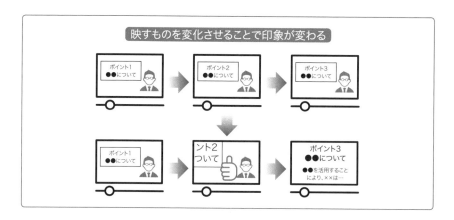

　次に、出演者がスライド内容を口頭で補足している際や、自己紹介などを行う際には、出演者自身にフォーカスするのが効果的でしょう。

　また内容をしっかり理解させる必要のあるポイントでは、スライド内の解説項目にフォーカスして画面を拡大しましょう。このような動きがあることで、スライドに記載されている情報が重要であることを暗に示すことができます。

　これら情報の強弱における工夫は、画面の切り替えが起こるため、結果的にユーザーを飽きさせない演出にもなります。

▶ 画面に変化を与えるさまざまな方法を知ろう

　セミナー動画は、その単調さから飽きられやすい形式ですが、ここでは比較的導入しやすい方法について、いくつかの選択肢をまとめてみましょう（次頁図）。まず1つめは、前述したように**スライドの画面を大きくする**という方法です。これは、撮影後に切り取ったり拡大したりと編集だけで行うことができるため、カメラの台数など関係なく最も導入しやすい方法であると言えます。

　次に導入しやすい方法が、**撮影場所を変える**というものです。場所が変化することでユーザーが見ている画面は大きく変わります。撮影場所を変えるときは、動画で解説している内容と関連性のある撮影場所のほうが好ましいでしょ

う。もしそういったことが難しい内容であったとしても、撮影場所を変えるだけで動画の画面に変化を与えることはできます。

最後にユーザーを飽きさせない方法としては、**動画内でユーザーに視聴対象の選択肢を与える**方法です。出演者が2人いる場合、2人の出演者を同時に映し出すことで、ユーザーはどちらを見るかという選択をすることができます。これは人だけでなくモノでも可能で、テーマに関係する小物や書籍、小道具を置くなどが考えられます。

知識解説動画でユーザーの飽きを防ぐ方法の例

画面を表示する
解説のための画面を表示することでユーザーが見ているものに変化を与えることができる。動画に映せるものが少ない場合に使用できる方法。

場所を変える
場所が変わると画面全体の雰囲気が変わり、環境が変化するため音も変わる。異なる場所で撮影することで解説内容は変えずに画面に変化を与えることができる。

ユーザーに被写体の選択肢を与える
画面に複数の被写体を映し、視聴対象の選択肢を与える。ユーザーには見たいと思う要素を見るという選択肢を与えることができる。

Point

1. セミナー動画は単調になりがちなので、編集で画面に変化を加える必要がある。

2. スライドのサイズを変化させることで、映像に動きを与えることができる。

3. 他にも場所を変えたり、被写体を複数にすることで、退屈を回避できる。

編集

67 BGMや効果音を適切に活用する

▶ 動画編集の音量設定について知ろう

シーンの取捨選択や並び替え、テロップなどの作業が終わった後に検討することは、BGMや効果音をいかに活用するかです。どんなBGMにするかは動画によってさまざまですが、そのBGMの音量については、ジャンルに関係なく知っておくべき事項があります。はじめての編集で起こる典型的な問題は、「BGMをそのままの音量で組み込んだら、音が大きすぎたり音量にムラがあって、出演者の声が聞きづらくなった」といったものです。このような動画は、視聴者にストレスを与えます。

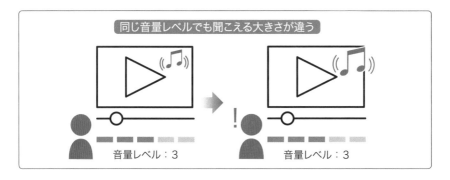

同じ音量レベルでも聞こえる大きさが違う

音量レベル：3　　　音量レベル：3

動画を視聴するユーザーはさまざまな音量設定で動画を視聴しています。普段小さい音で聞く人もいれば、大音量を好む人もいるでしょう。しかし、ユーザーが使用している端末の音量が同じであったとしても、動画によっては音量が小さかったり、反対に大きかったりすることがあります。これは編集時の音量が関係しています。

自分の動画の音量が他の動画と比べて大きい場合、ユーザーが他の動画を視聴した後に、自分の動画を見ると、端末の音量設定は同じであるにも関わらず、大きなBGMが流れることになります。このとき、ユーザーは驚いて再生を停止したり、内容に関わらずその動画に悪印象をもちます。

▶ 動画の音量に気をつけよう

　動画のジャンルにもよりますが、YouTubeではその性質上、1人でリラックスしながら動画を視聴している状況が多いでしょう。夜寝る前にベッドに横になって動画を視聴していることもあれば、ソファーに座ってゆっくりしながら動画を視聴していることも考えられます。

　リラックスしながら動画を視聴しているときに、突然大きな音量の動画が流れてしまうと、ユーザーは快適な状態を乱されます。「リラックスすること」を目的として動画を視聴しているユーザーは、うるさい動画やユーモラスな動画の音量が大きすぎるために、リラックスという目的を阻害されたと感じる傾向にあります (Rodrigo, Christopher and Mika, 2018) [*]。

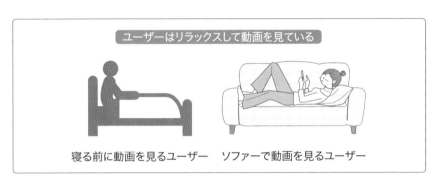

ユーザーはリラックスして動画を見ている

寝る前に動画を見るユーザー　　ソファーで動画を見るユーザー

　不快感を感じたとき、ユーザーが視聴端末の音量を下げて適切な音量に変更することもありますが、その前に反射的に再生を停止することも少なからず考えられるでしょう。動画を視聴したユーザーを離脱させることは、動画の評価や検索順位においても、プロモーションの効果においても、良いことではありません。

　動画を編集する段階で、自分の動画の音量は他と比較してどの程度か、出演者の声や周囲の環境音がBGMなどによってかき消されていないかなどを確認する必要があります。出演者の声が小さかった場合、まずは編集ソフトで音のレベルを上げ、適切な音に調整が終わった後は、組み込んだBGMを、出演者の声の音量に合わせて下げる、といった手順が考えられます。

▶ 想定される視聴環境で動画を視聴してみよう

　音量調整が終わった後は、動画がユーザーから視聴される環境を実際にシミュレーションして、聞こえ方を確認しましょう。環境によって聞こえ

編集

方の印象は大きく変わるためです。何かを学習するための動画であれば、机に向かってパソコンで視聴されることが多いため、動画の確認もパソコンで行いましょう。リラックスして気軽に楽しめる動画であれば、スマートフォンでの視聴が想定されるため、編集された動画のデータをスマートフォンに入れて確認することが大切です。

他の動画と自分の動画の音量差を確認する

他の動画をスマートフォンで視聴　　自分の動画をスマートフォンで視聴

　動画編集のプロセスの中では、動画のシーンの入れ替えやテロップの作成に時間がかかるため、BGMなど音に関する作業はそれほど時間をかけずに行われることが多々あります。しかし、ユーザーの視聴体験として音は非常に重要なポイントでもあります。内容に関わらない離脱を防ぐためにも、動画の仕上げの段階で音の調整を抜かりなく確認しましょう。

Point

1. BGMを入れるときは、音量の大きさやムラに注意する。

2. リラックスしているユーザーにとって大きすぎる音量は不快感に繋がる。

3. 動画編集後は、PCやスマートフォンなど環境をシミュレーションしながら、音量を確認する。

集客の公式

68 動画公開前に最終チェックをする

▶ 編集した動画を確認しよう

　動画の編集が全て終わった後は、ユーザーの目線から動画を確認することが大切です。動画の編集はパソコンで行われることが多いため、動画の確認もパソコン上からの確認で終わってしまいがちですが、ユーザーは必ずしもパソコンのみで動画を視聴するわけではありません。

コンテンツによって視聴状況が異なる

PCで動画を見て
学習するユーザー

ソファーでリラックスして
動画を見るユーザー

　状況に応じて視聴環境は変わるでしょう。例えば、動画で何かを学習したい人は、机でパソコンに向かい、ノートにメモを取りながら動画を視聴しているかもしれません。一方で自宅のソファで暇を潰すために動画を見ている場合は、パソコンではなくスマートフォンやタブレット端末を使っている可能性が高いです。
　実際の統計はどうなのかと言えば、YouTubeの発表によると、YouTubeの総再生時間のうち70％以上をモバイル端末が占めているとされています。そのため、パソコンで視聴される可能性が高い動画ジャンルであったとしても、スマートフォンユーザーにどう見えるかを、実機で確認しておくほうがいいでしょう。

▶ スマートフォンで動画を確認しよう

　パソコンでの視聴体験とスマートフォンでの視聴体験で、大きく異なるのは再生される端末の画面の大きさです。パソコンでは大きく表示される画面も、スマートフォンだとかなり小さな画面になります。この2つの端末では、動画を

編
集

再生するときに受け取る印象が全く違ってきます。

動画を編集していると同じシーンを何度も見るため、次第に動画に慣れてしまいます。そうして慣れてしまうと、テロップやエフェクトなどの細かな違和感に気づきにくくなったり、おかしなテンポや話の展開を見過ごしてしまいます。**制作者にとっては見慣れた内容でも、ユーザーにとってははじめて見る動画です。テロップやBGMの音量、動画のテンポなどさまざまな要素の第一印象から、その動画を視聴し続けるかどうかを決めます。**

動画がテンポよく感じられなければ、ユーザーは動画をスキップしたり、テロップの文字が小さすぎれば、他の動画を探しに離脱されるかもしれません。こうした細かな違和感や気づきを得るために、最終確認として、テスト端末を変えることが大切です。ユーザーが動画を視聴する環境に近い状態で確認することで、ユーザーにとってその動画がどのように感じられるかを感覚として把握することが重要となります。

▶ スマートフォンで確認すべき2つのポイント

パソコンで編集した動画をスマートフォンで確認するときに注意すべき着眼点は、主に「テロップの大きさ」と「動画のテンポ」です。

パソコンで編集しているときは、動画が映し出される画面が大きいため、比較的小さな文字でもさほど違和感を感じることはありません。しかし、画面が小さくなったときはじめて、テロップの文字の見にくさをリアルに感じることがあります。特に商品を紹介する動画やセミナースライドを画面に映す場合、あるいは文字ベースで情報提供する場合は、文字の読みやすさがとても重要なポイントです。フォントが見にくくないか、サイズが小さすぎないかなどを確認しましょう。

　スマートフォンで動画を視聴すると、動画のテンポの違和感に気づくことも多々あります。編集作業を行った端末で動画を見返しても、繰り返し再生しているうちに目が慣れてしまいます。しかし、スマートフォンに環境を変えて、リフレッシュした目で動画を見ると、受ける印象が全く違うでしょう。

　また、基本的にスマートフォンのほうが、集中力が途切れやすいです。スキップしたくなったり、プロセスバーを操作して目当てのシーンに飛びたくなるかもしれません。そのような感覚がある場合は、本当はテンポに問題があったのかもしれません。不要に感じられるシーンを短くしたり、画面に変化を与えることでユーザーにとってテンポがいいと感じられる動画に調整することが大切です。

スマートフォンで確認すること

テロップの大きさを確認
PCの画面はスマートフォンよりも大きいため文字の大きさに違和感を感じにくいが、スマートフォンで確認すると文字が小さく感じることがある。

動画のテンポを確認
編集時は動画を何度も見るため目が慣れてしまい、動画のテンポに違和感を感じにくくなってしまう。視聴環境を変えることで一般ユーザーに近い感覚で動画を確認しやすくなる。

Point

1. YouTubeの総再生時間の70％は、スマートフォン経由。

2. スマートフォンで動画を確認する際は、テロップの大きさと動画のテンポに気をつける。

編集

SEO対策

SEOとはSearch Engine Optimization（検索エンジン最適化）、つまり検索エンジンで上位表示しやすくする方法のことです。GoogleなどWebページ全般の検索エンジンでは、そのノウハウが知られており、ご存知の方も多いでしょう。しかし、「YouTubeの動画SEO」となると、普段YouTubeを使っているにも関わらず、意外と知らない方も多くいるはずです。本項では、動画の検索順位を上位にする、さまざまなテクニックをご紹介します。

69 クリックされる タイトルをつける

▶ タイトルは動画の内容を伝える大事な役割を担う

　YouTubeでは、タイトルは非常に大事だと言われます。視聴回数やチャンネルを伸ばしていく上で、重要な役割を担うからです。そのため、「どのようにタイトルをつければいいか」は誰にとっても悩ましい問題であり、YouTubeで動画を投稿し続ける限り、ずっと頭を使う問題になるでしょう。

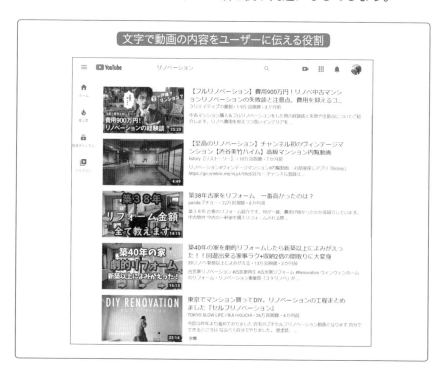

　タイトルのそもそもの役割を考えてみましょう。**タイトルは動画の内容を簡潔にまとめ、その動画からどんな情報やメリットが得られるかを、文字で伝える役割を担います。**例えば、リノベーションについて知りたいユーザーが、上図のように「リノベーション」と検索したとします。検索結果にはサムネイルとタイトル、概要欄の一部が表示されます。情報がごちゃごちゃと散ら

ばっていますが、中でも**動画の内容を最も詳しく正確に伝えているのは、タイトル部分だと言えるでしょう。**そのため、ユーザーはタイトルを大きな判断材料にして、動画をクリックし、視聴を開始します。

▶ 検索キーワードを動画のタイトルに含めよう

　動画のタイトルをつける上で、まず意識するのはユーザーです。動画の内容を簡潔に伝えるためにどのような文章がいいかを考えます。同時にYouTubeのアルゴリズムに対してもその動画がどんな内容であるかを伝える必要があります。**つまり動画のタイトルは、「動画の内容をユーザーに伝える役割」と「YouTubeのアルゴリズムに自分の動画が何であるかを伝える役割」の2つの役割を担っているのです。**

　何かの情報を求めてYouTubeを開いたユーザーは、彼らが知りたいことをキーワードに置き換えて動画を検索します。一方でユーザーの検索キーワードに対して動画を表示するのはYouTubeのアルゴリズムです。「入力されたキーワード」に対して、関連性が高いと考えられる「YouTube上の動画」をユーザーに表示します。この2つの間に存在する「関連性」をアルゴリズムが計算するときに、動画のタイトルが重視される傾向にあります。つまり、**動画がYouTube検索結果に表示されるためには、タイトルの中にユーザーの検索キーワードが含まれている必要がある**ということです。

▶ タイトルでユーザーに動画の情報を伝えよう

文章の意味がわかることの重要性

「リノベーション」

ユーザー

クリック率：低い

リノベーション施工実績① - 東京都

キーワードを含むものの、
誰の何のための動画か不明

クリック率：高い

【リノベーション】築35年一軒家をフルリノベーション！ビフォーアフター大公開！

キーワードを含み、かつ
ユーザーの興味をそそる

SEO対策

297

動画のタイトルをつける上で、**キーワードだけを意識すると不自然なタイトルになりがちです。**一例として、上図は「リノベーション」というキーワードの検索結果として、2本の動画が表示されています。

　上の動画のタイトルから、この動画がリノベーションの事例に関するものであり、東京都での施工実績を紹介していることが推測できます。「リノベーション」というキーワードで検索しているユーザーをターゲットとしているため、タイトルに「リノベーション」を含んでいることは適切な判断でしょう。しかし、「リノベーション施工実績①－東京都」と言われても、一見して誰のための何の動画なのかわかりません。こういった動画は、企業のことをすでに認知しているユーザーがその業者の過去の施工実績や事例について知りたい、というニーズがあり、別の経路から人が来ているのかもしれません。しかし漠然と「リノベーション」と調べたユーザーは、意味がわからずクリックしない可能性が高いでしょう。

　一方、下の動画は、効果的なタイトル付けがされています。「【リノベーション】」と上手に区切ってキーワードを含みながら、築35年の一軒家であることや、施工前後の変化がわかることが伝わります。広いユーザーの興味をそそるようネーミングされているため、上の動画と比べると下の動画のほうが圧倒的にクリックされやすいでしょう。タイトルについて考えるときは、キーワードを含むだけでなく、文章として成立し、かつユーザーに多くの情報を簡潔に提供する必要があります。

Point

1. **タイトルはクリック率や視聴回数に大きな影響を与える。**

2. **タイトルには検索キーワードを含み、ユーザーにもYouTubeアルゴリズムにも動画の内容が伝えられるネーミングが望ましい。**

集客の公式

70 タイトルに企業名や ブランド名を入れる

▶ 企業名・ブランド名をタイトルに含めよう！

　タイトルに含めるべきものは「検索キーワード」が一番わかりやすいですが、実は企業名や商品・サービスのブランド名なども選択肢として十分考えられます。ブランド名はまだしも、企業名がユーザーから検索されるのか疑問をもたれる方もいるかもしれません。しかし意外にも、**ユーザーは企業名やブランド名でも検索を行う傾向にあります**。例えば、特定の商品について知りたいけれどブランド名がわからなかったり、ブランド名までは覚えているものの商品名を思い出せなかったりした場合、企業名やブランド名などで検索されることが考えられます。企業の公式チャンネルを運営するのであれば、それぞれの動画のタイトルに企業名などを含めることは必要です。

　企業やブランドの認知度によって検索量の差はあるものの、一定数の検索がされていることが多くあります。わざわざ固有名詞で検索しているユーザーは、何らかの形で企業やブランド名に興味や愛着をもっているファンが多いですが、そのときにタイトルに企業名が含まれないと自分の動画を表示させる機会を失ってしまいます。「宣伝」というよりも「コンテンツ」として、視聴者ファーストの動画を出している投稿者ほど、このようなケースで裏目に出てしまいます。

▶ 企業名やブランド名は日本語表記にしよう

　企業名やブランド名は日本語でつけられるほかに、英字でつけられていることもあります。企業名やブランド名の公式名称が英字であるために、動画のタイトルにも英字で記載されている動画が多くあります。ところが、**ユーザーは企業名やブランド名を検索するとき、多くは日本語で検索を行います**（例：ソニー、トヨタ）。つまり、片仮名表記のほうがユーザーの検索結果画面に表示されやすくなるということです。

SEO対策

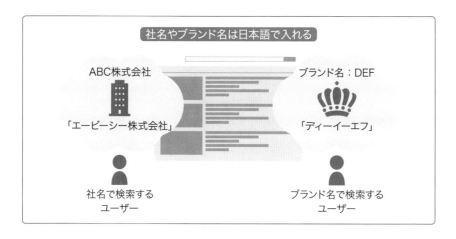

企業名やブランド名ではなく、商品名をタイトルに記載する場合、英字を使用したほうがいいケースもあります。企業が属する業界によっては、型式や品番などを使われることが一般的な場合もあります。

例えば、一眼レフカメラなどの場合は、型式や品番のほうが呼び方として一般的なため、英字による設定のほうがユーザーの検索キーワードと合致しやすいと考えられます。ユーザーがどのようなキーワードで検索するかを想定した上でどのような表記を選択するかについて考える必要があります。

▶ 企業名やブランド名はタイトルの後半に設定しよう

コアなユーザーから企業名やブランド名による検索が一定程度あることはここまでご紹介しましたが、あくまでそれらを第一事項として見せてはいけません。ユーザーの悩みや疑問に関するキーワードと比べると、やはり企業名やブランド名のほうは検索量が少ないです。そのため、企業名やブランド名はタイトルの後半部分に設定します。まずは第一に、多くのユーザーからの検索が期待できるキーワードを掲げ、冒頭に配置しながら、それに続く形でブランド名と企業名を配置します。

タイトルの付け方に決まりはありませんが、このようにして企業のチャンネルとして一定のタイトルフォーマットを定めておくと、企業名やブランド名を含めたタイトルをつけやすくなります。次図のように、タイトルの後半は「｜（バーティカルバー）」で区切って企業名やブランド名を入れるという形が一例として挙げられます。

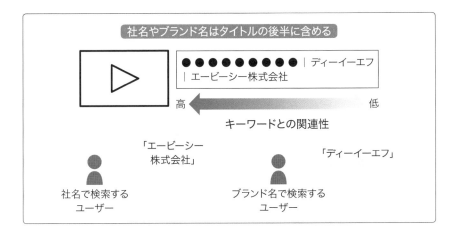

タイトルは最大100文字まで入力可能です。ユーザーからの検索が期待できるキーワードをできるだけ多く含めたタイトルを設定することで、より幅広いユーザーに動画が表示されやすくなります。ただし、誤解を招くタイトルはYouTubeが定めるポリシーに違反するため、実際の内容に即した文章を作成する必要があります。

Point

1. 企業名やブランド名であっても、一定量の検索がある。

2. 企業名やブランド名が英字表記の場合でも、片仮名で表記したほうがいい。

3. タイトルの前半にキーワードをもってきて、タイトルの後半に企業名やブランド名を含める。

SEO対策

301

クリックされる
サムネイルを作る

▶ サムネイルが動画SEOで果たす役割

YouTubeで動画を公開するにはタイトルと同様にサムネイルも必須です。特に設定していなくても、動画をアップロードしたときにYouTubeが動画内の一部シーンを切り取り、3種類のサムネイルの選択肢を自動生成しますが、これらのサムネイルではユーザーからの動画に対する興味を得にくいでしょう。

自分で用意したサムネイルを使いたい場合、チャンネル運用者が任意で1枚の画像をアップロードし、設定することができます。特別な理由がない限り、素朴な自動生成のサムネイルよりも、きちんとデザインされたサムネイルを使うことがおすすめです。

また、ビジネス活用においては、サムネイルもイメージや信用に影響するでしょう。しかし、YouTubeに多数ある緻密に計算されたサムネイルはひとつの職人ワザで、はじめての人がいきなり上手なサムネイルを作ろうとしても、デザインやレイアウトをどう作ったらいいのか迷ってしまいます。

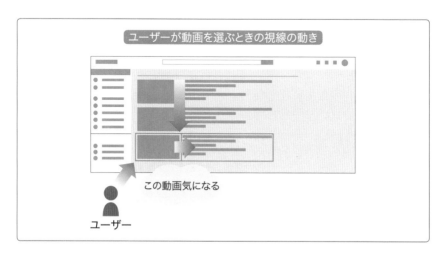

YouTubeでユーザーに表示される要素はたくさんあり、サムネイル、タイトル、チャンネル名とアイコン、視聴回数、公開日などです。それぞれの要素の中

でも、サムネイルが占める画面の割合は非常に大きいです。YouTube検索結果画面ではタイトルなどの左側部分にサムネイルが大きく表示され、トップページではほぼサムネイルがメインの表示になります。そして、前頁図のようにユーザーはサムネイルにまず目をやり、気になる動画があればタイトルを確認して動画を視聴するかどうかを判断する、という目線の動きになる傾向があります。

▶ 動画ジャンルによってサムネイルデザインが異なる

サムネイルのデザインやレイアウトを検討する前に、まず同じジャンルの動画のサムネイルが、どのようなデザインを作る傾向にあるかを確認する必要があります。

SEO対策

前頁図は「レシピ」「コーデ」「アクセサリー」「京都 旅行」での検索結果画面です。「レシピ」(左上)は料理が中心にレイアウトされ、「京都 旅行」(右下)は風景や料理などが中心にレイアウトされています。一方「コーデ」(右上)や「アクセサリー」(左下)に関する動画は出演者が中心にレイアウトされていることがわかります。

　ここから察するに、コーデやアクセサリーに関する動画は「出演者」がユーザーの関心事であり、レシピや旅行に関する動画は「料理」や「風景」が関心事である可能性が高いでしょう。そのため、ジャンルごとにユーザーの求めているそれぞれの内容が反映されたサムネイルが適切であると考えられます。

▶ サムネイルに何を載せて、どうレイアウトするか

　サムネイルに何を載せて、それらをどのように配置すればいいかは、さまざまな選択肢があり得ます。しかし、基本的な考え方としては動画の内容やユーザーの検索キーワードを前提に、「彼らが見たいもの」を直接ビジュアルで訴えかけるべきです。

サムネイルレイアウトの一例

①商品を中心に見せる
特定の商品を中心に見せるレイアウト。
新商品の解説や特定の商品を訴求する場合に
使用できる。

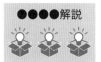

②商品バリエーションを見せる
商品など動画に登場するもののバリエーション
を中心とする。商品カテゴリの中でもさらに細分
化されているものによい。

③出演者を中心に見せる
出演者を中心に見せるレイアウト。ユーザーが出演者を見にきている場合に使用できる。講師、〇〇士、コンサルタントによる動画でよく見られる。

　上図はサムネイルを制作する上でのレイアウトの一例です。①では商品画像を大きく見せてレイアウトします。新商品を発表するときなどは、1つの商品が注目の的になるので、このような見せ方が適しています。ただし、YouTubeユーザーは余暇に動画を見ているため、あくまで広告ではなくコンテ

ンツを見にきています。そのため、いかにも商業的なデザインではユーザーから
クリックされづらくなることがあります。セールスの雰囲気を抑えたサムネイル
にするよう注意が必要です。

　②では商品のバリエーションを見せています。メーカー企業などが動画を制
作する上では、さまざまな商品を紹介する動画を企画することもあるでしょう。
すでに販売されている商品をセットでプロモーションするときに、動画の中で登
場するすべての商品をサムネイルに含めることで、ユーザーは動画内に取り上げ
られているものが事前に確認できます。その中に目当てのものが含まれている場
合、クリックされる可能性が高いでしょう。

　③のように、出演者を中心に見せる方法もあります。専門知識を商品とし
たり、教える仕事に就いている方は、「誰が語っているのか」がユーザー
の関心事になりやすいため、出演者を中心にレイアウトすることが大切
です。職業に関わらずユーザーの視聴動機が、その出演者に向かっているよう
な場合は、サムネイルも出演者を中心に見せる必要があります。例えば、「ファッ
ション」がテーマである場合も、モデルをキャスティングするとしたら、そのモ
デルの方自体にファンが付いているでしょう。ジャンルにとらわれず、自分の動
画の需要を冷静に見つめ直し、ユーザーの関心事を第一としたサムネイルを作る
ことが大切です。

Point

1. **自動生成ではなく、デザインを加工したサムネイルを用いたほ
うがいい。**

2. **サムネイルでは商品、出演者、商品バリエーションなどの中か
ら、「ユーザーが見たいもの」をビジュアルで見せる。**

SEO対策

タイトルとサムネイルで情報伝達の役割分担をする

▶ タイトルとサムネイルの表示順序を知ろう

　タイトルとサムネイルは視聴回数に大きな影響を与えます。動画の発見経路から考えると、トップページ／関連動画／YouTube検索すべてにおいて、タイトルとサムネイルは表示されます。

　サムネイルは、動画の第一印象を決めます。トップページではサムネイルが画面に対して占める割合が非常に大きく、関連動画およびYouTube検索については左側にサムネイル、右側にタイトルが表示されます。左から右へ流れる日本語横書きの特徴上、どのトラフィックであってもまずはサムネイルに視線が向かうでしょう。そして、タイトルとサムネイルは必ずセットです。

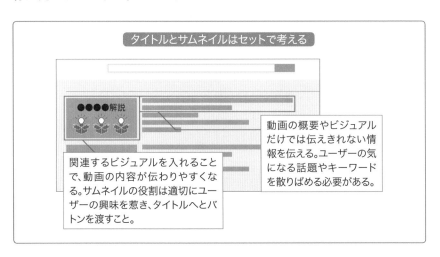

タイトルとサムネイルはセットで考える

関連するビジュアルを入れることで、動画の内容が伝わりやすくなる。サムネイルの役割は適切にユーザーの興味を惹き、タイトルへとバトンを渡すこと。

動画の概要やビジュアルだけでは伝えきれない情報を伝える。ユーザーの気になる話題やキーワードを散りばめる必要がある。

　つまり、それぞれがどう役割分担しながらユーザーに情報を伝えるかがカギになります。タイトルは文字による表現であり、サムネイルについては画像による表現であるため、それぞれ情報をユーザーに伝えるためのメディアが異なると言えます。

　なお前述のように、サムネイルに載せるべきビジュアルは、**ユーザーの関心事に関わるもの**です。例えば、レシピ名で検索しているユーザーに対して、料

理を見せず、代わりに食材を中心としたサムネイルを制作したとしても、「料理が見たい」という視聴動機をないがしろにしてしまい、クリック率が下がります。具体的なレシピに関する料理動画であれば、完成品のビジュアルを中心にサムネイルを制作すべきだと言えます。

　サムネイルに惹かれたユーザーは、その後タイトルも確認します。**タイトルでは、「その動画の概要」や「サムネイルの絵や写真だけでは伝えきれない情報」を伝えます**。同時に、タイトルはYouTube検索のアルゴリズムからの評価を受けるため、**ユーザーによる検索量の多いキーワードを含める必要があります**。

▶ タイトルとサムネイルの役割を知ろう

　タイトルとサムネイルを制作するにあたって、それぞれの役割を明確化した上で、動画の内容に合わせたものを検討する必要があります。

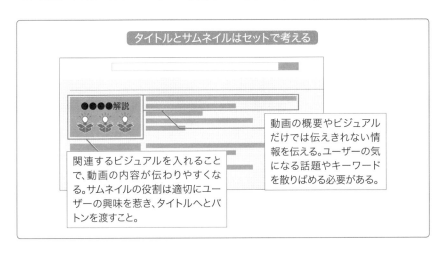

タイトルとサムネイルはセットで考える

関連するビジュアルを入れることで、動画の内容が伝わりやすくなる。サムネイルの役割は適切にユーザーの興味を惹き、タイトルへとバトンを渡すこと。

動画の概要やビジュアルだけでは伝えきれない情報を伝える。ユーザーの気になる話題やキーワードを散りばめる必要がある。

　サムネイルに求められることは、**ユーザーの目を惹くこと**です。これはデザインが果たす役割が大きいです。なお、他の動画と並べられたときに、同じようなデザインではユーザーの目を引きづらくなります。そのため、YouTube検索や関連動画などの結果を事前に調査し、自分の動画に注意が向くような画像の配置や色使い、文字の大きさなどを考えます。加えてサムネイルでは、**動画の内容をビジュアルで表現する必要があります**。これについては、商品を中心にするか、それとも動画に出演する人物を中心とするかなどが検討事項です。

SEO対策

タイトルを決める上で重要なことは、まず**ユーザーからの検索対策**です。タイトルには、ユーザーが入力する検索キーワードを含めることで動画が表示されやすくなる、という動画SEOの意味合いがあります。そのため、より多くのユーザーに自分の動画が表示されることを狙って、検索量の多いキーワードをタイトル内に散りばめることが推奨されます。次に重要なことが、**動画の内容を文字中心に表現する**ことです。例えば新商品の紹介であれば、その動画が新商品のリリースであることを、「【新登場】」というようなキャッチコピーを添えて伝える必要があるでしょう。企業や商品の知名度によっては情報公開直後に商品名で検索を行うユーザーが増える可能性が高く、その場合に対応できるように商品名も含めておきたいところです。

　サムネイルとタイトルの連携を取れておらず、それぞれ主張したいことを主張していると、効果的に動画の魅力を伝えられません。それぞれの強みや役割を理解し、サムネイルとタイトルをセットで検討していく必要があります。

Point

1. サムネイルとタイトルは、すべてのトラフィックで重要な要素になる。

2. サムネイルでは、ユーザーの目を惹き、ビジュアルで動画の内容を表現する。

3. タイトルでは、検索キーワードを散りばめ、文字で動画の内容を表現する。

集客の公式

73　概要欄の書き方の基本

▶ 概要欄を書くことのメリットはたくさんある

　YouTubeで動画を公開する上で、タイトルは必須の項目ですが、概要欄への記載は必須ではありません。そのため、ビジネス用途のアカウント（特に企業公式チャンネル）では、概要欄に記載が特にされていなかったり、簡潔な説明文のみ記載しているケースが多々あります。「概要欄に何を書けばいいのか」「どの程度書けばいいのか」がわからず、特に工夫を凝らさないまま動画が公開されている状態です。

　概要欄の基本的な役割は、動画の内容をタイトルよりも詳しく文字で説明することです。動画内にどのような情報を含んでいるかを改めて記載することで、ユーザは理解が深まります。実際のところユーザーが概要欄を見る割合は多くはないものの、わざわざ概要欄まで見てくれる一部のコアなユーザーに対して、情報を伝えるチャンスでもあり、ここに何も記載がなければ、Webサイトへ来てもらう機会を損失してしまいます。

概要欄に含むキーワードでGoogle 検索にも表示される

　概要欄を上手に書くことができれば、YouTubeユーザーだけでなく、Googleで情報を検索しているユーザーに対してもリーチできる可能性があります。上図はGoogleでの検索結果画面にYouTubeの動画が表示されている一例で、概要欄に含まれる文字情報が太字（その部分が一致したという意味）になっていることがわかります。

　ニッチな商品やサービスを取り扱う企業にとっては、Google検索から

の動画視聴が見込みやすくなります。文字だけで手軽に作れるWebサイトに比べ、動画は制作に負担がかかるため、比較したときに動画のほうがコンテンツ数が圧倒的に少ないでしょう。ニッチな市場となれば動画投稿数が少ないため、Googleでは検索してもYouTubeで検索するユーザーは多くはありません。つまり、Googleでの検索結果画面に表示されることは大切です。

▶ 概要欄にはなるべく多くの情報を含めよう！

　概要欄はYouTubeのアルゴリズムに動画の内容を伝える意味でも、なるべく多くの動画に関する情報を記載したほうがいいです。概要欄は5,000文字まで入力できるため、さまざま情報を記載することができます。動画の内容を文字としてまとめたものだけでなく、PRしたいWebサイトやブランドなどの特設サイト、TwitterやInstagramなどのSNSアカウントを記載し、ユーザーに伝えることも考えられます。

概要欄に記載できる文字数の上限

5,000文字まで記載
することができる

　概要欄を記載する際に、YouTube Studioから直接入力する場合は、そこで文字数のカウントがされます。しかし、Wordなどのアプリケーションで事前に原稿を書き、承認を得てからYouTubeへ反映させる場合、文字数のカウントに注意する必要があります。Wordの場合、記号などを文字数としてカウントしないことがあるため、YouTube Studio上では制限文字数を超えることがあります。文字数を確認するときはテキストエディタを使って記号などを含めてカウントする必要があります。

▶ 上から順に重要な情報を記載しよう！

　概要欄をいざ書くとなると、通常のビジネスシーンの文章とは違うため、戸惑うかもしれません。基本的な考え方は、「大事な情報を上から順番に」です。

冒頭では、まず動画が「どんな内容であるか」を一言、あるいは数文で端的に記載します。WebサイトやSNSのURLなどは、それらの文章の下に記載することがおすすめです。概要欄を最下部まで読むユーザーは少

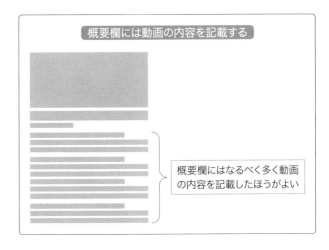

概要欄には動画の内容を記載する

概要欄にはなるべく多く動画の内容を記載したほうがよい

ないため、特に重要な情報や、PRしたい内容については概要欄の上部に記載するほうがいいでしょう。

重要な情報やURLなどの記載が終わった後は、動画内で話されている内容の要点を、文章や箇条書きにして入れていきます。なぜ同じ情報を概要欄に載せるのかと言えば、音声のままだとYouTubeのアルゴリズムがキーワードとの一致を認識できませんが、文字の状態であれば一致した情報拾ってくれるようになるからです。つまり、検索量の多いキーワードをきちんと含めながら、動画で説明している内容を書き込んでいくべきです。そして、概要欄をしっかり閲覧しているユーザーがわかりやすいように、改行や記号などを入れて、読みやすいように工夫することも重要です。

Point

1. 概要欄は5,000字まで入力できるので、なるべく多くの情報を含めて、WebサイトなどをPRする。

2. 重要な情報を「上から順」で記載する。

概要欄にURLを記載して ユーザーを誘導する

▶ Webサイトを記載してユーザーのアクセスを狙う

　YouTube上で動画を公開することで、Webサイトを使ったプロモーションだけではリーチできなかったユーザー層と出会うことができます。ビジネス活用において動画はあくまで手段ですから、ユーザーからの動画視聴で終わらせるのではなく、Webサイトへ誘導し、商品購入や問い合わせなどの集客につなげる必要があります。

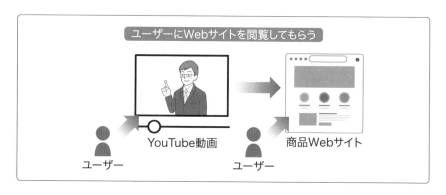

ユーザーにWebサイトを閲覧してもらう

YouTube動画

ユーザー　　　ユーザー　　　商品Webサイト

　概要欄に記載するWebサイトのURLは、企業公式HPとは限りません。ブランドをPRする動画であればそのブランドの特設サイトを記載したり、サービスを紹介する動画であればランディングページ、店舗を紹介するのであればLINEアカウントやアクセスページといった選択肢も考えられます。

　YouTube動画からWebサイトに訪れたユーザーは、比較的長く滞在してくれる傾向にあります。また、そのWebサイト内で他のページなどを閲覧する回数も比較的多いです。割合としては多くないものの、商品やサービスに対する興味が強いユーザーによるWebサイトの閲覧が期待できることが伺えます。

▶ URLの記載例を見てみよう！

　概要欄にURL文字列を記載すると、画面では自動的にリンクが設定され、ク

リックすることでWebサイトに飛ぶ状態となります。URLは必ずしも全文が表示されるわけではなく、URLが長い場合は一部が省略されます。表示上では省略されているものの、概要欄の文字数としてはカウントされるため、長いURLがたくさん記載されるような場合は、文字数制限に注意する必要があります。

　下図は、実際にURLが表示されている概要欄の一例です。概要欄の記載方法や訴求対象とするWebサイトの重要度によっては、タイムスタンプ（集客の公式75）の上にURLを記載する場合もあれば、概要欄の最下部に記載する場合もあります。

▶ 概要欄の記載例を見てみよう！

　概要欄の記載例をまとめたものが次頁図です。概要欄の冒頭には、動画の内容を要約した文章を記載し、その下に動画で取りあげた商品・サービスの紹介をしているWebサイトのURLを記載しています。ユーザーにとって見やすいように、「▼」や「★」といった記号で装飾するのも工夫のひとつです。

　URLの記載の下には動画がチャプター化されるための**タイムスタンプ**を記載しています。タイムスタンプは概要欄の中でも上部に位置することで、ユーザーは動画の内容をリスト形式で把握したり、任意の位置に飛ぶことができます。タイムスタンプの下からは、**動画の内容を文字で記載**していきます。これはYouTubeのアルゴリズムに文字情報として動画の内容を伝えるためです。概要欄の書き方は動画や企業によってさまざまでしょうが、動画の目的やユーザーの

SEO対策

使い勝手などを総合的に考えて記載することが大切です。

概要欄の構成と送客先のURLの記載

動画の内容を要約した文章

来てほしいサイトのURL

タイムスタンプ

動画の内容

Point

1. 動画を視聴したユーザーを、Webサイトへの訪問や問い合わせにつなげる。

2. YouTube動画からWebサイトに来たユーザーは、商品やサービスに興味をもっている可能性が高い。

75 チャプターとタイムスタンプで、動画の「全体像」を示す

▶ プログレスバーとチャプターについて知ろう

企業が商品をプロモーションするための動画は1分〜3分程度のものが多いです。しかしYouTubeの場合、アルゴリズムが重視する指標の1つが「表示に対する期待視聴時間数」であるため、一定程度長い動画のほうが短い動画よりも多くのユーザーに表示されやすくなります。

そしてこのとき、動画が長いために、どこのシーンで何を解説しているかという「全体像」がユーザーに伝わりづらくなります。そこで、どの秒数で何を解説しているかを伝えるために、「動画にチャプターを追加する」という方法があります。

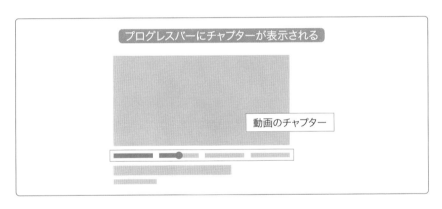

プログレスバーにチャプターが表示される

動画のチャプター

YouTubeで動画を視聴しているとき、映像下に赤いバーが表示され、動画全体の中で今どこを視聴しているのかわかります。この赤いバーのことを「プログレスバー」と呼びます。「チャプター」は、プログレスバー上で分割された各シーンのことを指します。チャプターが追加された動画では、プログレスバーがチャプターごとに分離され、1つのチャプターがどこからどこまでであるか可視化されており、各チャプターに対して概要を記載することができます。

▶ チャプターを追加することによるメリットを知ろう

　動画にチャプターを追加することによって、ユーザーはどこからどこまでに何が解説されているのか発見しやすくなります。特に長い動画の場合は、ユーザーが求める情報がすぐに発見できないために離脱されてしまうことがよくあるものです。ここでチャプターを追加することで、ユーザーは目当ての情報を発見しやすくなり、そのことが離脱の防止になるとも考えられます。また、今視聴しているシーンがあとどれくらいで終わるか可視化されており、「いつ終わるかがわかる」という意味でも離脱の防止につながるでしょう。

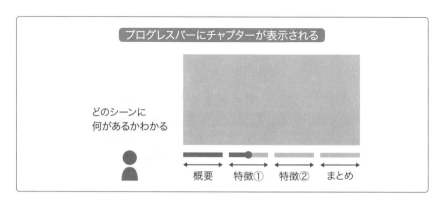

　例えば、動画の冒頭では商品の概要について解説し、次のシーンでは商品の特徴それぞれについて解説している場合、上図のようなチャプターが想定されます。チャプターはプログレスバーを区切るだけでなく、各チャプターに上図のように文字情報を表示することもできます。内容のアウトラインをわかりやすくするために、動画そのものに目次を入れたり、概要欄にレジュメ代わりの情報を載せたりしますが、チャプター機能によっても全体像を示すことができるのです。

▶ チャプターの追加方法を知ろう

　動画にチャプターを追加するためには、概要欄に各チャプターのタイムスタンプを記載する必要があります。動画のチャプターは追加直後に反映される場合もあれば、一定時間が経過した後に反映される場合もあります。

　チャプターを追加するために、タイムスタンプの書き方には3つの決まりがあります。

1. 3つ以上のタイムスタンプを昇順で記載する。
2. 最初のタイムスタンプは0:00で記載する。
3. 1つのチャプターの最短時間は10秒である。

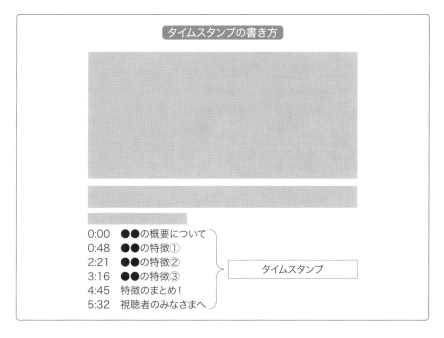

上図はタイムスタンプの記載例です。一番最初のタイムスタンプは0:00からはじまり、合計6つのチャプターが10秒以上で記載されています。また、タイムスタンプと各チャプターに表示する文字情報の間には半角スペースが入力されています。このようにしてタイムスタンプを記載することで動画のチャプターが自動的に表示されます。

Point

1. チャプターを追加することでどのシーンで何を説明しているかが伝わりやすくなる。

2. チャプターを追加するためのタイムスタンプには、3つの記載ルールがある。

SEO対策

76 タグの役割を理解する

▶ タグの基本的な役割

　YouTubeで動画を公開するときに、動画に対してタグを設定することができます。下図の画面から、計500文字まで設定可能です。しかし、タグはあくまで内部情報であり、ユーザーとして使っているぶんには表示されません。「タグ」と言われても、なかなか聞き慣れない概念でしょう。そのため、どのようにタグを設定したらいいか、手がかりすらないかもしれません。

タグの設定画面

　タイトルや概要欄についてはユーザーの目に触れる文章であるため、企業が公開する動画にそれぞれ文章やURLなどが設定されていますが、タグについては全く設定されていなかったり、社名などが設定されていることがあります。

　タグと名称が似た「ハッシュタグ（#）」と呼ばれる機能があります。ハッシュタグはTwitterやInstagramなどで利用されるもので、特定のハッシュタグが付けられた投稿をユーザーが検索・収集できる機能です。YouTubeでもハッシュタグは利用することができますが、YouTubeに公開されている動画の中には両者を混同し、タグとしてハッシュタグを設定しているものもあります。

　YouTubeでのタグは、基本的には動画を検索に表示させることを目的に使用されます。YouTubeヘルプでは、「**コンテンツを検索でヒットしやすくするための動画に追加できる説明的なキーワード**」であるとしています。つまり、「料理」「プログラミング」「節税」といったタグを設定することで、タイトルや概要欄のキーワードと同じようなSEO効果があります。また、「**ユーザーのスペルミスなどで間違えられやすいものが動画のコンテンツである場合に役立つことがある**」としています。

　スペルミスが起きる動画のコンテンツとは、複数のキーワードで検索される可能性がある動画のことです。例えば、企業の正式なブランド名がカタカナ表記の場合、ユーザーはカタカナ名と英字の両方で検索を行う可能性が高いでしょう。ここで、英字で検索したユーザーに対してカタカナ表記での動画を表示させる役割を、タグが果たすことになります。

▶ タグの設定で表示される関連動画が変化する

　タグは関連動画への表示にも多少なりとも影響を及ぼします。関連動画については、あくまでユーザーの視聴傾向が一番大きな影響を及ぼすと考えられますが、タグの設定を変更したことで、関連表示される動画の傾向が変化することがあります。

　例えば、これまでタグの設定を社名のみにしていた動画に対して、動画の内容と関連性が高い別のキーワードを設定したことによって、これまで表示されなかった他の動画に自分の動画が関連表示されるようになることがあります。

　あるいは、自分のチャンネル内の全ての動画に特定のタグ群を設定し、共通化させることで、それぞれの動画の関連性が高まり、結果として自分の動画を視聴しているユーザーに対して自チャンネル内の他の動画を表示しやすくする、という使い方もあります。

　なお、何でもかんでも関連づけようとタグを過度に設定すると、YouTubeのポリシーに違反するため、動画の内容に即したものを設定する必要があります。

▶ タグにスペースを含めてキーワードを連結させよう

　ユーザーはYouTubeで検索を行うときに、1つのキーワードで検索することもあれば、複数のキーワードを組み合わせることもあります。例えば、洗濯機の買い替えを検討しているユーザーが、おすすめの洗濯機を動画で知りたいとき、「洗濯機　おすすめ」「洗濯機　人気」などで検索することが考えられます。

　YouTubeで動画を公開するにあたって、タイトルや概要欄は文章として成立させる必要がありますが、タグはキーワードだけで設定することが可能です。YouTube上の動画の多くは、1つのキーワードでタグ設定されている傾向がありますが、2つや3つのキーワードをスペースを入れることで組み合わせて設定することもできます。

　図では、3つのタグが設定されています。1つめのタグには「キーワードA」と

設定されており、2つめのタグには「キーワードA キーワードB」と設定されています。

　動画のタイトルは検索量が多いキーワードを含むように文章を作成する必要がありますが、タイトルのみでは補いきれないキーワードが生じる場合があります。例えば「洗濯機 おすすめ」と「洗濯機 人気」では、ともに検索しているユーザーが多く、どちらも「どの洗濯機を買ったらいいか」という共通の疑問であると考えられます。そこで「おすすめの洗濯機を紹介」というタイトルを設定した上で、さらに「人気」というキーワードを含めたいものですが、情報量が多くなったり、言葉が不自然になりかねません。

　この場合「洗濯機 人気」というキーワードの組み合わせを1つのタグとして設定することにより、タイトルそのままに「洗濯機　人気」で検索したユーザーを拾うことができるようになります。

Point

1. タグの基本的な役割は、YouTube検索で表示されやすくすること。

2. タグを変更すると関連動画の表示傾向が変わることがある。

3. タグはスペースを入れることでキーワードを組み合わせて設定できる。

77 ハッシュタグの役割を理解する

▶ ハッシュタグの基本を知ろう

　YouTubeではタグのほかにハッシュタグを設定することができます。ハッシュタグのメリットは、特定のハッシュタグをクリックしたり、検索したユーザーに対して動画を表示できることです。TwitterやInstagramなどでも使用できる機能ですが、YouTubeの動画では、どのように設定にすればいいのでしょうか。

ハッシュタグの表示画面

設定されたハッシュタグの表示

#キーワードA #キーワードB #キーワードC
動画タイトル
11 回視聴・2020/02/08

チャンネル名を入力

チャンネル登録

Lorem ipsum dolor sit amet, consectetur adipiscing elit. Duis tempor gravida neque sit amet cursus. Nunc dignissim non metus non volutpat. Praesent eros leo, imperdiet et commodo ac, tempor ut ligula. Morbi ligula libero, varius eget massa quis, gravida eleifend massa. Fusce id orci cursus, blandit neque non, finibus lacus.

#キーワードA #キーワードB #キーワードC

　上図はYouTube上でのハッシュタグの表示例です。ハッシュタグは動画タイトル上と概要欄に表示され、それぞれのハッシュタグはクリック可能です。ハッシュタグはタグと異なりスペースを入力することができません。そのため連続した文字を入力する必要があります。

SEO対策

321

▶ ハッシュタグの基本的な設定

　ハッシュタグは概要欄に記載することで表示されます。ハッシュタグを記載する位置に決まりはありません。例えば、概要欄内の説明文の途中に挿入することも、一番最後にまとめて記載することもできます。

　なお、概要欄に設定したハッシュタグは、記載順に前から3つがタイトルの上にも表示されます。上図では、20のハッシュタグを設定していますが、タイトル上部に表示されているものは3つのみとなります。

　タグと同じように、過度なハッシュタグの設定は非推奨です。 動画がYouTubeアルゴリズムからスパム扱いを受け、ハッシュタグの設定が無視されます。YouTubeはハッシュタグの使用に関するポリシーの中で、「ハッシュタグが多すぎる場合、動画や検索結果から動画が削除されることがある」としています。

　ハッシュタグは動画の設定によってはタイトルの上に表示されないことがあります。例えば、動画のタイトルにハッシュタグを使用している場合、概要欄に記載のハッシュタグよりもタイトルに設定されたハッシュタグが優先して表示されます。また、動画の撮影場所を設定している場合は、ハッシュタグではなく設定されている動画の撮影場所が表示されます。ハッシュタグを設定しているにも関わらず、画面に表示されない場合は、動画タイトルおよび撮影場所の設定を確認します。

⏵ ハッシュタグの設定例を見てみよう

　表示される3つのハッシュタグを、どんなキーワードにすればいいのでしょう
か。候補として考えられるものは、まず単語の意味が広い**ビッグワード**(例：
プログラミング)が考えられます。次にビッグワードよりも意味合いを限定した
ミドルワード(例：プログラミング教室)、さらに意味が狭く具体的な**スモー
ルワード**(例：Javascript　独学)でしょう。

　その他にも、企業の場合は、ブランド名や企業名などもハッシュタグの候補と
して含めることが考えられます。ブランドや企業の認知度、またはYouTubeチャ
ンネルを開設してからの経過年数、視聴状況などに応じて、最適なハッシュタグ
設定を検討する必要があります。

ハッシュタグの設定例

　上図はハッシュタグ設定の一例です。1つめのハッシュタグには、**自分の動
画がターゲットとしているキーワード**を設定しています。ここにはビッグ
ワードよりもミドルワードなど意味合いが限定され、かつユーザーからの検索量
の多いキーワードを設定します。次に、企業の場合は**ブランド名や独自のハッ
シュタグ**を設定することが考えられます。シリーズ化されている動画であれば、
そのシリーズ名を設定することもいいでしょう。最後のハッシュタグとして**会
社名**を設定しています。社名で検索するユーザーへ表示することで、その企業
に愛着があったり、興味の高いユーザーからの視聴が期待できます。

SEO対策

Point

1. ハッシュタグは概要欄に記載し、最大3つまでタイトル上部に表示される。

2. ビッグワード／ミドルワード／スモールワールド、社名やブランド名、動画のシリーズ名などを候補に、ハッシュタグを検討する。

集客の公式

78 コメントのリスクを管理する

▶ ユーザーからのコメントは2種類ある

YouTubeではユーザーが動画へのコメントを投稿できます。良いコメントが投稿されることもありますが、想定していなかったコメントや批判的なコメントがつくケースもあります。コミュニケーションの方法やリスク管理なども踏まえて、コメント欄を管理する方法は知っておきたいところでしょう。

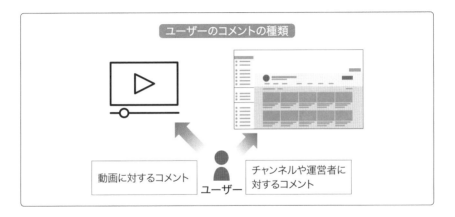

ユーザーのコメントの種類

動画に対するコメント　ユーザー　チャンネルや運営者に対するコメント

ユーザーからのコメントは大きく2種類に分類することができます。まず1つめが、**動画に対するコメント**です。このタイプは、動画の内容への感想や意見、あるいは解説内容に関する質問です。ユーザーが投稿したコメントに対して、他のユーザーが高評価などのアクションを起こすこともできます。

2つめの種類として、**チャンネルや運営者に対するコメント**があります。例えば「次の動画ではこういった内容が知りたい」「この人とコラボレーションしてほしい」など企画や運営の方向性へのコメントが挙げられます。

コメント欄は一定のリスクがあるものの、ユーザーからの感想や意見を得る絶好の機会であり、ユーザーとコミュニケーションをする場でもあります。コメントの管理方法について前もって知った上で、コメント可能な状態にすることが望ましいです。

SEO対策

▶ コメント欄では任意のコメントを固定化できる

コメント欄では、自分で自分の動画に対してコメントを行い、そのコメントを最上部に表示させる機能があります。これがコメントの固定化と呼ばれるものです。YouTubeクリエイターの動画に多く見られ、動画の内容について補足説明したり、コメント欄での会話の最初の流れを作ろうとしているものもあります。企業においては各社の方針によって、コメント内容や用途はさまざまですが、動画を通じたユーザーとのコミュニケーションを目的に使われています。

固定化されたコメントは上図のように表示されます。まず動画を公開しているYouTubeアカウントで自分の動画に対してコメントを行います。すると動画に自分が投稿したコメントが表示され、コメントの右上のボタンをクリックし「固定」をクリックします。すると動画のコメント欄の最上部に、先ほど投稿したコメントが固定されてユーザーに表示されます。

▶ コメント欄によるリスクをコントロールする

ビジネスにおけるYouTube活用において、ユーザーからのコメントはリスクでもあります。批判コメントや虚偽のコメントがついたとき、企業のブランドイメージや商品の売行に悪影響を及ぼす可能性があるからです。

YouTubeのコメント管理の方法では、「コメントをすべて許可する」「不適切な

可能性があるコメントを保留して確認する」「すべてのコメントを保留して確認する」「コメントを無効にする」という4つの選択肢があります。**中でもビジネス活用において使いやすいのは、「不適切な可能性があるコメントを保留して確認する」という設定です。** この設定では、基本的にはコメントできるものの、設定した特定のNGワードに引っかかったコメントは、投稿前に一時保留されます。管理者がそれを確認して、問題がなければ公開され、問題があれば非公開のままにできます。まず、「設定」から「コミュニティ」を選択すると、「ブロックする単語」を入力することができます。誹謗中傷の言葉や悪意をもってイメージを毀損する言葉をあらかじめ設定しておきましょう。

コメントの管理方法

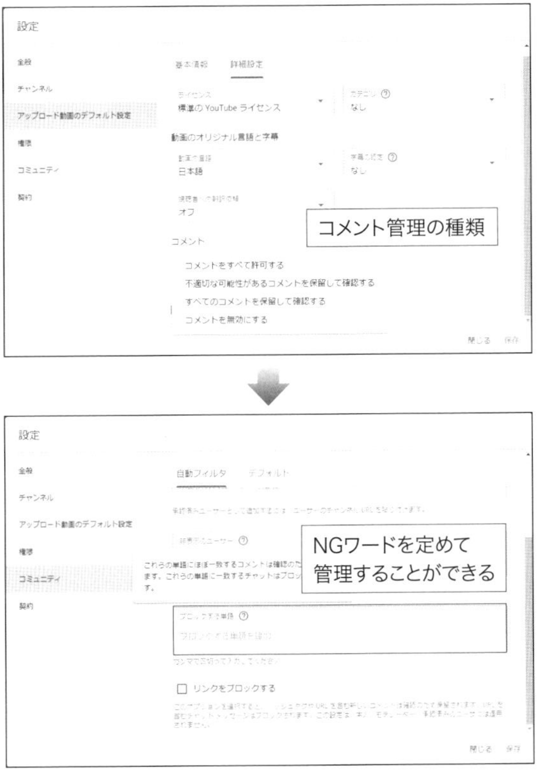

コメント管理の種類

NGワードを定めて管理することができる

1. コメントには、動画に対するものとチャンネルや運営者に対するものがある。

2. コメント欄の最上部に任意のコメントを固定表示できる。

3. ブロックする単語を指定することで、コメントを管理できる。

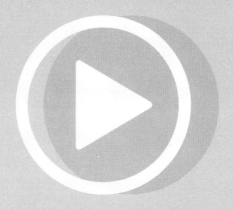

分析・運用

YouTubeでは、「YouTubeアナリティクス」という分析ツールが標準で使えます。たくさんの数字やグラフが出るためとっつきにくい印象がありますが、チャンネルを運用する上で欠かせないツールです。視聴回数や平均再生率などのデータが明らかにするのは、「隠れたユーザーのニーズ」です。動画に求められていること・いないことや、動画と動画の意外な関連性が見えてきます。正しく分析する方法さえ知っていれば、視聴データは宝の山です。

YouTubeアナリティクスで視聴データを分析する

▶ YouTubeアナリティクスについて知ろう

　YouTubeのビジネス活用においては、動画を制作して公開するだけでなく、どのようなユーザーから自分の動画が視聴されているのかを把握する必要があります。どれほど多くのユーザーが動画を見ているのか、ユーザーの年齢や性別の比率はどうかなどを調べることによって、さまざまな改善のヒントが見えてくるからです。YouTubeでは「YouTube Studio」の画面から、動画の視聴データを確認することができます。ただ、はじめて開いた人にとっては、あまりにも多くの指標があり画面も複雑なため、何をどう解釈したらいいのか理解に苦しみます。

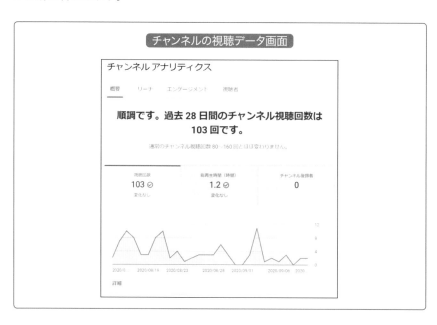

チャンネルの視聴データ画面

　YouTubeには大きく分けて2つの視聴データがあります。1つは「YouTubeチャンネル全体としての視聴データ」であり、2つめはYouTubeチャンネルで公開されている「それぞれの動画の視聴データ」です。

▶ チャンネル全体と各動画の視聴状況を把握しよう

　YouTubeチャンネルで公開されている全ての動画の視聴状況が確認できるものを「**チャンネルアナリティクス**」と言います。チャンネルアナリティクスでは、運営しているチャンネルの中でどの動画の視聴回数が多いのか、チャンネル全体としてどのようなキーワードで検索され、動画が視聴されているのか、という具合にチャンネル全体を俯瞰して分析することができます。

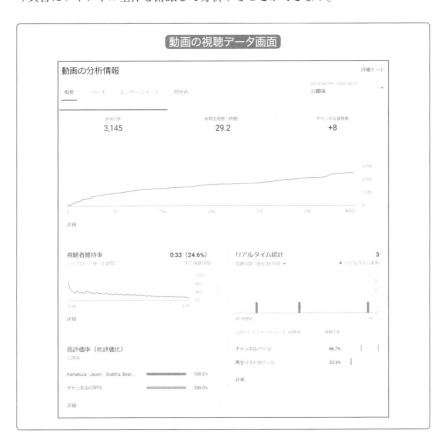

動画の視聴データ画面

　それぞれの動画の視聴状況についてもYouTube Studioで確認することができます。分析対象となる動画の期間を指定し、その期間にどの程度の視聴回数を獲得しているか、ユーザーへのリーチ数やクリック率はどれほどかなどです。

　視聴データの解釈は、公開されている動画の本数や、チャンネル全体の動画の毛色によってさまざまですが、**基本的にはチャンネル全体の視聴データを見た上で、各動画の視聴状況を確認するといいでしょう。**

分析・運用

331

▶ 視聴データの分析の流れを知ろう

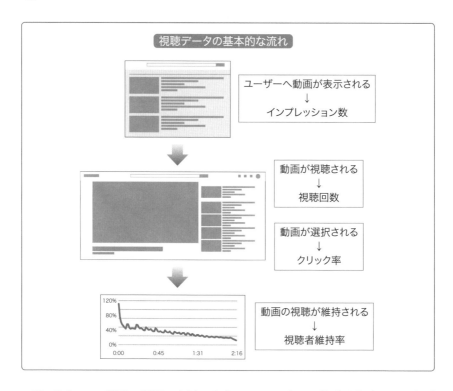

YouTubeでの動画の視聴は上図のように、ユーザーに動画が表示され、動画がクリックされて動画の再生ページへと遷移し、視聴されます。この一連のプロセスを段階的に分析することで、動画の良い点や改善すべき点などを把握することができます。視聴データの分析は、制作した動画をより多くのユーザーへ届けるために動画のデータ設定として改善すべき点を発見するためのものと言えます。

Point

1. 視聴データには「チャンネル全体」と「それぞれの動画」の2種類がある。

2. 「チャンネル全体」の視聴データを把握し、その後「それぞれの動画」の視聴データを確認する。

集客の公式

80 インプレッションを分析し、ユーザー像を想像する

▶ インプレッション数の基本について知ろう

当たり前のことですが、ユーザーに動画を見てもらうためには、まず自分の動画がユーザーに表示されなければなりません。動画がどの程度のユーザーに表示されているのかを把握するための指標が「**インプレッション数**」です。

ユーザーに動画が表示された回数ととらえてもらえばいいでしょう。**分析するときに、まず最初に確認すべき指標です。**視聴回数が伸び悩む動画の場合、その多くはインプレッション数が少ないことが原因だったりします。

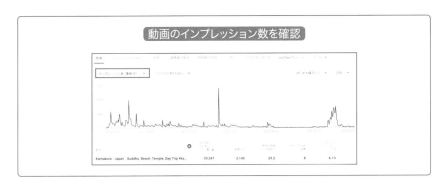

動画のインプレッション数を確認

インプレッション数を決める要因はさまざまですが、**アカウントを開設したばかりであれば、まず「YouTube検索」におけるインプレッションの獲得状況を確認しましょう。**狙ったキーワードでしっかり自分の動画が表示されているか、意図しないキーワードで動画が表示されていないか、などを確認する必要があります。

動画の公開後、一定期間を経過すると、次第に関連動画のインプレッションが増えていきます。関連動画はユーザーの視聴傾向によって決まるため、関連動画のインプレッション数からは、その動画を視聴するユーザーの興味関心までわかります。自分の動画を視聴しているユーザーが他にどのような動画を視聴しているか見えるため、次に制作する動画の企画を行うときに役立つ場合もあるでしょう。

分析・運用

▶ 視聴ユーザーの地域や属性を確認しよう

　ここまでインプレッションを「トラフィック」で確認してきましたが、今度は「ユーザーそのもの」に目を向けてみます。例えば、それぞれの動画がどこの国から視聴されているかという「地域データ」も、YouTube Studioでは確認可能です。訪日外国人をターゲットに動画を制作している場合、それぞれの動画がどの地域のユーザーから視聴されるかを確認すると、ビジネスのヒントまで見えてきます。

　地域の他に、視聴者の年齢や性別、使用しているデバイスのタイプなども確認できます。18〜24歳の女性のスマホ利用が多い、35〜44歳の男性がパソコンで視聴している、といったユーザーの属性や生活スタイルを覗くことができます。

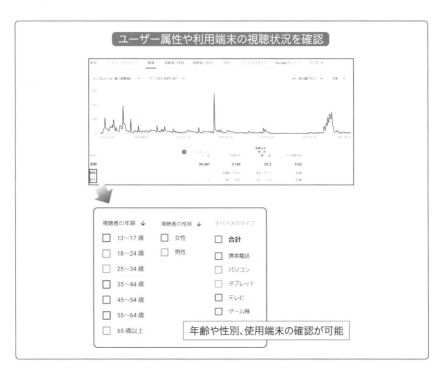

ユーザー属性や利用端末の視聴状況を確認

年齢や性別、使用端末の確認が可能

▶ 動画がリーチできているユーザーの幅を把握しよう

　右図のように、インプレッションから、リーチできているユーザーの幅を確認できます。例えば、社名をキーワードにして検索しているユーザーのみに

動画が表示されているならば、会社を知らない新規客に出会えていないと判断できます。関連動画が自分のチャンネル内の動画ばかりと紐付いている場合、他のチャンネルや動画からの流入がうまくいってない可能性があります。いずれの場合も、リーチできているユーザーが限定的です。

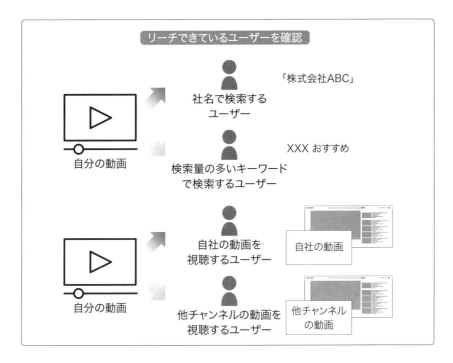

Point

1. 動画の視聴データは、まずインプレッション数を確認する。

2. 地域や年齢、性別、デバイスなど、色々なデータを調べる。

3. インプレッション数をもとに、リーチできているユーザーの幅を調査する。

分析・運用

視聴トラフィックを分析し、ユーザーとの接点を調べる

▶ 動画が視聴された経路を知る

YouTubeにはユーザーが動画と出会う主要なトラフィックとしてYouTube検索、トップページ、関連動画がありますが、その他にもチャンネルページや再生リストなどさまざまなトラフィックがあります。「ユーザーがどのような経路をたどって動画と出会ったのか」を把握することは、チャンネルや各動画の視聴状況を把握する上で大きなヒントになるはずです。

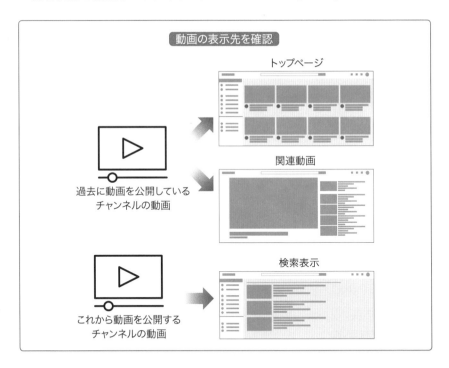

本書で繰り返し述べているように、すでにいくつかの動画を公開している場合、主要なトラフィックとなるのはトップページや関連動画です。一方これからYouTubeチャンネルを開始して動画を公開する場合は、YouTube検索画面が主要なトラフィックとなります。

▶ チャンネルと動画のトラフィックを把握しよう！

　ユーザーの視聴経路を確認する上で、まずYouTubeチャンネル全体のトラフィックを確認します。下図の上段のように、「チャンネルページ」「関連動画」など主要な視聴経路の内訳が数字とグラフで可視化されます。

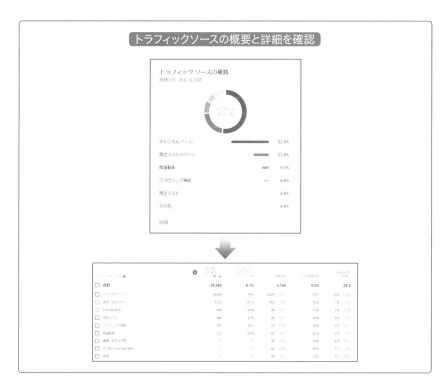

　チャンネル全体の視聴経路を確認した後は、それぞれの動画のトラフィックを確認します。各トラフィックに対するインプレッション数や視聴回数は動画が公開されてからの経過期間や、動画公開後のタイトルなどのデータ設定の変更などによって変化します。**チャンネル全体は大まかな確認でも問題ありませんが、各動画のトラフィックについては注意深く確認し、それぞれの経路でどのように表示やクリックがされているかを確認します。**

▶ トラフィックデータから改善点を見つけよう

　動画単位でのパフォーマンスを確認するためには、「トラフィックソース」のデータを確認します。例えば、公開1週間程度の動画がどれほどのユーザー

に表示されたかを知りたいとき、トップページへの表示を含む「ブラウジング機能」や「YouTube検索」に対して、インプレッション数がどの程度あるかを把握します。YouTube検索へのインプレッション数が低い場合、動画を公開する時期に原因があるか、タイトルやタグなどの設定に原因がある可能性が考えられます。また、YouTube検索への表示や動画の視聴がされているものの、平均再生率が低い場合もあります。平均再生率が低くなると総再生時間数が短くなるため、長期的には関連動画など他の動画に表示されにくくなるかもしれません。

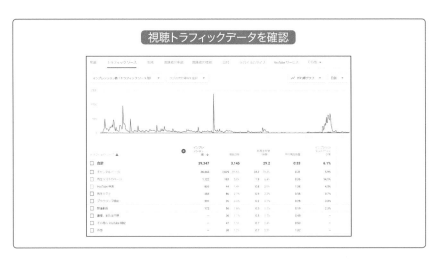

　すでにいくつかの動画を公開しているチャンネルで新たに動画を公開したときに、主要となるトラフィックが**ブラウジング機能**です。動画の公開後にブラウジング機能からの視聴が増加し、時間が経過するにつれて他の各トラフィックとの割合が徐々に均一になります。ブラウジング機能からのクリック率が低い場合、その動画のタイトルもしくはサムネイルがユーザーの興味と合致していない可能性が考えられ、サムネイルを変更するなどの改善が必要です。

Point

1. YouTubeチャンネル全体の視聴トラフィックや動画それぞれの視聴トラフィックを確認する。

2. トラフィックデータから各動画の改善点を見つける。

集客の公式

82 検索キーワードを分析し、ユーザーの言葉を知る

▶ YouTube検索トラフィックについて知ろう

　3種類の主要なトラフィックの中でも、公開直後の動画にとって特に重要なトラフィックがYouTube検索です。ユーザーの日頃の視聴傾向があまり反映されないため、まだファンのいないチャンネルでも、ファンのいるチャンネルと同等に戦えます。また、**新たなユーザーの獲得のために常に重要となるトラフィック**です。YouTubeアナリティクスでは、ユーザーがどのようなキーワードで検索を行い、動画を視聴したのかについて確認することができます。

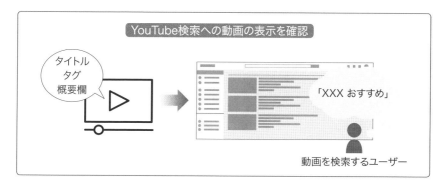

ユーザーは見たい動画と関連性の高いキーワードを入力して、検索結果の中から見たいと思うものをクリックして動画の視聴を開始します。検索結果に表示される動画は、タイトルやタグ、概要欄などにユーザーが入力したキーワードを含むかどうか、またはそのキーワードと動画に設定されている文字情報や動画の内容がどの程度関連性があるかを評価した上で、自分の動画が表示されるかどうかが決まります。

　YouTube検索のトラフィックを分析するときには、ユーザーが入力したキーワードがどんなものであるかを把握すると同時に、それぞれのキーワードで動画がどの程度クリックされているか、または視聴されているかを確認します。例えば、ある1つのキーワードでインプレッション数は多いもののクリック率は低い場合、検索結果に表示されているにも関わらずユーザーの目に動画がとまってい

分析・運用

ないということが考えられます。また、あるキーワードで視聴回数は多いものの、最後まで視聴される割合が少ないといったこともあります。

▶ 検索キーワードの確認方法を知ろう

YouTube検索でユーザーが動画の視聴に至ったキーワードを確認するには、トラフィックソースの中から「YouTube検索」をクリックします。

YouTube検索への動画の表示を確認

チャンネル全体に対して動画視聴に至ったキーワードを分析するときは、指定された期間においてどのキーワードをチャンネル全体で獲得できているかわかります。

また、**各動画の視聴に至ったそれぞれのキーワードを把握することで、ユーザーがどういった動画や動画の切り口を求めているのか、わかってきます。**例えば「おすすめ」というキーワードからの検索が多く、そのキーワードにヒットする動画が1本だけしか自分のチャンネルで公開されていない場合、「おすすめ」というキーワードを含めて別の動画を作ったり、既存の動画のタイトルを調整すれば、より多くのユーザーが動画を見てくれるでしょう。

▶ 各キーワードの平均再生率を確認しよう

検索キーワードの表示画面では、視聴回数やインプレッション数など5つの指標が表示されますが、それらに加えて「平均再生率」という指標を表示させることができます。**平均再生率とは、各キーワードで検索し、視聴に至った**

ユーザーがどの程度動画を視聴したかを示す数値です。

　平均再生率は、下図の画面に表示されているプラスの印をクリックし、表示された指標の中から「平均再生率 (%)」をクリックすることで表示できます。それぞれのキーワードの平均再生率を確認し、どのキーワードでは比較的最後まで動画が視聴されており、どのキーワードでは平均再生率が低いかを把握することができます。ユーザーの視聴ニーズや、タイトルに含めるべきでないキーワードなどがわかるため、タイトルなどの文字情報を調整する判断材料になります。

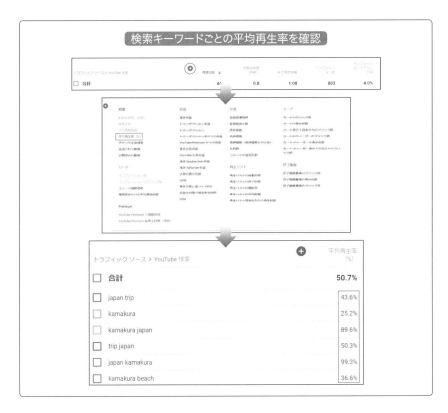

Point

1. ユーザーがどのようなキーワードで検索し、動画の視聴に至ったかを確認する。

2. 検索キーワードからユーザーがどのような視聴ニーズをもつかを把握する。

見せる動画 教える動画 商品販売 アルゴリズム マーケティング ブランディング 表現技法

集客の公式

83

関連動画を分析し、ユーザーの求めるコンテンツを知る

▶ 関連動画の基本と確認方法

関連動画は、YouTubeのアルゴリズムが「この動画はこの動画と関連性が高い」と判断した結果であるため、自分の動画を見るユーザーがほかにどのような動画を視聴する傾向にあるかわかります。また、YouTubeがその動画をどのように評価しているのかも把握することができます。

関連動画として表示された動画の確認

関連動画もYouTube検索のキーワードを確認するときと同様に、トラフィックソースから「関連動画」をクリックすることで表示されます。関連動画でも平均再生率を表示させることができるため、各動画の平均再生率を調べることでユーザーが求める情報や内容の推測に役立ちます。

関連動画の調査には、「他にどのような動画が公開されているかがわかる」という競合調査の意味もあります。動画制作の際、事前にどのような動画が公開されているか下調べを行いますが、その過程で把握できる動画は限られていたり、偏ってしまいます。また下調べの時点では公開されていなかった、新

しい類似動画を知るキッカケになります。関連動画への表示は、データ設定やユーザーからの視聴傾向だけでなく、動画が公開された時期についても評価対象となる傾向があります。つまり同時期に公開され、互いに動画の内容が類似する他の動画は関連動画として表示されやすいということです。

▶ 他のチャンネルの動画の確認方法

チャンネル内で公開されている動画が多い場合、下図のように一覧で表示される関連動画のうち、どの動画が自分のチャンネルが公開している動画で、どの動画がそうでないか、タイトルですぐに判断することは困難です。

関連動画への表示を通じて把握していない動画を確認できる

トラフィックソース > 関連動画

- 合計
- 단편영화 Short film - Don't Cry (Ko
- Two Weeks Alone In Japan | 日本
- Japan Kamakura Trip
- OMG Trip 31: Japan - Kyoto, Nara
- Let's play Mahjong Escape - Ancien
- Tokyo Trip Spring 2019
- Family Trip - Onjuku swimming are
- Exploring Enoshima, Kamakura Te
- Kamakura, Japan | Summer geta
- There's SO MUCH MORE to TOKYO! Incredible temples & beautiful ...
- Trainee's Life in JAPAN | A DAY IN KAMAKURA JAPAN #kamakura ...

Kamakura, Japan | Summer getaway
2019/09/0

他のチャンネルの動画の場合の表示例

YouTubeアナリティクスでは、関連動画として表示されたそれぞれの動画に対してマウスカーソルを合わせることで、図のように動画のサムネイルとタイトルが表示され、再生ボタンが表示されます。ただし、自分のチャンネルで公開されている動画は、再生ボタンとアナリティクスのボタンが併せて表示されます。図のように再生ボタンのみが表示されている場合は、他のチャンネルの動画であることがわかります。

Point

1. 関連動画の分析は、自分の動画だけでなく、他の動画の調査にもなる。

2. 平均再生率からユーザーが求める内容の傾向がわかる。

分析・運用

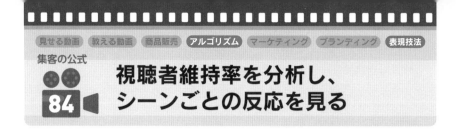

視聴者維持率を分析し、シーンごとの反応を見る

▶ 視聴者維持率を見るときの基本

　分析対象の動画がどのようにユーザーへ表示され、クリックされているかを把握した後には、**ユーザーが動画自体をどのように視聴しているか**について確認しましょう。そのために使用されるものが「視聴者維持率」のグラフです。

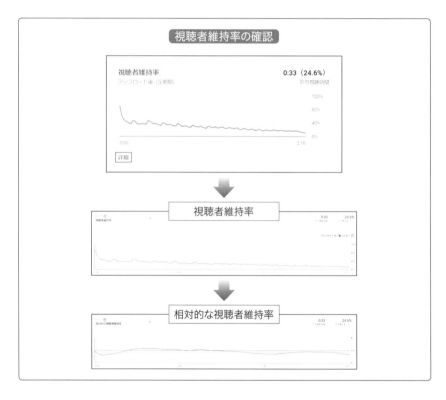

　視聴者維持率には2種類のグラフがあり、「視聴者維持率」と「相対的な視聴者維持率」に分けられています。視聴者維持率はその動画がそれぞれの秒数でどの程度視聴されているかを割合で表したものです。一方で相対的な視聴者維持率とは、YouTubeに公開されている同じような動画と比較して、それぞれのシーンが平均的に視聴者を維持できているかどうかをグラフ化したものです。

▶ 視聴者維持率のグラフの一例

　視聴者維持率のグラフは動画によって異なりますが、動画の長さが長いほど、どのシーンが視聴され、どのシーンが視聴されていないかわかりやすいです。

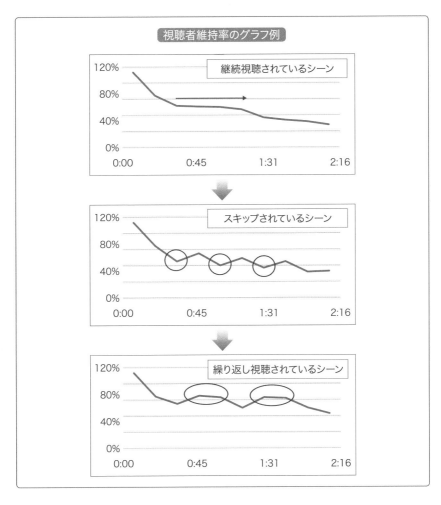

　上図は視聴者維持率のグラフの一例です。一番上のグラフの矢印付近では、グラフが横一直線に伸びており、これは**そのシーンにおいて視聴者を維持できている**ことを表します。一方2つめのグラフのように、グラフが上下を繰り返している場合、**ユーザーは動画をスキップしながら視聴している**ことが考えられます。また、3つめのように一定のシーンのみグラフが上昇して維持されて

分析・運用

345

いるグラフの場合は、そのシーンが繰り返し視聴されていることが考えられます。グラフが下落しているシーンは次に制作する動画ではカットの対象とするか、シーンを移動させるなどを検討することで、よりユーザーに最後まで視聴されやすい動画になります。

▶ 終了画面の表示有無を分析に活用しよう

　視聴者維持率のグラフからは、それぞれのシーンをユーザーが視聴しているかの割合を把握することができます。

　視聴者維持率グラフの他に、動画が最後まで視聴されているかを確認する方法として「終了画面」があります。終了画面とは、動画の最後に表示される画面のことで、自分のチャンネルで公開している他の動画や、チャンネル登録ボタンなどを設置してユーザーが他のチャンネルの動画へ移動することを防ぐ目的や、チャンネル登録を増加させるなどの目的で使用されるものです。

「それぞれの動画が最後まで視聴されているか」を知るには、終了画面がどの程度表示されているかを確認します。例えば、視聴回数に対して終了画面の表示回数の割合が極端に少ない場合、ユーザーは途中で離脱して他の動画に移動している可能性が高いです。一方で視聴回数と終了画面要素の表示回数の割合が高い場合、動画自体は最後まで視聴されている可能性が高いことがわかります。

Point

1. 視聴者維持率は「ユーザーがどのシーンを視聴しているか」の指標になる。

2. 終了画面の表示を確認すると、ユーザーが動画を最後まで視聴しているかどうかが見えてくる。

分析・運用

集客の公式

85

動画プロモーションをすることの意味を改めて考える

▶ YouTubeで動画プロモーションを行うメリット

　最後に改めて、ビジネスにおいてYouTubeを活用することの効果を考えてみましょう。YouTubeという新しい取り組みを行う上で、「本当に効果があるのか」「どのような効果が期待できるか」といった不安があるかもしれません。企業や販売者としては、YouTubeを通してより多くのユーザーに商品やブランドが認知されたり、問い合わせや販売などへ繋がることが第一です。

　動画によるプロモーションでは、画像や文字では伝えづらい "機微" をユーザーにわかりやすく伝えるという点があります。商品には、見たり触ったりすれば良さがわかるモノや、実際に操作をすれば使いやすさがわかるWebサービスなど、文字だけでは伝わらない魅力をもつ商材が数多くあります。動画は実演販売に近い側面を持つため、他のメディアとは異なる訴求が可能であると言えるでしょう。

　また、これまで一般的に使われてきたオウンドメディアやブログと比較したときの優位性は、**YouTubeがそれぞれのユーザーに適した動画を自動配信してくれる仕組み**にあります。それぞれのユーザーの視聴傾向や最近視聴した動画、または他のチャンネルが公開している動画の視聴傾向などを含めて、自分が公開した動画を視聴する可能性の高いユーザーに自動的に届けてくれるのです。これこそ、企業がYouTubeを活用する最大の理由でもあります。

▶ 視聴データによるマーケティングとしてのメリット

　また、マーケティング上のメリットも挙げられます。それぞれの動画がユーザーから視聴されると、ユーザーからの動画に対する直接的な反応が返ってきます。それは高評価やチャンネル登録、視聴回数といった数値化されたものや、コメントを通じたユーザーの声、または視聴者維持率やクリック率といった動画に対する潜在的なフィードバックなど、さまざまな形をとります。また、他にどのような検索キーワードが考えられるのか、ユーザーは他にどのような動画を視聴しているのか、というマーケティングリサーチを行うことができます。動画を投稿し、ユーザーに届け、データを分析する一連のプロセスの中で、こ

れまでは拾うことのできなかった「顧客の本当の声」が見えてくるのです。

　以上を踏まえ、ビジネスにおいてYouTubeを活用するメリットは十分にある
と言えるでしょう。

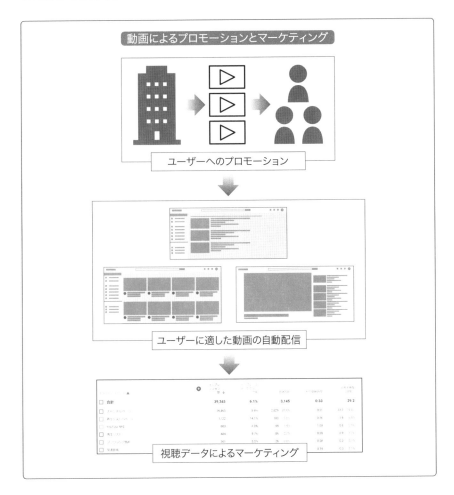

Point

1. 動画プロモーションでは、画像や文字だけでは伝わらない情報を伝えられる。

2. 動画を投稿し、ユーザーに届け、データを分析する過程で、顧客の声が見えてくる。

分析・運用

参考文献

Beverly A. Bondad-Brown, Ronald E. Rice, and Katy E. Pearce, 2012, Influences on TV Viewing and Online User-shared Video Use: Demographics, Generations, Contextual Age, Media Use, Motivations, and Audience Activity, Broadcast Education Association

Derek Blasberg, 2019, When brands become creators: How beauty brands can use YouTube to look their best, Google

Jess Rozario-ospino, 2019, Social Video Trends: Consumer Insights for 2020, Animoto Inc

Joan E. Solsman, 2018, YouTube's AI is the puppet master over most of what you watch, CNET

Lagger, Christoph & Lux, Mathias, 2017, What Makes People Watch Online Videos: An Exploratory Study, Computers in Entertainment. 15. 10.1145/3034706.

Navneet Kaushal, Travelers Consuming More than Ever Travel Videos Content on YouTube: A Good Sign for Travel Businesses: Page Traffic Inc

ＮＨＫ制作映画　ＮＨＫ東京テレビジョン開局記念行事の記録, NHK

Paul C., J. Adams, E. Sargin, 2016, Deep Neural Networks for YouTube Recommendations, Recommender Systems 2016

Rodrigo d. O., C. Pentoney & M. Pritchard-Berman, 2018, YouTube Needs: Understanding User's Motivations to Watch Videos on Mobile Devices, MobileHCI 2018

Sadie Thoma, 2019, Make it personal: 5 rules of engagement for video ads that work, Google

SiteMinder, 2020, The complete guide to hotel marketing in 2020

Think with Google, How online video empowers people to take action, Google

著者紹介

木村 健人（きむら けんと）

株式会社動画屋 代表取締役。1988年生まれ。サンフランシスコ州立大学芸術学部卒。ゲーム制作会社及びIT関連会社を経て、2016年よりYouTube動画SEOサービスを開始。メーカーを中心に企業公式YouTubeチャンネルを手掛け、視聴回数を大幅に改善させる。現在、大手企業から多数の依頼を受ける。著書『広報PR・マーケッターのためのYouTube動画SEO最強の教科書』（秀和システム）。

本書のご意見、ご感想はこちらからお寄せください。
https://isbn2.sbcr.jp/07371/

●装丁デザイン 　　　井上 新八
●制作・本文デザイン 　クニメディア株式会社
●イラスト 　　　　　のじままゆみ
●企画・編集 　　　　杉田 求

YouTubeでビジネスを伸ばす動画の成功法則

2020年12月1日　初版第1刷発行

著　　者　　木村 健人
発行者　　小川 淳
発行所　　SBクリエイティブ株式会社
　　　　　〒106-0032 東京都港区六本木 2-4-5
　　　　　https://www.sbcr.jp/
印刷・製本　株式会社シナノ